Uwe Böning und Brigitte Fritschle
unter Mitarbeit von
Thorsten Rexer, Peter Dreyer und Christian Brosig

Coaching fürs Business

Was Coaches, Personaler und Manager
über Coaching wissen müssen

managerSeminare Verlags GmbH, Bonn

Uwe Böning, Brigitte Fritschle
Coaching fürs Business
Was Coaches, Personaler und Manager über Coaching wissen müssen

© 2005 managerSeminare Verlags GmbH
2. Aufl. 2008
Endenicher Str. 282, D-53121 Bonn
Tel: 0228-977910, Fax: 0228-9779199
info@managerseminare.de
www.managerseminare.de

Alle Rechte, insbesondere das Recht der Vervielfältigung und der Verbreitung sowie der Übersetzung vorbehalten.

ISBN 978-3-936075-27-4

Lektorat: Ralf Muskatewitz
Cover: Silke Kowalewski
Druck: Kösel GmbH und Co. KG, Krugzell

Inhaltsverzeichnis

Vorwort 7
Zum Aufbau der Böning-Consult-Studie 2004 12

1. Historie:
Wie ist der ganze Begriffs-Wirrwarr entstanden? 15

Abschnitt 1 – Haben Sie heute schon gecoacht? 17
Abschnitt 2 – Vertiefte Professionalisierung:
                 Die 7. Phase der Coaching-Entwicklung 22
Abschnitt 3 – Was seit Mitte der 70er geschah:
                 Die sechs ersten Entwicklungsphasen 26

Praxisbeispiel BMW: Wie ein Großkonzern mit Coaching
                 umgeht *32*

2. Definitionen und Klassifizierung:
Was genau versteckt sich hinter Coaching? 35

Abschnitt 1 – Ein Begriff – viele Perspektiven 37
Abschnitt 2 – Und was meinen die Praktiker? 47
Abschnitt 3 – Der Coaching-Würfel: Ein Klassifizierungsmodell .. 53

Praxisbeispiel E.ON Energie: Wie organisiert E.ON Energie
                 Coaching im Unternehmen? *55*

3. Kunden, Arten, Inhalte:
Blitzlichter zur aktuellen Lage 59

Abschnitt 1 – Die Kunden 61
Abschnitt 2 – Die Coaching-Arten:
                 Eine Safari durch den Coaching-Dschungel 66
Abschnitt 3 – Die Bedarfsfeststellung: Bei Anruf Coaching 78
Abschnitt 4 – Hauptanlässe für Business Coaching 87
Abschnitt 5 – Der Stellenwert von Coaching 103

Praxisbeispiel Ford: Coaching in der Forschung
                 und Produktentwicklung *112*

4. Die Coaching-Szene:
Wer ist der Mensch hinter dem Coach? 117

Abschnitt 1 – Alter und Berufserfahrung 119
Abschnitt 2 – Angebot und Nachfrage im Coaching-Markt 122
Abschnitt 3 – Einkommen:
　　　　　　　Zum Sterben zu viel, zum Leben zu wenig? 125
Abschnitt 4 – Organisation: Lauter kleine Selbstständige? 128
Abschnitt 5 – Gibt es Branchenschwerpunkte? 132
Abschnitt 6 – Wettbewerb: Die Entstehung neuer Strukturen ... 136

Praxisbeispiel Pfleiderer: Coaching-Wertmarken 141

5. Qualitätsmaßstab:
Wo bleibt der Coaching-Bericht der Stiftung Warentest? .. 145

*Praxisbeispiel PricewaterhouseCoopers: Coaching am Beginn
　　　　　　　seiner Implementierung 161*

6. Die Suche nach einer guten Coaching-Ausbildung:
Realerfahrung oder Wachtraum? 163

7. Rahmen, Werte, Grundvorstellungen:
Sag mir, welchen Coach Du hast –
und ich sag Dir, wie Du führst 179

Abschnitt 1 – Von Revoluzzern und Blütentraumbewegten 181
Abschnitt 2 – Der Tanz mit dem Teufel:
　　　　　　　Coaches und die Ökonomie 187
Abschnitt 3 – Wanderer zwischen den Welten:
　　　　　　　Die Rolle des Coachs im Unternehmen 190
Abschnitt 4 – Der Thrill mit der Komplexität:
　　　　　　　Die notwendige Systemsicht der Coaches 193

*Praxisbeispiel SAP: Die Personalabteilung als
　　　　　　　Wegbereiter 195*

8. Manager und Coaches:
Annäherungen an ein ungleiches Paar 199

Abschnitt 1 – Das Gehirn:
          Auf der Suche nach dem Coaching-Areal 201
Abschnitt 2 – Das Verhalten:
          Gegensätze in Hülle und Fülle 214
Abschnitt 3 – Die Begabung:
          Emotionale und multiple Intelligenzen 220
Abschnitt 4 – Manager meets Coach – wie funktioniert das? 230

9. Executive Coaching:
Herrschen andere Regeln für das Topmanagement? 235

Abschnitt 1 – Zwei Szenen aus realen Coaching-Sitzungen 237
Abschnitt 2 – Ist Führungskraft gleich Manager
          gleich Unternehmer? 245
Abschnitt 3 – Der kleine Unterschied 256

Praxisbeispiel Sick: Coaching nach Werten *262*

10. Erfolgsmessung:
Bringt es was? Der Erfolg von Coaching 267

Abschnitt 1 – Zweiundvierzig: Die Formel der Wertschätzung ... 269
Abschnitt 2 – Die Messung des Coaching-Erfolgs 274

11. Nutzen:
Das Geheimnis des Erfolgs 283

Abschnitt 1 – Was sagen die Beteiligten? 285
Abschnitt 2 – Die Wirkfaktoren 289
Abschnitt 3 – Der Nutzen 295

**12. Ausblick:
Wo geht die Reise hin?** 309

Abschnitt 1 – Coaching boomt 311
Abschnitt 2 – Warum boomt Coaching? 317
Abschnitt 3 – Der Zug hat den Bahnhof verlassen 322

Anhang 325

Literaturverzeichnis 326
Stichwortverzeichnis 334

Vorwort

Was ist das vorliegende Buch für ein Buch? Ein Essay? Ein Forschungsbericht? Ein Lehrbuch? Ein Fach- oder Sachbuch? Oder keines von allem – oder etwa alles zusammen?

Die Antwort ist so einfach, wie die Wirklichkeit kompliziert ist: Ein Journalist versuchte vor Jahren, einem der beiden Seniorautoren nahe zu bringen, dass er nicht so viele Fragen in seine Schreibe hineinbringen solle. Das sei nicht gut. Die Leser würden einfache Sätze und klare Aussagen bevorzugen! Sie wollten Orientierung.

Bei aller Nachdenklichkeit über diese Aussagen setzen wir hiermit unser Vorgehen fort. Und das noch aus Überzeugung!

Die Frage ist also: Wussten wir als Autoren wenigstens, was wir geschrieben haben oder hatten schreiben wollen?

Die Antwort ist: Wir haben mit Absicht ein Buch aus der Metaperspektive geschrieben. Ein Sachbuch könnte man sagen, wenn die Basis nicht eine Studie wäre, der man wissenschaftliche Neigungen nicht ganz absprechen kann. Ein wissenschaftliches Buch ist es dennoch nicht geworden, weil Sprache und Darstellungsform streckenweise eher essayistisch sind. Die Absicht dahinter: ein lesbares Buch zu schreiben, vielleicht sogar ein ab und zu vergnügliches Buch. Zumindest hatten wir beim Schreiben unser Vergnügen. Richtige Wissenschaft kommt normalerweise anders daher – ernster, abstrakter und erhabener. Und man muss hinzufügen: oft auch langweiliger. Wir aber wollten uns von dem ernsten Thema Coaching den Spaß an der Kommunikation nicht verderben lassen.

Als praktizierende Coaches haben wir dafür natürlich eine Legitimation: erstens unsere Praxis, zweitens unseren methodischen Ansatz. Zu diesem gehört unter anderem auch eine systemisch-konstruktivistische Perspektive, was immer auch modischerweise darunter verstanden werden mag. Zu diesem Ansatz gehören die „Anschlussfähigkeit der Sprache" an die Klienten und selbstverständlich als basale Technik das zirkuläre Fragen. Als dessen Ziel lässt sich ja der Zustand der gehobenen Verwirrung definieren, aus dem heraus sich eine neue Perspektive entwickeln und weiter führende Änderungen wie neue

Fragen entwickeln lassen. Trotzdem haben wir bewusst kein Methodenbuch geschrieben.

Sie merken schon, worauf das hinausläuft: Wir suchen Sie als interessierten und humorvollen Lese- und Gesprächspartner, ob als „intelligenten und interessierten Laien" oder als „erfahrenen und reflexionsstarken Wissenschaftler". Wir wenden uns an Sie, weil wir einen offenen und freimütigen Dialog wollen, bei dem ein „elaborierter Code" nicht den Zugang zu den Gedanken und Argumenten aller Beteiligten verhindern soll. Es gilt vielmehr das Motto: Nicht der Gedanke soll schlicht sein und die Rhetorik groß, sondern die Sprache soll einfach sein und der Inhalt interessant.

Für welche Leserschaft soll das Buch denn sein? Für praktizierende oder für zukünftige Coaches in der Ausbildung? Für Führungskräfte/Manager in Unternehmen, die sich für Coaching interessieren? Oder eher etwas für Beraterkollegen aus dem Bereich Change Management und Organisationsentwicklung? Sollten es klassische Unternehmensberater verschlingen auf ihrer Suche nach schnellen Rezepten oder sollten sich Wissenschaftler und Studenten im Weihetempel der Universität darüber hermachen und beeindruckt sein von vielen Zahlen und Abbildungen? Oder wäre das viel eher abschreckend und für den Verkauf des Buches der sichere Tod? Wäre es nicht interessant für Trainer von Führungskräfteseminaren, die ihren Seminarteilnehmern gerne das Gefühl des Fortschritts oder der Überlegenheit vermitteln? Oder vielleicht noch wichtiger für Personal- und Führungskräfteentwickler in den Unternehmen, die Verantwortung tragen für die Weiterentwicklung von Führungskräften, die für die Bewältigung der Herausforderungen der Zukunft von erfolgsentscheidender Bedeutung sind?

Wie schon gesagt: Fragen über Fragen. Dabei geben anständige Menschen oder zumindest solche, die sich dafür halten, doch viel eher die richtigen und schnellen Antworten – zumindest wenn sie erfolgsorientiert und durchsetzungsfähig sind.

Vielleicht aber führen unsere Fragen wieder zu den richtigen Antworten ...

Wir haben es also mit einem Buch für verschiedene Zielgruppen zu tun. Es verfolgt den möglicherweise unmöglichen Versuch, für alle diese Teilzielgruppen informativ, anregend und verstehbar zu sein.

Der Text enthält viele Daten und Fakten, Zahlen und Statistiken. Aber auch viel zusätzlich Informatives und Unterhaltsames, was die Coaching-Szene in Deutschland beleuchten soll, vielleicht sogar erhellen kann.

Dabei ist das Buch so aufgebaut, dass es von vorne bis hinten glatt durchgelesen werden kann. Wobei wir auf eine gewisse Eigenständigkeit der einzelnen Kapitel geachtet haben. Sie können deshalb bei fast jedem Kapitel einsteigen und es unabhängig von den anderen lesen. Fast – denn das Buch hat den logischen Faden eines Puzzles: Erst in der Gesamtheit ergibt sich der richtige Überblick – für manchen vielleicht sogar ein vollständiges Bild.

Das vorliegende Buch ist also ein Praxishandbuch. Es verfolgt das Ziel, informativ und illustrativ zu sein. Es will Einblick geben in die herrschende Coaching-Praxis in Deutschland und Praktikern wie Wissenschaftlern, Anwendern wie Ausbildern, Ausbildungsteilnehmern und Einkäufern, Fachleuten wie Laien, Topmanagern wie mittleren Führungskräften, Personalmanagern wie normalen Menschen Informationen zur eigenen Eindrucksbildung an die Hand geben. Damit soll ein Beitrag geleistet werden zur Transparenz und Weiterentwicklung des Feldes.

Schade, dass wir die Diskussion nicht direkt im persönlichen Dialog austragen können, sondern nur auf dem indirekten Weg des geschriebenen Wortes. Wenn aber am Ende des Buches der Blick der Leser auf die Coaching-Szene geschärft, ihr Verständnis für die Entwicklung der Methode und den Inhalt des Ansatzes gewachsen ist, dann haben wir schon viel erreicht. Sollte es uns darüber hinaus gelingen, einige neue Forschungsfragen nahe zu legen oder gar die Neugier auf die weitere Beschäftigung mit dem Thema zu stimulieren, dann wären wir erfreut. Sollten wir aber kritisiert oder gar heftig angegangen werden, dann hoffen wir, dass unsere Kritiker bessere Daten und Argumente haben als wir selbst. Auf jeden Fall freuen wir uns auf die Auseinandersetzung.

Fast überflüssig zu sagen, dass uns die Durchführung der Untersuchung und das Schreiben des Buches einen höllischen Spaß gemacht haben. Es war eine echte Gemeinschaftsarbeit, auch wenn die kreativen Leitgedanken nicht von allen kamen und die Arbeitslast nicht gleich verteilt war. Aber wir spielten mit großer Bereitschaft aller Beteiligten so gut zusammen, dass das Buch uns alle weiter und im gemeinsamen Verständnis der Arbeit näher gebracht hat. Wir als

Autoren haben die meiste und längste Erfahrung in der Durchführung von Coaching, weswegen sich die mögliche Kritik am ehesten an uns wenden sollte, auch wenn wir uns alle Mühe gegeben haben, das Beste in der knappen zur Verfügung stehenden Zeit zu geben. Sollte das Buch aber lesbar, informativ und humorvoll sein, dann liegt es an der Zusammenarbeit aller, die direkt daran mitgewirkt haben.

Aber auch diejenigen, die auf der Verlagsseite an der Veröffentlichung des Buches beteiligt waren und uns mit ihrer Zuversicht und Geduld die Arbeit ermöglichten, haben ihren wichtigen Anteil daran. Das weiß jeder Autor zu schätzen, der die Terminnöte und Aufwände einer Bucherstellung kennt. Die Begeisterungsfähigkeit von Herrn Muskatewitz und Herrn Graf für unsere Ideen war Stimulans für uns. Ihre Fragen, die Kritik und ihre Verbesserungsvorschläge formulierten sie stets offen und fair. Unser Dialog und ihre Bereitschaft, sich auch von sensiblen Autoren überzeugen zu lassen, ohne dabei ihre Hartnäckigkeit und die Zielverfolgung im Interesse des Buches zu verlieren, waren nicht nur sympathisch. Sie haben dem Buch auch inhaltlich gut getan und dem gemeinsamen Anliegen erfrischend genützt.

Nicht zu vergessen ist Christian Fritschle, der uns mit psychologischem Sachverstand als Lektoren-Vorfluter auf unserer Seite wertvolle Anregungen gab und sicherstellte, dass uns in der Begeisterung für unser Thema nicht die Nachlässigkeiten von Autoren unterliefen, die scheinbar alles sagend doch das Verständnis für den Leser vermissen ließen. So hoffen wir jedenfalls. Er hat uns nicht nur auf Stil und Redundanzen aufmerksam gemacht, sondern auch inhaltlich die Plausibilität unserer Aussagen aus der Sicht anderer geprüft.

Wir konnten einige namhafte Unternehmen gewinnen, in unserem Buch ihren Ansatz bei der Implementierung von Coaching vorzustellen. Hierüber haben wir uns besonders gefreut, weil auf diese Weise auch „die andere Seite" zu Wort kommt. Das Buch wird dadurch abgerundet und zeigt auf, wie unterschiedlich Coaching in Unternehmen organisiert sein kann. Wir danken hier besonders Herrn Clemens Braunsburger/BMW Group, Frau Corinna Wimmer/E.ON Energie AG, Frau Nina Martin/Ford-Werke AG, Herrn Andreas Steiner/Pfleiderer AG, Frau Marion Lörler/PwC Deutsche Revision AG, Herrn Stefan Stenzel/SAP AG und Herrn Dr. Ulrich Althauser/Sick AG. Gleichzeitig bedanken wir uns bei den Kunden und Geschäftspartnern, die uns durch Gespräche und Diskussionen im Vorfeld der Veröffentlichung Einblicke in ihre Coaching-Praxis gewährt haben.

Vorwort

Auf keinen Fall am Ende, sondern nur am Schluss unserer Aufzählung seien all die Teilnehmer unserer Untersuchung genannt, die diese Resultate mit ihrer Mithilfe überhaupt erst ermöglichten. Ihre Bereitschaft war die Grundlage unserer Arbeit, egal ob sie als Unternehmensvertreter oder als Coaches ihren Beitrag leisteten. Sie haben offen und bereitwillig mitgewirkt. Alle einhundertzwanzig Coaches und Personalmanager hätten es verdient, mit Namen genannt zu werden. Wir würden uns freuen, wenn unser Dank ihren Kunden im Verlauf ihrer Coaching-Arbeit zugute käme!

So bleibt uns nur noch übrig, alle diejenigen anzuführen, mit denen wir gemeinsam die Arbeit vollbracht haben: Was das Buch anbetrifft, so seien erwähnt: Thorsten Rexer, Dr. Peter Dreyer und Christian Brosig.

Darüber hinaus wollen wir jene Mitarbeiter von Böning-Consult nicht vergessen, die zwar nicht am Buch, aber doch an der Untersuchung mitgewirkt haben, die im Herbst 2003 mit ihren Vorläufern begann und schwerpunktmäßig im Frühjahr 2004 durch die zusätzliche Unterstützung von Saskia Ehmann, Kerstin Reuter und Dr. Peter Belker durchgeführt wurde.

Es wäre ungerecht, die Unterstützung jener Mitarbeiter von Böning-Consult nicht zu erwähnen, die zwar weder zur Untersuchung noch zum Buch einen direkten Beitrag leisteten, die aber das Ihre taten, um den interviewenden, auswertenden oder schreibenden Kollegen überhaupt die Arbeit zu ermöglichen. Mitten in einem Büroumzug und inmitten all des Tagesgeschäfts, das ein Beratungsunternehmen mit sich bringt, haben sie dafür gesorgt, dass wir uns auf unseren Teil der Arbeit konzentrieren konnten. Sie haben uns voller Verständnis Arbeit abgenommen und angespornt, das Buch zu schreiben. Und da wir alle Dialogiker und interaktionsbezogen sind, hat uns die Tatsache, dass sie uns kein schlechtes Gewissen machten, zusätzlich beflügelt. Sie haben unwillkürlich, für uns aber spürbar, eine der wichtigsten Eigenschaften von professionellen Coaches realisiert: an der richtigen Stelle zu fordern und im richtigen Augenblick zu lassen.

Viele interessante Erkenntnisse wünschen Ihnen
Uwe Böning und Brigitte Fritschle

Die Studie

Große Teile dieses Buches basieren auf den Ergebnissen einer fragebogenbasierten telefonischen Erhebung unter 70 Personalmanagern sowie unter 50 Coaches, die im Frühjahr 2004 von Böning-Consult durchgeführt wurde. Hier nun einige wesentliche Kennzeichen der Stichprobe und des methodischen Vorgehens.

Personalmanager

Bei den Personalmanagern handelt es sich u.a. um Personalleiter, Personalentwicklungsleiter und Personalentwickler aus 70 Unternehmen unterschiedlichster Branchen (vgl. Abb. 01).

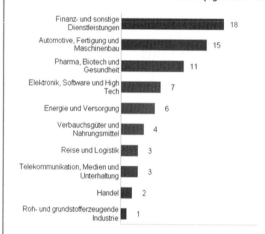

Elf der befragten Firmen sind Dax-Unternehmen, 31 gehören zu den 100 umsatzstärksten Konzernen Deutschlands. Fast die Hälfte der teilnehmenden Firmen beschäftigt mehr als 10.000 Mitarbeiter (vgl. Abb. 02).

Dies alles spricht für die Repräsentativität und die Qualität der Stichprobe bezüglich der Praxis von Coaching in deutschen Großunternehmen.

Abb. 01: Branchenzugehörigkeit der befragten Unternehmen, BC 2004

Abb. 02: Mitarbeiterzahl und Umsatz der befragten Unternehmen, BC 2004

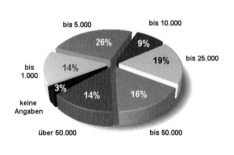

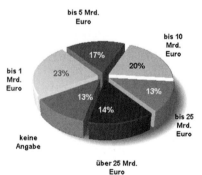

Coaches

Die befragten Coaches sind erfahrene Anbieter, welche die Entwicklung der Coaching-Praxis seit vielen Jahren miterlebt haben: Über 40% sind schon zehn Jahre und länger in diesem Geschäftsfeld tätig, weitere 54% über fünf Jahre (vgl. Abb. 03).

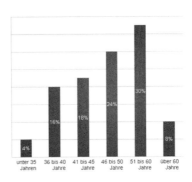

Abb. 03: Erfahrung und Alter der befragten Coaches, BC 2004

Die befragten Coaches arbeiten allein oder in Kooperation mit einem oder mehreren Netzwerkpartnern bzw. mit freien Mitarbeitern: Die Hälfte der Befragten bevorzugt die letztgenannte Arbeitsform. Nur 18 der 50 befragten Coaches beschäftigen feste Mitarbeiter, wobei deren Anzahl in der Regel zwischen einem und fünf liegt. Ein Viertel der Teilnehmer arbeitet als freiberuflicher Coach, die übrigen sind in der Mehrzahl selbstständig mit eigener Firma. Die befragten Coaches stammen überwiegend aus der Coaching-Datenbank von Christopher Rauen.

Ein Teil der aktuellen Fragen leitet sich direkt aus zwei Befragungen ab, in denen Böning-Consult schon in den Jahren 1989 und 1998 eine vergleichbare Anzahl Personalverantwortlicher in deutschen Unternehmen zum Thema Coaching befragt hat (siehe Böning, 2002). Dies ermöglicht es uns, langfristige Entwicklungen des Coaching in Deutschland abzubilden.

Neu an der aktuellen Untersuchung ist, dass zusätzlich zu den Personalmanagern auch erfahrene Coaches befragt wurden. Dieses Vorgehen vergrößert nicht nur die Stichprobe, sondern ermöglicht es uns erstmals, beide

Die Studie

Gruppen direkt miteinander zu vergleichen. Es wurden diejenigen befragt, die Coaching anbieten, und diejenigen, die es einkaufen. Dieses Vorgehen ist nach unserem Wissensstand einmalig – und nicht umsonst schreibt die Financial Times Deutschland in ihrer Ausgabe vom 29. April 2004: *„Uwe Böning [...] hat bisher als Einziger wirklich aussagekräftige Zahlen über den [Coaching-]Markt geliefert"*.

Im Rahmen der Studie wurden fragebogenbasierte telefonische Interviews durchgeführt. Die Fragebögen enthielten zwei Arten von Fragen:

Ungestützte Fragen
Den Teilnehmern wurde eine Frage offen, das heißt ohne vorgegebene Antwortmöglichkeiten gestellt (z.B.: *„Was verstehen Sie unter Coaching?"*). Die Antworten wurden inhaltsanalytisch (qualitativ) ausgewertet. Es wurde zusätzlich analysiert, wie viele Befragte ähnliche Antworten geben. Die Ergebnisse sind in der Regel in Prozentwerten dargestellt, Mehrfachnennungen durch einen Befragten waren möglich. Da es sich um nicht vorgegebene Antworten handelt, sind schon niedrigere Häufigkeiten interpretierbar und zum Teil auch recht bedeutsam.

Gestützte Fragen
Zu einer Frage (*„Was sind die Anlässe für ein Coaching?"*) wurden verschiedene feste Kategorien („Konflikte", „Organisationale Veränderungsprozesse", ...) vorgegeben, die mit Hilfe einer dreistufigen Antwortskala, zum Beispiel bezüglich ihrer Häufigkeit („selten/nie", „gelegentlich", „häufig"), eingeschätzt werden sollten. Die gestützten Fragen wurden deskriptiv-statistisch (quantitativ) ausgewertet, Mehrfachnennungen waren nicht möglich. Unterschiede in den Einschätzungen sind mit Hilfe quantitativer statistischer Methoden interpretierbar.

Allen Teilnehmern wurden alle Fragen gestellt, aber nicht alle Teilnehmer haben alle Fragen beantwortet.

Historie:
Wie ist der ganze Begriffs-Wirrwarr entstanden?

Kapitel 1

Beschäftigt man sich näher mit dem Angebot, das sich derzeit mit dem Etikett „Coaching" schmückt, stößt man auf eine äußerst exotische Vielfalt. Fast jede beliebige Tätigkeit kann zum Coaching gemacht werden, wenn sie eine Form des Gesprächs oder der Beratung umfasst. Wie kam es zu diesem Zustand? Was macht den Reiz von Coaching aus und lassen sich unterschiedliche Entwicklungsphasen des Coachings unterscheiden?

In diesem Kapitel stellen wir Ihnen zunächst beispielhaft einige der farbenprächtigeren Blüten des Coaching-Dschungels vor. Anschließend beschreiben wir die unterschiedlichen Anzeichen einer vertieften Professionalisierung im Coaching-Sektor. Das eine wie das andere sind charakteristische Bestandteile der 7. Entwicklungsphase, in der sich Coaching zurzeit befindet. Schließlich werfen wir noch einen Blick in die Vergangenheit und stellen Ihnen die vorangegangenen sechs Entwicklungsphasen vor, die Coaching bereits durchlaufen hat. Die scheinbare Unübersichtlichkeit sortiert sich dann und die Lage wird deutlich überschaubarer.

Haben Sie heute schon gecoacht? .... S. 17
Vertiefte Professionalisierung: Die 7. Phase der Coaching-Entwicklung .... S. 22
Was seit Mitte der 70er geschah: Die sechs ersten Entwicklungsphasen .... S. 26

Außerdem
Praxisbeispiel BMW: Wie ein Großkonzern mit Coaching umgeht .... S. 32

Abschnitt 1

Haben Sie heute schon gecoacht?

Sind Sie auch schon Coach, haben Sie schon gecoacht oder befinden Sie sich vielleicht gerade in einer Coaching-Ausbildung?

Oder sind Sie Manager und wollen sich selbst oder Ihre Mitarbeiter weiterentwickeln, Potenziale ausbauen, aktuelle berufliche oder persönliche Probleme besprechen, damit Sie Ihre beruflichen Anforderungen gut bewältigen können? Oder sind Sie Immobilienmakler oder Autoverkäufer und wollen Ihre Kunden beraten? Arbeiten Sie vielleicht als IT-Berater oder strategischer Unternehmensberater, der bei einem Kunden gerade ein neues Organisationskonzept zu präsentieren hat und entsprechende Ratschläge geben will?

Ein Blick auf viel Exotisches

Oder haben Sie ganz andere Sorgen? Haben Sie zum Beispiel das Single-Dasein satt, quälen Sie gegenwärtig akute Ehe- oder Elternprobleme, leiden Sie unter (unerfüllten) sadomasochistischen Neigungen und wollen in irgendeiner Weise erlöst werden? Sind Sie ein Schuldirektor, der sein Lehrerkollegium weiterentwickeln möchte und dafür einen Trainer (nein, einen Coach) sucht?

Abb. 1.1: „SMCoaching": www.sm-coaching.de, 10.01.04

Kapitel 1

Coaching aus der Steckdose

Möchten Sie unter der Sonne einer der kargen Kanarischen Inseln eine Zen-Meditation durchführen und suchen nach einer kundigen Anleitung? Oder sind Sie vielleicht einer jener zeitgeistgeprägten, haargegelten Jungmänner, die lediglich eine gute Software für Ihren Laptop suchen, um damit technisch angeleitet ihren Gedanken über das Dasein nachhängen zu können? Coaching aus der Steckdose – und das schon ab 39 Euro.

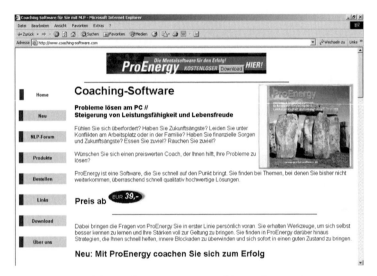

Abb. 1.2: „Coaching-Software": www.coaching-software.de, 10.01.04

Flugangst-, Dance- oder Astro-Coaching: Stets ganz dicht am Puls der Zeit

Sie merken es schon: Coaching ist in, keine Frage. Ob Sie die „Zeit" aufschlagen und unter der Rubrik „Seminarveranstaltungen" die aktuellen Coaching-Ausbildungen oder ein paar Seiten weiter vorne unter dem Titel „sidestep" zwischen Astrologie, Augenoptik, Pfandleihhäusern und Zahnmedizin nach dem neuesten Coaching-Angebot suchen (vgl. Abb. 1.3). Oder ob Sie in der „Welt" den neuesten Artikel über Coaching an sich und die Lage der neu gegründeten Verbände durchlesen, oder im Internet surfen und unter den Stichworten „Flugangst-Coaching", „Cancer-Coaching", „Eltern-Coaching", „Haudegen-Coaching", „Dance-Coaching" oder „Hyper-Coaching" und „Astrologie-Coaching" fündig werden: In jedem Fall sind Sie ganz dicht dran, am Puls der Zeit.

Heute schon gecoacht?

Abb. 1.3: Suchen Sie Coaching? (aus „Die Zeit", 06.11.03, S. 17)

Aber vielleicht coachen Sie ja auch selbst, eventuell ohne es zu wissen? Die Hauptsache ist, Sie machen es in tiefstem Ernst, verspüren eine gewisse Berufung in sich, sind werteorientiert und empathisch. Wenn Sie dann noch Ihren Blick versonnen und viel sagend in das Auge des Anderen eindringen lassen, dem Sie mit Sicherheit etwas zu sagen haben, dem Sie gewiss etwas geben können, von dem er einen Nutzen hat, dann können Sie ziemlich sicher davon sprechen, dass Sie „coachen".

Warum nicht einfach auch mal coachen?

Abb. 1.4: „Zen-Coaching": www.hoppe_c_bei_t-online.de, 10.01.04

Falls Sie dann auch noch ein Zertifikat irgendeiner Ausbildung unter Glas in Ihrem Wohnzimmer hängen haben (es könnten allerdings auch das Arbeitszimmer oder der kleine Flur sein), dann sollten Sie sich auch Coach nennen, ganz offiziell. Was Sie vorne noch dran hängen,

Wer etwas auf sich hält, der coacht spielt eine geringere Rolle. So gibt es den Strategie-Coach, den Rhetorik-Coach, Team-Coach, Weisheits-Coach oder andere, ungezählte Möglichkeiten. Wer etwas auf sich hält, über eine klare Welt- und Werteauffassung verfügt und anderen etwas Beratendes zu sagen hat, der coacht! Definitiv!

Abb. 1.5: „Astrologie-Coaching": www.lebendige-astrologie.de, 10.01.04

In diesem Umfeld bewegen wir uns, wenn wir über Coaching für Führungskräfte sprechen. Und um Coaching fürs Business soll es letzten Endes ja gehen. Wir betrachten eine schillernde Regenbogenlandschaft, wenn wir versuchen, den Begriff „Coaching" dingfest zu machen. Man muss sich durchkämpfen, wenn man verstehen will, was darunter genau zu verstehen ist.

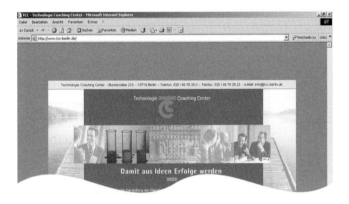

Abb. 1.6: „Technologie-Coaching": www.tcc-berlin.de, 10.01.04

Denn der Blick auf viel Exotisches verstellt nur allzu leicht, was an Seriösem und inhaltlich Spannendem unter dem Label Coaching abläuft. Der Begriff und seine Verwendung sind nicht geschützt. Das Feld der Anwendung ist selbst für Insider schwer zu überschauen und die Branche beginnt sich erst langsam methodisch weiterzuentwickeln. Der Organisationsgrad ist denkbar gering, die Standards stecken noch in den Kinderschuhen und die Qualitäts-Checks von Seiten der Kunden haben erst angefangen. Die methodischen Auseinandersetzungen haben oftmals noch den Charakter von weltanschaulichen Differenzen. Die Berichte der Kunden bewegen sich noch häufig auf dem Niveau der Auseinandersetzung von vorurteilsvoller Ablehnung und strahlendem Erweckungserlebnis, für das es zwar wenig fassbare Beweise, aber dafür umso mehr gutgläubige Zeugen gibt. Und schließlich kommt auch die Forschung erst langsam in die Gänge.

Die Verwendung des Begriffs ist selbst für Insider schwer zu überschauen

Abb. 1.7: „Musik-Coaching": www.musikcoaching.ch, 10.01.04

Coaching hat seinen langjährigen Anwendungsbereich – den Hochleistungssport – längst verlassen und ist zu einem wichtigen Thema im Feld der Wirtschaft, der Führung und der Personalentwicklung geworden. Selbstverständlich dominiert die aktuelle Debatte über Managergehälter und Corporate Governance die öffentliche Diskussion im Business weitaus mehr.

Der Schritt vom Hochleistungssport ins Business

Das Thema Coaching sollte aber nicht unterschätzt werden, drängt es doch im Alltag des Geschäftslebens mit beachtenswerter Intensität nach vorne. Es ist wie mit dem Gras, das sich seinen Weg auch durch steiniges Gelände sucht und bei aller Sanftheit in der Bewegung die Landschaft durch sein Wachstum deutlich verändert.

Abschnitt 2

Vertiefte Professionalisierung:
Die 7. Phase der Coaching-Entwicklung

Was unter Coaching zu verstehen ist, war im Laufe der Entwicklung des Begriffs sehr unterschiedlich belegt. Wir unterscheiden sieben Entwicklungsphasen des Coachings, wobei wir, um ganz vorne zu bleiben, ganz hinten anfangen möchten; nämlich mit der aktuellen 7. Phase der Coaching-Entwicklung. Die früheren sechs Phasen sollen später in der chronologischen Reihenfolge dargestellt werden. Die scheinbare Unübersichtlichkeit sortiert sich dann und die Lage wird deutlich überschaubarer.

Die Kennzeichen der gegenwärtigen 7. Entwicklungsphase

Was kennzeichnet die gegenwärtige 7. Phase der Coaching-Entwicklung (vgl. Abb. 1.8)? Die Aufzählung der nachfolgenden Merkmale zeigt die Komplexität des Themas und die rasanten Rezeptionsgewohnheiten einer Öffentlichkeit, die – medial vermittelt – auch das Verdeckte und Intime von Gedanken und Gefühlen zu einem besprechbaren Gegenstand macht.

- Im Hochleistungsbereich ist die Betreuung von einzelnen Spitzensportlern oder von Mannschaften eine Selbstverständlichkeit, beispielsweise beim Tennis oder Schwimmen, Basketball, beim Skispringen, Schach oder im Fußball (Wer kennt nicht Otto Rehhagel, der die griechische Fußballnationalmannschaft sensationell zur Europameisterschaft führte?).

- Mentales Training ist für Hochleistungssportler heute fest im Trainingsplan verankert. Sie äußern sich in Interviews ausführlich über ihre Gedanken und Gefühle während eines Wettkampfs und darüber, wie sie Erfolge und Misserfolge verarbeiten, zum Beispiel Lance Armstrong, Jan Ullrich oder Franziska van Almsick.

- Führungskräfte in Wirtschaft und Politik haben die hilfreiche Wirkung von Coaching erlebt und sprechen zum Teil auch in der

Die 7. Entwicklungsphase

- Öffentlichkeit darüber, wie etwa der ehemalige niedersächsische Ministerpräsident Siegmar Gabriel.

▶ In nahezu allen DAX-Unternehmen wird Coaching in der Zwischenzeit durchgeführt, und zwar von der Top-Etage über das Mittelmanagement bis hin zu den Nachwuchsführungskräften. Ähnlich wie hier sieht es in der Mehrzahl der weiteren deutschen Großunternehmen und auch zunehmend im Mittelstand aus.

▶ In vielen Unternehmen unterschiedlicher Größenordnung hat der Aufbau von Coaching-Pools begonnen. Darunter ist einmal der Aufbau eines Netzwerks mit verschiedenen Coaching-Anbietern zu verstehen, die man zunehmend zielgruppenspezifisch einsetzt. Gleichzeitig läuft der interne Aufbau von spezifischen Führungskräftekreisen, denen man verschiedene Formen und Maßnahmen der persönlichkeitsspezifischen und verhaltensbezogenen Förderung zukommen lässt.

▶ Die Zeit der stillen Coaching-Tätigkeit in der Verschwiegenheit von Waldspaziergängen ist vorbei. Selbstverständlich gibt es noch eine Reihe von Coaching-Maßnahmen, die diskret im Büro des Beraters ablaufen oder von denen außer dem Auftraggeber niemand etwas weiß. Aber immer mehr finden die Coaching-Aktivitäten unter den Augen der firmeninternen Öffentlichkeit statt. Nicht *was* passiert, ist bekannt, aber *dass* etwas passiert. Und man unterhält sich zunehmend über seine Coaching-Erfahrungen mit Kollegen. Wobei das auf der mittleren Führungsebene öfter und leichter stattfindet als im Topmanagement.

▶ Die wissenschaftliche Forschung über Coaching kommt langsam in die Gänge. Und zwar nicht nur in Form von Literatur aufarbeitenden Diplomarbeiten, sondern allmählich auch in Form vertie-

7. Phase
Vertiefte Professionalisierung
• Zielgruppenspezifische und methodisch differenzierte Anwendungen
• Erhöhung der Qualitätsanforderungen in der Praxis
• Beginnende Markttransparenz bei zunehmender Unübersichtlichkeit des Marktes
• Anfänge von Standardisierungen in Praxis und Ausbildung
• Intensivierung der Forschung
• Kongresse, Fachtagungen und internationale Kontakte nehmen zu
• Spätphase der 1. Coach-Generation, junge Coaches rücken nach
Exotische Blüten: Fast jede beliebige Tätigkeit kann zum Coaching gemacht werden, wenn sie eine Form des Gesprächs oder der Beratung umfasst, z.B. Dance-Coaching, Technologie-Coaching, Astrologie-Coaching...
Nach 2000

Abb. 1.8: Die 7. Entwicklungsphase des Coachings

fender Studien und Dissertationen, die Handlungskonzepte in der Praxis untersuchen, etwa Jüster, Hildenbrand und Petzold (2002) oder Böning (2002), Offermanns (2004) oder Riedel (2003). Es ist anzunehmen, dass in den nächsten zwei bis drei Jahren ein deutlicher Anstieg weiterer relevanter Arbeiten und Ergebnisse zu verzeichnen sein wird.

▶ Die Coaching-Ausbildung hat ein neues Stadium erreicht. Während die Pioniere des Coachings vor knapp 20 Jahren noch über keine spezifische Ausbildung verfügten, sondern in kreativer Weise Erfahrungen und Methoden aus anderen Anwendungsbereichen nutzten, gehen zunehmend mehr Interessenten in spezifizierte Ausbildungen, von denen es nach Auskunft von Christopher Rauen, Betreiber der Coaching-Datenbank, im deutschsprachigen Raum in der Zwischenzeit über 200 gibt. Dabei kann mit Sicherheit angenommen werden, dass nicht alle Ausbildungen die erforderlichen Qualitätsstandards erreichen und den versprochenen Titel verdienen. Doch zurzeit gibt es noch keinen Titelschutz.

▶ Aber die Transparenz im Feld nimmt deutlich zu: Mehrere Fachtagungen und gerade der CoachingKongress 2003 in Wiesbaden haben dem Thema in der Zwischenzeit deutlich mehr Öffentlichkeit und öffentliche Qualitätsdiskussionen gebracht. Im November 2004 fand ein Kongress über „Systemisches Coaching" in Wien statt. Der DBVC (Deutscher Bundesverband Coaching e.V.) veranstaltet mit dem ACC (Austrian Coaching Council - Österreichischer Dachverband für Coaching) im März 2005 den CoachingKongress 2005 in Frankfurt. Es ist deutlich: Die Branche öffnet sich. Die Praktiker tauschen sich aus über ihre Erfahrungen, über Methoden und Instrumente, über die Qualität der Coaching-Praxis und der -Ausbildung. Die Suche gilt Qualitätsstandards, der Erfolgsmessung und Anregungen, die die bisherige Praxis weiterentwickeln. Man sucht öffentlich nach Austausch und Orientierung und will dem Feld zunehmend gemeinsame Impulse geben.

▶ Dem entspricht die bemerkenswerte Entwicklung neuer Coaching-Verbände, die seit dem Jahr 2003 ins Leben gerufen worden sind. Zurzeit gibt es sieben Coaching-Verbände, die sich mit Inhalts- und Methodikaspekten, Qualitätsfragen, Standards, Zertifizierungen und berufsständischen Themen auseinandersetzen – Austrian Coaching Council (ACC), Deutscher Bundesverband Coaching e.V. (DBVC), Deutscher Verband für Coaching und Training e.V. (dvct), European Coaching Association e.V. (ECA), International Coaching Federation (ICF), Interessengemeinschaft Coaching (IGC) sowie Professional Coaching Association (ProC).

Alle diese Entwicklungen machen deutlich, was eigentlich im Zentrum des Coachings steht und immer schon stand. Der Sport hat zwar den „Coach" als Rolle gekannt und selbstverständlich eingesetzt, aber selbst nie von „Coaching", sondern eigentlich immer von „Training" gesprochen. „Coaching" als Begriff hat sich in den letzten 20 Jahren primär auf die Zielgruppe der Führungskräfte bezogen und vor allem von dort her sein Image, seinen Status und seine Attraktivität erhalten.

Alle anderen inhaltlichen Ableitungen, Begriffskoppelungen und Namensübertragungen, wie sie zu Beginn des Kapitels skizziert wurden, machen in ihrer skurrilen Verwendung deutlich, wie hochwertig und populär „Coaching" inzwischen gehandelt wird. Das Attribut „Coaching" adelt so scheinbar selbst diejenigen, die von seiner konkreten Herkunft und Anwendung kaum Kenntnis haben. Denn bislang gibt es leider noch keinerlei juristische Regelung, die eine irrtümliche oder missbräuchliche Namensverwendung verhindert.

Das Attribut „Coaching" adelt selbst diejenigen, die von seiner Herkunft und Anwendung kaum Ahnung haben

Abschnitt 3

Was seit Mitte der 70er geschah: Die sechs ersten Entwicklungsphasen

Die aktuelle 7. Phase der Coaching-Entwicklung, in der wir uns augenblicklich befinden, lässt zumindest eines deutlich werden: die schillernde Vielfalt der Coaching-Praxis. Es lässt sich im Moment zwischen seriösen, schillernden und fragwürdigen Aktivitäten beinahe alles finden. Das macht die Beschreibung und Bewertung von Coaching nicht gerade einfach. Daher wollen wir noch einen kurzen Ausflug in die Geschichte des Coachings machen und uns die vorangehenden sechs Entwicklungsphasen betrachten. Sie liefern uns einen guten Hinweis darüber, wie wir dahin gekommen sind, wo wir uns zurzeit befinden.

1. Phase: Der Ursprung

Entwicklungsorientiertes Führen durch den Vorgesetzten

Ursprünglich war Coaching im amerikanischen Management seit Ende der 70er-Jahre bis Mitte der 80er-Jahre nichts anderes als die zielgerichtete und entwicklungsorientierte Mitarbeiterführung durch Vorgesetzte. Jeder Mitarbeiter sollte sich dabei in seinem beruflichen Kontext nach seiner jeweiligen fachlichen und persönlichen Reife entwickeln.

Dies war vor dem Hintergrund des damaligen Führungsverständnisses eine erhebliche Weiterentwicklung. Die rein fachliche Führung wurde durch eine persönlichkeits- und motivationsbezogene Komponente ergänzt, durch die einzelne Mitarbeiter gezielt gefördert werden konnten. Dies entsprach der Werteausrichtung des damaligen Zeitgeistes und der auf Expansion ausgelegten Wirtschaftsentwicklung in den USA.

2. Phase: Die Erweiterung

Mitte der 80er-Jahre erweiterte sich der Einsatz von Coaching allmählich auf die karrierebezogene Betreuung von Nachwuchsführungskräften. Diesen wurde vorher zwar auch schon Aufmerksamkeit geschenkt, aber nicht in dem Maße und mit der beginnenden Systematisierung. Hochpositionierte Manager, die keinesfalls die direkten Vorgesetzten sein mussten, griffen dem viel versprechenden Nachwuchs beim „Klettern" auf dem Weg nach oben hilfreich unter die Arme, um sie so auf ihrem Karriereweg zu begleiten und in die gewünschte Richtung zu lenken. Die hier beschriebenen Coaches waren eher Mentoren, deshalb wird diese Art des Coachings von uns klar „Mentoring" genannt.

Karrierebezogene Betreuung

Sowohl das entwicklungsorientierte Führen als auch die karrierebezogene Betreuung als zwei erkennbar verschiedene Coaching-Varianten machen deutlich, welchen Stellenwert die verschiedenen Ansätze einer systematischen Führungskräfte- und Personalentwicklung seit Mitte der 80er-Jahre bekamen. Der sich verschärfende internationale Wettbewerb verlangte zwingend nach neuen Qualifikationen und Potenzialentwicklungen der Führungskräfte auf den unterschiedlichen Ebenen.

3. Phase: Der „Kick"

Was in den USA auf der mittleren Hierarchie-Ebene begann, verwandelte sich beim Import nach Deutschland Mitte der 80er-Jahre interessanterweise in mehrerlei Hinsicht: Coaching konzentrierte sich hier von Beginn an überwiegend auf das Topmanagement. Und aus dem Coaching durch den Vorgesetzten wurde nun die Beratung von Spitzenmanagern durch externe Consultants.

Einzelbetreuung von Topmanagern durch externe Berater

Diese für das gesamte Coaching entscheidende Entwicklung vollzog sich in Deutschland nach dem evolutionären Muster an mehreren Stellen etwa gleichzeitig. Bekannt wurde ein Artikel im „manager magazin" durch die Arbeit von Looss (1986), einen Artikel von Geissler und Günther (1986) und die Arbeit von Böning im Topmanagement (Lentz, 1992).

Themen dieser neuen Art von Beratung waren dabei unter anderem Konflikte auf der Topebene, im Kollegenkreis, eigene Führungsprobleme, Strategiefragen, aber auch persönliche Belange wie Eheprobleme oder die eigene soziale Wirkung auf andere. Der Coach wollte und sollte seinen Klienten Wahrnehmungs-, Verhaltens- und Kommunikationsmuster bewusst machen, die den Topmanagern, die in der erhabenen Stille der Teppichetage kaum noch direkte Rückmeldung erhielten, eine bessere Einschätzung ihrer tatsächlichen sozialen Wirkung auf andere im Unternehmen ermöglichte. Die erlesene Themenpalette und der Hauch der Exklusivität bescherten dieser Coaching-Variante viel Aufmerksamkeit in der Beratungsbranche ebenso wie in der Öffentlichkeit. All dies hatte schließlich in relativ kurzer Zeit zur Folge, dass der Grundgedanke des Coachings enorm populär wurde.

Dies waren die Pionierphase und die Hauptausprägung des Coachings in Deutschland. Die Entwicklungen wirkten zurück ins Ursprungsland USA. Dort war die Variante der externen psychologischen Beratung für Topmanager bis Ende der 80er-Jahre erstaunlicherweise kaum bekannt, wurde aber nach einigen Jahren schnell re-importiert.

4. Phase: Die systematische Personalentwicklung

Interne Betreuung von mittleren und unteren Führungskräften

Mit dem Thema Coaching beschäftigten sich allmählich nicht nur externe Coaches, sondern zwangsläufig auch unternehmensinterne Führungskräfte- und Personalentwickler. Dies führte längere Zeit zu Auseinandersetzungen zwischen beiden Gruppen, welche die Themenführerschaft wechselseitig beanspruchten und sich gegenseitig bestritten – siehe zum Beispiel die Diskussion, an der sich führend u.a. die folgenden Autoren beteiligten: Sattelberger (1996), Looss (2002), Schreyögg (2003), Hamann und Huber (2001), Rückle (2001) und Böning (2003).

Wenn Personalentwickler Coaching selbst durchführten, konzentrierten sie sich verständlicherweise lange Zeit auf die Zielgruppe der mittleren und unteren Führungskräfte sowie darauf, Coaching systematisch zum entwicklungsorientierten Führen durch die Vorgesetzten im Rahmen einer allgemeinen systematischen Personalentwicklung einzusetzen. Folglich wurde Coaching zunehmend auch ein Thema in Führungskräfteseminaren.

Nach vielen zum Teil kleinmütigen Debatten einigten sich externe Consultants und interne Personalentwickler schließlich auf eine meist friedliche Koexistenz. Auf diese Weise sicherte sich Coaching in seinen unterschiedlichen Varianten und Vorgehensweisen einen festen Platz in der sich etablierenden systematischen Führungskräfteentwicklung der 90er-Jahre. Für obere Führungskräfte und das Topmanagement wurde das Einzel-Coaching (und gelegentlich auch das Team-Coaching) zu einem wichtigen Instrument in der Entwicklung.

Identifiziert und zunehmend systematisiert wurden allmählich die Fragen, welche Themen im Mittelpunkt des Coachings stehen, zu welchen Anlässen jemand gecoacht wird, wie dabei vorgegangen wird oder wer als Coach und wer als zu Coachender eigentlich in Frage kommen sollte. Die Entwicklung von Führungskräften ist seither um ein kreatives und problemorientiertes sowie sehr individualisiertes, zielorientiertes und spezifisches Instrument bereichert worden.

5. Phase: Die Differenzierung

Coaching hatte schließlich nachweisbare Erfolge und einen hohen Aufmerksamkeitsgrad erreicht. Die ersten „Schlachten" um Konzept, Methode, Themenführerschaft, Herkunft und Richtung waren geschlagen. Coaching wurde nunmehr in sehr verschiedenen Settings eingesetzt und mit immer neuen Bedeutungen, Inhalten und konkreten Abläufen belegt.

Differenzierung in unterschiedliche Disziplinen, z.B. Gruppen-, Team-, Projekt-, EDV-Coaching

Gruppen-Coaching in Seminaren etwa bedeutete, die „Kraft" der versammelten Gruppe zur intensiven Beratung einzelner Teilnehmer durch das gemeinsame Feedback zu nutzen. Jedes intensive Selbsterfahrungsseminar oder jedes stille Nachdenken konnte fortan – ganz dem Zeitgeist entsprechend – Coaching oder Selbst-Coaching genannt werden. Das klang gut, adelte das eigene Vorgehen und gab jedem, der mitmachte, ein Gefühl der erhabenen Selbstverantwortung. Im „Team-Coaching" wurden reale Arbeitsgruppen durch offene Kommunikation und Feedback zu „echten" Teams weiterentwickelt.

Aus Betroffenen wurden Beteiligte gemacht, aus passiven Befehlsempfängern aktive Mitwirkende, die offen über alles redeten, was sie innerlich bewegte oder die zwischenmenschlichen Erschwernisse im Alltag betraf. Dies führte letztendlich dazu, dass irgendwann selbst Fachprojekte nicht mehr nur fachlich, sondern auch bezüglich der zwischenmenschlichen Prozesse, der unternehmensbezogenen Akzeptanzprobleme, der Hindernisse und Konflikte begleitet wurden: Sie wurden im Verständnis der Handelnden „gecoacht".

Coaching wurde folglich zum Ausdruck und Kernbegriff einer allgemeinen und vertieften, psychologisch ausgerichteten Beratungsmethodik. Es wurde in vielen Einzelfällen und auch zunehmend bei größeren Veränderungsprozessen in Unternehmen zur Unterstützung der personenbezogenen Umsetzung genutzt. Die Anwendungsgebiete und eingesetzten Methoden verbreiteten sich in dieser Phase so rasch, dass ein Überblick oder ein Nachverfolgen einzelner Strömungen zunehmend erschwert wurde.

6. Phase: Der Populismus

Coaching wird zunehmend zum universellen Containerbegriff

Nachdem Coaching Mitte bis Ende der 90er-Jahre zunehmend bekannt und breit akzeptiert wurde, weil die nachweisbaren Erfolge den Anwendern einen höheren Status einbrachten, wurde der Begriff immer schneller zu einem „Containerwort", das für alles und jedes verwandt wurde (vgl. zum Beispiel die Ergebnisse der Böning-Consult-Coachingstudie 1998, zitiert u.a. in Böning, 2000):

Vorstände, die ein Projekt im Vorstand verantwortlich oder politisch vertraten, wurden flugs zu „Projekt-Coaches", obwohl sich ihre fachliche Arbeit nicht änderte. Selbst klassische Unternehmensberater, denen üblicherweise eine vertiefte psychologische Arbeitsweise zuwider ist wie dem Teufel das Weihwasser, behaupteten nun, dass sie ihre Gesprächspartner coachen, auch wenn sie nicht mehr taten, als ein fachliches Gespräch zu führen und dabei die Ungeheuerlichkeit beginnen, dem Gesprächspartner ein persönliches Feedback zu geben.

Wenn Fernsehjournalisten Manager im richtigen Umgang mit der Kamera trainieren, coachen sie heute selbstverständlich. Und jeder, der die Besonderheit seiner Beratung herausstellen will, kann dies als „XY-Coaching" bezeichnen, zum Beispiel „EDV-Coaching", „TV-Coaching", „Krisen-Coaching". Wie anfangs schon angedeutet, wird so aus einer Erziehungsberatung ein „Eltern-Coaching", aus einem Tanztraining ein „Dance-Coaching", aus allgemeinen Lebensreflexionen ein „Lifestyle-Coaching", und die profane astrologische Beratung mutiert flugs zum „Astrologie-Coaching".

Obwohl Coaching gerade in der 6. Entwicklungsphase wie ein Containerbegriff für eine große Zahl von unterschiedlichsten Entwicklungsmaßnahmen verwendet wird, beginnt sich jedoch in der aktuellen 7. Phase das Arbeitsfeld – allen regenbogenhaften Parallelentwicklungen zum Trotz – doch deutlich zu professionalisieren. Der

Die ersten sechs Entwicklungsphasen des Coaching

Wirrwarr scheint sich zu lichten, das Feld zu konsolidieren. So lange keine gesetzlichen Regelungen zum Schutz des Begriffs „Coaching" bestehen, wird man sich allerdings weiterhin auf die Kraft der Evolution verlassen müssen, die jene professionellen und ernsthaft betriebenen Konzepte stärkt und weniger gehaltvolle Versuche verdrängt. Am faktischen Erfolg wird sich zeigen, welche Konzepte überlebensfähig sind. Und bis dahin werden wir noch einige beachtenswerte Anstrengungen, Stürme im Wasserglas und hoffentlich auch sensationelle Entwicklungen erleben.

Wir werden im Verlauf noch des Öfteren über exotische Blüten, Verwunderliches und Erstaunliches, aber auch Ermutigendes und Informatives sowie Hilfreiches über das Thema Coaching berichten. Damit wollen wir Sie für eines der lebendigsten und erfolgreichsten Personalentwicklungskonzepte der letzten und – glaubt man den Umfragen – auch der kommenden Jahre begeistern und hoffen, Sie lesen die kommenden Seiten mit genau so viel Spaß, wie wir ihn beim Schreiben hatten.

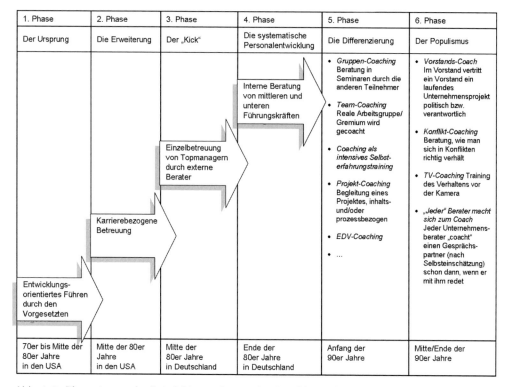

Abb. 1.9: Die ersten sechs Entwicklungsphasen des Coaching seit Mitte der 70er-Jahre

BMW

Wie ein Großkonzern mit Coaching umgeht

Clemens Braunsburger, Leiter Personalbetreuung Obere Führungskräfte; Management Entwicklung, BMW Group

BMW setzt Coaching mittlerweile seit Anfang der 90er-Jahre erfolgreich ein. Das Unternehmen sieht im Coaching ein wirkungsvolles Mittel für die Unterstützung von Veränderungsprozessen, sowohl für Einzelpersonen, als auch für Teams und Organisationseinheiten.

Zunächst war Coaching auf das Beheben von Defiziten ausgerichtet, recht bald jedoch wurde auch die Chance der Potenzialentwicklung von erfolgreichen Führungskräften durch Coaching erkannt. Mitte der 90er-Jahre wurde eine entsprechende Offensive mit einer Gruppe von Bereichsleitern gestartet. Inzwischen ist Coaching als umfassender Ansatz etabliert und wird auch von Vorstandsmitgliedern in Anspruch genommen.

Innerhalb des Personalwesens verfügt BMW über eine Reihe von Experten, die sich mit der Begleitung von Veränderungsprozessen und Coaching beschäftigen. Überwiegend werden für Coaching von Führungskräften externe Coaches eingesetzt. So steht beispielsweise für das Coaching der Oberen Führungskräfte eine Auswahl von sieben bis acht externen Coaches zur Verfügung.

Der für die Auswahl der Coaches für Obere Führungskräfte verantwortliche Personalbetreuer und -entwickler sieht die persönlichen langjährigen Erfahrungen, die er mit den externen Coaches gesammelt hat, als wichtigsten Erfolgsparameter für die richtige Auswahl von Coaches für die jeweilig anstehenden Coaching-Fälle. „Es ist äußerst wichtig, die Persönlichkeit des Coachs, sein Wertesystem und seine Art zu arbeiten zu kennen. Ebenso wichtig ist selbstverständlich seine Professionalität und die Weise, wie er mit Menschen in Kontakt tritt. Nur so kann es gelingen, den richtigen Coach für die zu coachende Führungskraft auszusuchen."

Der Bedarf für ein Coaching kann auf unterschiedliche Weise festgestellt werden.

(1) In der einmal im Jahr stattfindenden Gesprächsrunde zur Beurteilung der Oberen Führungskräfte sprechen die Bereichsleiter (BL) gemeinsam mit dem Personalwesen für Obere Führungskräfte über sämtliche Hauptabteilungsleiter (HAL) des jeweiligen Ressorts. In diesen Gesprächen werden auch Maßnahmen zur Entwicklung der HAL abgeleitet, unter anderem eben auch Coaching.
(2) Veränderungen im Unternehmen werden durch die Change Management Berater (CM) begleitet. Aus diesen Veränderungsprozessen ergeben sich fallweise Coachings für Einzelpersonen oder betroffene Gruppen, die zwischen CM-Beratern, Personalbetreuern und Betroffenen abgestimmt werden.
(3) Im Rahmen eines Führungswechsels empfiehlt der entsprechende Personalbetreuer den betroffenen Führungskräften ein Führungswechsel-Coaching.
(4) Für Seiteneinsteiger ins Unternehmen, die als Führungskraft starten, wird ebenfalls Coaching ausdrücklich empfohlen.
(5) Eine Führungskraft und/oder ihr Vorgesetzter spricht den für ihn verantwortlichen Personalbetreuer an und bittet um ein Coaching.

Ist ein Coaching-Fall identifiziert, so werden persönliche Gespräche zwischen z.B. Abteilung AF-1 – wenn es sich um eine Obere Führungskraft handelt, dem potenziellen Coaching-Klienten und seinem Vorgesetzten – geführt. AF-1 analysiert die Situation, in der sich der Coaching-Klient befindet, macht sich ein Bild über die Person des Coaching-Klienten und überlegt daraufhin, welcher Coach in diesem Falle passen würde. Daraufhin spricht er den Coach an, der in seiner Persönlichkeit und seiner Arbeitsweise entweder kongruent oder komplementär zu der Person des Coaching-Klienten passt, je nachdem, ob bestimmte Potenziale unterstrichen (kongruent) oder erst gehoben werden müssen (komplementär). Hat der Coach Interesse an der Übernahme des Auftrags, so findet ein erstes Kennenlernen zwischen Coach und Coaching-Klienten statt. Können sich beide die Zusammenarbeit vorstellen, wird eine schriftliche Vereinbarung über Ziele, Umfang, Dauer und Kosten des Coachings zwischen Coach, Coaching-Klient und AF-1 getroffen. Die Freiwilligkeit des Coachings muss in jedem Falle gegeben sein. Ohne Freiwilligkeit kann keine Verhaltensänderung erzielt werden.

BMW

Praxisbericht

In einem Einzel-Coaching werden in der Regel erst einmal sechs bis zehn Sitzungen vereinbart. In dieser Zeit finden regelmäßige Reviews mit AF-1 statt, die vor Beginn des Coachings vereinbart wurden. Der Coach hält AF-1 ebenso über den Fortgang des Coachings auf dem Laufenden; der Grad der Vertraulichkeit wird hierbei durch den Coaching-Klienten bestimmt. Das bedeutet, dass die Rückmeldungen durch den Coach sich zwischen den Polen positiv – negativ bewegen, aber auch sehr detailliert sein können. Aus den Reviewgesprächen kann sich durchaus ergeben, dass weitere Sitzungen vereinbart werden. Es ist jedoch völlig klar, dass jeder Coaching-Fall ein definiertes Ende hat.

Nach Beendigung des Coachings wird ein Abschlussgespräch geführt, in dem idealerweise Coaching-Klient, Coach, Vorgesetzter und AF-1 anwesend sind. Der Erfolg des Coachings wird indirekt sichtbar, zum Beispiel im Ergebnis der nächsten Beurteilungsrunde, in der Resonanz der Mitarbeiter, in Veränderungen/Ergebnisverbesserungen im eigenen oder in angrenzenden Bereichen. Die Wirkung des Coachings ist nie zu 100% direkt zu identifizieren, da auch andere Faktoren die Veränderungen in Teilen bedingt haben können. Die absolute Evaluierung von Coaching ist sehr schwierig und auch nicht sauber möglich.

Einige Optimierungsmöglichkeiten gibt es für das Coaching – auch in einem mit dieser Methode sehr zufriedenen Unternehmen wie BMW. AF-1 nennt an dieser Stelle z.B. die Zusammenarbeit in größeren Veränderungsprozessen zwischen internen und externen Coaches. Außerdem sei es nach wie vor schwierig, einen wirklich geeigneten Weg zu finden, hoch qualifizierte neue externe Coaches für das Unternehmen BMW zu gewinnen. Weder Checklisten für die Auswahl von Coaches noch intensive Gespräche mit entsprechenden Aspiranten haben sich an diesem Punkt wirklich bewährt.

BMW möchte Ihnen, lieber Leser, an dieser Stelle Mut machen, Coaching auch in Ihrem Unternehmen einzusetzen, und möchte die positiven Erfahrungen, die die Organisation mit Coaching gemacht hat, noch einmal unterstreichen.

Definitionen und Klassifizierung:
Was genau versteckt sich hinter Coaching?

Kapitel 2

Die Suche nach der Wahrheit beginnt man wohl am besten beim Begriff „Coaching" und seinen Definitionen, die etwa so zahlreich sind, wie das gegenwärtig zu betrachtende Angebot. Den Einstieg dieses Kapitels bildet daher eine Auswahl an Definitionen verschiedener renommierter Coaching-Größen. Sie skizzieren sehr anschaulich die Vielfalt des Spektrums. Dabei wollen wir Ihnen nicht die Definition des DBVC vorenthalten, die als das Gemeinschaftsprodukt einer interdisziplinären Arbeitsgruppe gelten darf.

Der nächste Schritt führt uns direkt in den praktischen Alltag: Wir fragen zwei wesentliche Protagonisten des Marktes – Personalmanager und Coaches –, was diese unter Coaching verstehen und stellen fest, dass sich das Coaching-Verständnis beider Gruppen teilweise erheblich voneinander unterscheidet. Abgeschlossen wird das Kapitel mit einem Klassifizierungs-Modell, dem Coaching-Würfel, den wir Ihnen als eine Möglichkeit der systematischen Einordnung der vielen unterschiedlichen Coaching-Formen anbieten. Hierbei werden wir auch die Elemente des Business Coaching spezifizieren, um das sich in diesem Buch schließlich (beinahe) alles dreht.

Ein Begriff – viele Perspektiven .... S. 37
Und was meinen die Praktiker? .... S. 47
Der Coaching-Würfel: Ein Klassifizierungsmodell .... S. 53

Außerdem
Praxisbeispiel E.ON Energie: Wie organisiert E.ON Energie
Coaching im Unternehmen? .... S. 55

Abschnitt 1

Ein Begriff – viele Perspektiven

„Es gibt nichts Praktischeres als eine gute Theorie."
Kurt Lewin

Wir haben die Entwicklung des Coachings von seinen Anfängen an US-amerikanischen Universitäten bis in die Führungsetagen der deutschen Wirtschaft verfolgt und dabei die anschließende buchstäbliche Explosion des Begriffs festgestellt.

In den vergangenen Jahren wurde viel über das Phänomen „Coaching" geschrieben und weil wir mit diesem Buch das Business Coaching zum Thema haben, wollen wir im Folgenden mehr oder weniger theoretische Definitionen hierfür vorstellen und miteinander vergleichen.

Diverse Coaching-Definitionen aus der Fachliteratur

Soviel vorweg: Bei immerhin mehr als 240 Veröffentlichungen zum Thema Coaching allein im Jahr 2003 kostet es schon einiges an Mühe, die wesentlichen Coaching-Definitionen zu sammeln und einander gegenüberzustellen. Doch hier sind sie nun, die Definitionen renommierter Größen im Coaching-Sektor der letzten 20 Jahre, aufgelistet in chronologischer Reihenfolge. Natürlich ist diese Auswahl subjektiv. Doch werden Sie an dieser Stelle auch keinen wertenden Vergleich der gefundenen Schriften finden. Unser Ziel ist vielmehr, Ihnen diese Definitionen zur Eindrucksbildung unkommentiert nebeneinander zu stellen.

Bevor wir eine abschließende Betrachtung wagen wollen, möchten wir dann noch die aktuelle Coaching-Definition des Deutschen Bundesverbandes Coaching (DBVC) aufführen, weil hier durch die Abstimmung eines hochrangigen Gründerkreises von praktisch tätigen Coaches, von wissenschaftlich arbeitenden Hochschullehrern, Vertretern von Ausbildungsinstituten und von Unternehmen in ringender Diskussion ein gemeinsames Verständnis von Coaching formuliert wurde.

Wolfgang Looss
„Coaching ist – verkürzt formuliert – personenbezogene Einzelberatung von Menschen in der Arbeitswelt." (Loos, 2002, S. 13)

„Ein Coach ist ein (externer) Einzelberater für die personenzentrierte Arbeit mit Führungskräften entlang der Frage, wie die Managerrolle von der Person bewältigt wird." (Loos, 2002, S. 15)

„Die Einzelberatung von Führungskräften beschreibt damit ein Beziehungsgeschehen besonderer Art: anders als andere personenorientierte Beratungs- und Beziehungssituationen spielt sich diese Beratung in der Arbeitswelt ab, der Klient ist meist eine Führungskraft, und die auftauchenden Themen und Ziele sind überwiegend auf die Arbeitswelt und die Berufsrolle des Klienten bezogen." (Loos, 2002, S. 15f.)

Horst Rückle
„Coaching lässt sich also definieren als Hilfe zur Selbsthilfe in Form eines auf Zeit begleiteten Prozesses, in dem umfassende Maßnahmen zur Hilfe bei insbesondere beruflichen Konflikten, Aufgaben und Problemen eingesetzt werden. Oder ausführlich beschrieben als eine Kombination aus individuell unterstützter Problemlösung und Konfliktbearbeitung in einem umfassenden Spektrum von beruflichen und den Beruf tangierenden privaten Problemen. Damit ist es vor allem Hilfe zur Selbsthilfe. Die Aufgabe des Coach ist nicht, die Probleme des Klienten zu lösen, sondern ihm bei der Lösung seiner Probleme zu helfen. Coaching hat einen interaktiven Verlauf. Beide, der Klient und der Coach, arbeiten miteinander an der Lösung von Konflikten und Problemen, wobei der Klient die Lösungsmöglichkeiten sucht, der Coach den Weg der Suche moderiert und die ausgewählten Möglichkeiten zusammen mit dem Klienten bewertet und anschließend bei der Verwirklichung der ausgewählten Möglichkeiten hilft." (Rückle, 2000, S. 20f.)

Hilarion G. Petzold
„Coaching ist eine optimierungsorientierte Beratungs- und Entwicklungsmaßnahme zur Förderung der Kompetenz, Performanz und Ressourcenlage, d.h. der persönlichen Souveränität/Selbstwirksamkeit sowie der Situationskontrolle und Produktivität von Führungskräften bzw. anderer professioneller Fachkräfte. Coaching erfolgt durch spezialisierte Experten, die einerseits für eine solche Beratungsaufgabe über besondere Qualifikationen aufgrund eigener organisationaler Erfahrungen in der beruflichen Laufbahn (z.B. Projektleitungen, Führungsaufgaben, etc.) verfügen und andererseits auf dem Boden breiter, interdiszip-

linär ausgerichteter Schulung in sozialinterventiven Methoden tätig werden." (Petzold, Hildenbrand & Jüster, 2002, S. 9f.)

Astrid Schreyögg
„Coaching...[ist] professionelle Managementberatung. [...] In diesem Sinne kann Coaching als Therapie gegen berufliches Leid und als Maßnahme zur Förderung eines ausgefüllten beruflichen Daseins bezeichnet werden. Dabei zielt es idealerweise auf eine maximale Selbstgestaltung im Beruf. Und wo die Möglichkeit zur Selbstgestaltung vorübergehend oder längerfristig verloren ging, soll sie durch Coaching wieder gefunden werden." (Schreyögg, 2003, S. 51)

Heinz-Kurt E. Wahren
„Coaching ist eine individuelle Beratung von einzelnen Personen oder Gruppen in auf die Arbeitswelt bezogenen, fachlich-sachlichen und/oder psychologisch-soziodynamischen Fragen bzw. Problemen durch einen Coach." (Wahren, 1997, S. 9)

Richard R. Kilburg
„Executive Coaching is defined as a helping relationship formed between a client who has managerial authority and responsibility in an organization and a consultant who uses a wide variety of behavioural techniques and methods to assist the client to achieve a mutually identified set of goals to improve his or her professional performance and personal satisfaction and consequently to improve the effectiveness of the client´s organization within a formally defined coaching agreement." (Kilburg, 2000, S. 65f.)

Gunter König
„Coaching ist eine Maßnahme der Personalentwicklung und Personalförderung zur Unterstützung und Weiterbildung von Führungskräften in Organisationen. Es dient primär der Förderung bzw. Wiederherstellung beruflichen Handelns in Bezug auf Führungsfähigkeit und Leistungsoptimierung.
Oder: Coaching ist Leistungsoptimierung durch Vervollkommnung der eigenen Persönlichkeit, der Führungspersönlichkeit, mit Blickrichtung auf die gesamtwirtschaftliche und ganzheitliche Situation." (G. König, 2002, S. 393)

Eckard König
„Zusammengefasst lässt sich Coaching damit durch folgende Merkmale kennzeichnen (vgl. auch Rauen, 1999, S. 63f.):

1. Coaching ist Beratung von Führungskräften, Experten, Mitarbeitern bei der Erreichung von Zielen im beruflichen Bereich
2. Coaching ist durch die Unterscheidung zwischen Coach und Coachee (Klient, Gecoachter) gekennzeichnet
3. Coaching kann Prozess- oder Expertenberatung sein
4. Neutralität des Coach
5. Coaching als Einzelcoaching, als Zweiercoaching in Triadensituationen oder als Teamcoaching"

(König und Volmer, 2002, S. 11f.)

Markus Sulzberger
„Coaching ist als Mittel zur Steigerung der Veränderungsfähigkeit und Veränderungsbereitschaft von Mitarbeitenden nicht nur in turbulenten Zeiten und Phasen grundlegender sowie rascher Veränderungen wichtig. [...] Damit Coaching seine volle Wirkung entfalten kann, muss es klar an übergeordneten Unternehmenszielen ausgerichtet sein und zur Wertschöpfung beitragen." (Sulzberger, zit. in Backhausen und Thommen, 2003, S. 5)

Wilhelm Backhausen und Jean-Paul Thommen
„[Coaching ist] die professionelle Form individueller Beratung im beruflichen Kontext." (Backhausen und Thommen, 2003, S. 18)
„Coaching ist also Beratung im Umgang mit komplexen, nicht-trivialen Systemen, denen man unterstellt, dass sie aus ihrer Geschichte lernen und somit im Prinzip unvorhersehbar sind." (Backhausen und Thommen, 2003, S. 106)

Uwe Böning
„Coaching ist eine personen- und persönlichkeitsnahe Beratung,
- die im Umfeld arbeits- und leistungsbezogener Anforderungen stattfindet,
- die sich auf Einzelpersonen, auf Gruppen, auf Projektteams oder auch auf Organisationseinheiten in einem gemeinsamen Prozess beziehen kann,
- die relativ kurzfristig und zielfokussiert oder auch längerfristig und themenweit (Arbeitssituation, persönliche Umstände, ...) angelegt werden kann,
- die das Verhalten, die Einstellung, das Know-how und die soziale Wirkung der Beteiligten im sozialen Umfeld optimiert,
- die sich primär auf psychologische (persönlichkeits-, sozial-, organisations-/arbeits- und wirtschaftspsychologische) Aspekte konzentriert, dabei aber im Rahmen der Möglichkeiten und Notwen-

digkeiten strategische, organisationsbezogene, technische und fachliche Aspekte mitberücksichtigt."
(Böning, 2003, S. 284)

Christopher Rauen
„Coaching ist ein interaktiver, personenzentrierter Beratungs- und Betreuungsprozess, der berufliche und private Inhalte umfassen kann. […] Coaching ist individuelle Beratung auf der Prozessebene, d.h. der Coach liefert keine direkten Lösungsvorschläge, sondern begleitet den Klienten und regt dabei an, wie eigene Lösungen entwickelt werden können.
Coaching findet auf der Basis einer tragfähigen und durch gegenseitige Akzeptanz und Vertrauen gekennzeichneten, freiwillig gewünschten Beratungsbeziehung statt, d.h. der Klient geht das Coaching freiwillig ein und der Coach sichert ihm Diskretion zu.
Coaching zielt immer auf eine (auch präventive) Förderung von Selbstreflexion und -wahrnehmung, Bewusstsein und Verantwortung, um so Hilfe zur Selbsthilfe zu geben.
Coaching arbeitet mit transparenten Interventionen und erlaubt keine manipulativen Techniken, da ein derartiges Vorgehen der Förderung von Bewusstsein prinzipiell entgegenstehen würde.
[…] Coaching richtet sich an eine bestimmte Person [Gruppen-Coaching: für eine genau definierte Gruppe von Personen] mit Führungsverantwortung und/oder Managementaufgaben." (Rauen, 2004)

Jürgen Linke
„Systemisches Coaching im klassischen Sinne ist eine personenbezogene Führungskräfteberatung, in der die einzelne Führungskraft strategische Handlungs- und Lösungsoptionen im komplexen ‚innen- und außenpolitischen' Umfeld ihres Unternehmens entwickeln kann." (Linke, 2003, S.127)

Die Begriffsdefinition des DBVC

Wie bereits angekündigt, wollen wir die Zitate um die Coaching-Definition des DBVC ergänzen. Ziele des Verbandes sind unter anderem die Qualitätsoptimierung der Coaching-Arbeit wie Coaching-Ausbildung, der Unterstützung der wissenschaftlichen Forschung zu Coaching und die Entwicklung von Standards, um die Professionalität des Ansatzes zu gewährleisten und kontinuierlich weiterzuentwickeln. Die folgende Definition hat daher nicht nur als Kennzeichen, dass sie ausgereift und trennscharf formuliert, sondern auch, dass sie als Gemeinschaftsprodukt einer hochkarätigen Arbeitsgruppe gelten darf.

"Coaching ist die professionelle Beratung, Begleitung und Unterstützung von Personen mit Führungs-/ Steuerungsfunktionen und von Experten in Unternehmen/Organisationen. Zielsetzung von Coaching ist die Weiterentwicklung von individuellen oder kollektiven Lern- und Leistungsprozessen bzgl. primär beruflicher Anliegen.

Als ergebnis- und lösungsorientierte Beratungsform dient Coaching der Steigerung und dem Erhalt der Leistungsfähigkeit. Als ein auf individuelle Bedürfnisse abgestimmter Beratungsprozess unterstützt ein Coaching bei der Verbesserung der beruflichen Situation und dem Gestalten von Rollen unter anspruchsvollen Bedingungen.

Durch die Optimierung der menschlichen Potenziale soll die wertschöpfende und zukunftsgerichtete Entwicklung des Unternehmens/der Organisation gefördert werden.

Inhaltlich ist Coaching eine Kombination aus individueller Unterstützung zur Bewältigung verschiedener Anliegen und persönlicher Beratung. In einer solchen Beratung wird der Klient angeregt, eigene Lösungen zu entwickeln. Der Coach ermöglicht das Erkennen von Problemursachen und dient daher zur Identifikation und Lösung der zum Problem führenden Prozesse. Der Klient lernt so im Idealfall, seine Probleme eigenständig zu lösen, sein Verhalten/seine Einstellungen weiterzuentwickeln und effektive Ergebnisse zu erreichen.

Ein grundsätzliches Merkmal des professionellen Coachings ist die Förderung der Selbstreflexion und -wahrnehmung und die selbstgesteuerte Erweiterung bzw. Verbesserung der Möglichkeiten des Klienten bzgl. Wahrnehmung, Erleben und Verhalten."

Der DBVC äußert sich auch zur theoretischen Abgrenzung von Coaching im Gegensatz zu ähnlichen oder angrenzenden Konzepten. Auch hier wird eine klare Unterscheidung getroffen und Coaching als eigenständiges Entwicklungsinstrument vom Kopf auf die Füße gestellt.

„Ist Coaching Psychotherapie?
Im Gegensatz zur Psychotherapie, richtet sich Coaching an „gesunde" Personen und widmet sich vorwiegend den Problemen, die aus der Berufsrolle heraus entstehen, die ohne entsprechendes Fachwissen des Coachs nicht bearbeitet werden können. Psychische Erkrankungen, Abhängigkeitserkrankungen oder andere Beeinträchtigungen der Selbststeuerungsfähigkeit gehören ausschließlich in das Aufgabenfeld

entsprechend ausgebildeter Psychotherapeuten, Ärzte und medizinischer Einrichtungen.

Ist Coaching Beratung?
Der Coach kann keinen Fachberater (z.B. Unternehmensberater, IT-Berater, Arbeitsmediziner, Rechtsanwalt usw.) ersetzen. Dennoch wird der Coach häufig auch als fachlicher Ansprechpartner bei bestimmten Anliegen gesehen und um Ratschlag oder eine persönliche Stellungnahme gebeten. Sofern dies für den Beratungsprozess sinnvoll ist und der Coach über die entsprechende fachliche Kompetenz verfügt, kann dies ein Teil von Coaching-Prozessen sein.

Ist Coaching Training?
Training dient dem gezielten Aufbau bestimmter Verhaltensweisen, d.h. es steht meist das Erlernen eines „idealen" Ablaufmusters im Vordergrund. Die individuellen Bedürfnisse des Klienten sind dabei zwar maßgeblich, aber den Schwerpunkt bilden die Trainingsinhalte (z.B. bei Verkaufstrainings, Moderationstrainings, Rhetoriktrainings uvm.). Training kann als Maßnahme im Coaching eingesetzt werden, z.B. um Verhaltensdefizite zu korrigieren. Das Coaching bietet dann den Anlass und den Rahmen, spezielle Fertigkeiten aufzubauen bzw. zu verbessern.

Ist Coaching Mentoring?
Mentoring meint die „Patenschaft" zwischen einem jungen bzw. neu zu einer Organisation hinzugekommenen Mitarbeiter und einer erfahrenen Führungskraft. Aufgabe des Mentors ist die Vermittlung organisationsspezifischen Wissens, die Bindung an die Organisation und teilweise auch eine karrierebezogene Beratung. Mentoring zielt darauf ab, High Potentials zu fördern, Fluktuationskosten zu reduzieren und Konflikte bei der Integration neuer Mitarbeiter zu vermeiden. Coaching in unserem Verständnis kann somit eine zusätzliche Komponente im Rahmen einer Mentoring-Beziehung darstellen." (DBVC, 2004)

So weit die Theorie. Die kleinen aber feinen Unterschiede in den Zitaten sind sicherlich auch dem geneigten Leser nicht entgangen. Die Frage, wie weit der Rahmen des Coachings gefasst wird, beantwortet jeder Autor ein wenig anders. Während im einen Fall die individuelle Begleitung einer Einzelperson aus einer ressourcenorientierten, der Psychotherapie nahe stehenden Perspektive adressiert wird, sprechen andere von komplexen und nicht-trivialen Systemen. Bei der Definition des DBVC ist es wiederum ersichtlich, dass die Coaching-Diskussion in einer weiten Perspektive aufgenommen wurde. Mit seiner Position markiert der DBVC die wesentlichen Inhalte und definiert inhaltliche Grenzen, ohne die zukünftige wissenschaftliche und praktische Entwicklung in ein Prokrustesbett zu zwängen.

Allen Definitionen gemeinsam: Die zentrale Rolle der zwischenmenschlichen Kommunikation

Die Aneinanderreihung der verschiedenen Definitionen spannt einen weiten Bogen von der *„Therapie gegen berufliches Leid"* bis zur *„klar an Unternehmenszielen ausgerichteten"* Maßnahme zur *„Steigerung der Veränderungsfähigkeit und Veränderungsbereitschaft von Mitarbeitenden"*. Der gemeinsame Nenner scheint klar, ist aber doch schwer zu greifen. Womöglich hatte jene Coach-Expertin doch Recht, die auf einer Coaching-Tagung – angesprochen auf ihre Definition von Coaching – kurz und bündig antwortete: *„4 Augen, 2 Stunden."*

Schließlich bringen die Unternehmensziele eine gänzlich neue Perspektive hinein, welche die Coaching-Definitionen bis in die Gegenwart hinein wenig beachtet haben. Ist hier die Praxis der Theorie enteilt? Die Personalmanager haben jedenfalls ganz klar das Wohl des Unternehmens im Kopf, wenn sie einen Coach beauftragen (vgl. Kapitel 3) ...

Ein gemeinsames Kennzeichen lässt sich dennoch finden: In allen Definitionen wird die zentrale Rolle der zwischenmenschlichen Kommunikation deutlich – ob sie das Verhalten der Führungskräfte ihren Mitarbeitern gegenüber betrifft oder ob sie sich auf die Gestaltung der Interaktion in der Coaching-Beziehung bezieht. Die Qualität des unmittelbaren Verhaltens, ob verbal oder nonverbal, ob bewusst oder unbewusst, bestimmt die Qualität der zu erbringenden Leistung. Sie steuert den Gehalt des menschlichen Erlebens der Beratungsbeziehung im Coaching wie der Führungsleistung der Vorgesetzten im Unternehmen gegenüber ihren Mitarbeitern.

Seitenblicke

The Executive Committee: TEC

Uwe Böning

Coaching hat sich in der Zwischenzeit durchgesetzt und ist in „aller" Munde. Gerade im Munde von Managern. Natürlich auch gerade auf dem Executive-Level. Wie notwendig, zeitgemäß und bedarfsgerecht Coaching als Beratungsleistung heute tatsächlich ist, wird interessanterweise durch einen speziellen Ansatz deutlich, der aktuell nun auch in Deutschland an Bedeutung zu gewinnen versucht: „TEC", „The Executive Committee", ein weltweiter Zusammenschluss von CEOs (und anderen Mitgliedern der Unternehmensleitung) aus dem Mittelstand.

Etwa 8500 Mitglieder hat diese exklusive Vereinigung bisher weltweit. Mit einer klaren Zielsetzung: Inhaber, Vorstände und Geschäftsführer beraten sich gegenseitig – auf gleicher Augenhöhe. Das ist ihr explizit erklärter Anspruch! Nicht von jungen, unerfahrenen Beratern wollen sie teuer beraten werden. Kollegen wollen sie sein, die sich gegenseitig ihre beruflichen Fragen und Probleme schildern und dann von echten Unternehmern direkt Feedback und Rat erhalten.

Effizient organisiert, angeleitet von einem älteren, erfahrenen „Chair" oder „Coach", treffen sie sich jeden Monat und beraten sich in der Vielfalt all ihrer geschäftlichen Fragestellungen aus der heterogenen Sicht ihrer verschieden Branchen. Zu den Eingangsbedingungen dieser elitären Vereinigung, vor der eine hohe finanzielle Hürde liegt, die im Vergleich zu anderen Coaching-Veranstaltungen geradezu astronomisch anmutet, gehören mehrere Bedingungen: Organisiert in kleinen Gruppen von 10 – 15 Mitgliedern, darf jede Branche jeweils nur durch einen Teilnehmer vertreten sein. Kein Wettbewerb der Teilnehmer untereinander. Strikte Vertraulichkeit. Zwar sind die Teilnehmer dieses „Coachings unter Gleichen" keine erfahrenen und trainierten Berater, aber sie sind Unternehmer und Entscheider mit ausgewiesener Führungserfahrung. Also – so die Auffassung – haben sie sich gegenseitig etwas zu sagen, ohne gleich einem Theorieverdacht oder Akquisitionsmisstrauen unterliegen zu müssen. Glasklares und unmittelbares Feedback wird gewünscht – und gegeben, ohne allzu persönlich-menschliche Tiefen. Das Business (vom Marketing über Organisationsthemen, Vertriebsfragen, Versicherungsangelegenheiten, bis hin zu den unterschiedlichsten Führungsfragen) steht eindeutig im Fokus, ohne dass die emotionalen Aspekte völlig ausgeschlossen sind.

Seitenblicke

Die Motivstruktur der Beteiligten: Bedürfnis zur Diskussion ohne den Ballast des Tagesgeschäftes. Austausch mit Gleichen auf gleicher Augenhöhe, ohne Vorsicht und verklemmte Distanz im Umgang. Exklusivität. Verschiedenste Fragestellungen, ohne jede Themenbegrenzung. Ausbruch aus der verengenden Perspektive der gewohnten fachlichen Themen, Bedürfnis nach Anregung und Blickfelderweiterung, nach menschlicher Kommunikation, einem unkomplizierten sozialen Resonanzraum und persönlichem Feedback. Suche nach Geschäftsideen und Überwindung der strategischen Lücke. Unmittelbare Handlungsorientierung bei begrenzter Tiefenschärfe. Entlastung durch Ausstieg aus der Rolle des Alleswissers und Letztentscheiders, die das Tagesgeschäft und den Umgang mit Mitarbeitern kennzeichnet.

Ein Verdacht, hier könnte das Coaching schnell in die Nähe therapeutischer Abgründe geraten, kann nicht entstehen. Teilnehmer, Themen und die gewählte Gesprächstechnik lassen dies einfach nicht zu: Die Gespräche sind geprägt von fokussierten Darstellungen ohne großartige Folienschlachten, ausgerichtet an den Fragestellungen des Geschäfts und dem unmittelbaren Tun oder möglichen Alternativen. Die Response der anderen Gesprächsteilnehmer kommt schnell, direkt und mit vielen Handlungsempfehlungen, die aus der eigenen unmittelbaren Erfahrung resultieren. Feinziselierte Gesprächstechnik ist nicht angesagt. Schnelle Diagnosen, klare situationsbezogene Bewertungen sowie aktionsorientierte Informationen wie Stellungnahmen stehen im Vordergrund.

Der Coach selbst agiert nicht wie ein verklemmter Psychologe, der sich nur traut, Hilfe zur Selbsthilfe zu geben, sondern tritt als integrative Führungskraft auf, die mit Hilfe ihrer sozialen Kompetenz die Ressourcen der Gruppe zu aktivieren versucht, um die unterschiedlichsten Fragen und Themen seiner Gruppenmitglieder zu bearbeiten. Ob Adressenhinweise, Literaturangaben, persönliche Kontaktvermittlung oder „nur" die öffnende Leitung der Meetings: Es wird das getan, was dem persönlichen geschäftlichen Anliegen der Beteiligten irgendwie nutzen kann. Es steht sozusagen die geschäftliche Entwicklung der Person im Vordergrund, nicht die persönliche Entwicklung im Geschäft.

Ich selbst habe als Teilnehmer mehrere Monate an diesen Sitzungen teilgenommen und Erfahrungen gesammelt, um selbst ein Coaching zu erhalten, meine Vertrautheit mit dem erfolgreichen (größeren) Mittelstand aufzufrischen und die methodische Vorgehensweise zu studieren. In jedem Falle war die Erfahrung lohnend, auch wenn sich die Vorgehensweise methodisch erheblich von unserer Arbeit als Coaches unterscheidet.

Abschnitt 2

Und was meinen die Praktiker?

„Was verstehen Sie unter Coaching?"

Diese einfache Eisbrecherfrage stellten wir in unserer aktuellen Studie (Böning-Consult, 2004) 120 Umfrageteilnehmern, genauer: 70 Personalmanagern und 50 erfahrenen Coaches. Wir wollten wissen, wie das Grundverständnis hinter dem Begriff und seiner Anwendung im Feld aussieht. Deshalb wollen wir die Ergebnisse unserer Studie den Coaching-Definitionen in der Literatur und der „für alle Zeiten endgültigen" Definition, die der DBVC zu Beginn des Jahres 2004 sozusagen „ex cathedra" ausgesprochen hat, hinzufügen.

Zu Beginn führen wir in lockerer Folge einige Originalzitate aus der Untersuchung auf, um eine erste Anmutung vom Verständnis der Personalmanager zu gewinnen.

Begriffszuordnungen der Personaler

Was verstehen Sie unter Coaching?
- „Betreuung von Mitarbeitern, die irgendein Führungs- oder anderes Problem haben."
- „Unterstützung und Begleitung von Führungskräften in führungs- und lebensrelevanten Fragen."
- „Coaching gibt es bei zwei Anlässen: Bei der Potenzialentwicklung von Nachwuchsführungskräften und in schwierigen Situationen, die in Trainings oder Gesprächen nicht gelöst werden können."

Coaching wird hier über seine Anlässe definiert, ohne Bezug zu methodischen und inhaltlichen Aspekten. Es kristallisiert sich heraus, dass Coaching etwas mit Führungskräfte-Entwicklung und dem Lösen von Problemen, zum Beispiel zwischen Vorgesetzten und Mitarbeitern, zu tun hat.

Definition über die Coaching-Anlässe

> „Der Begriff wird sehr unterschiedlich verwendet. Einzel-Coaching ist eine Technik in der Zusammenarbeit zwischen Führungskräften und Mitarbeitern."

Definition über die Rollenbeziehung

Was hier als Technik bezeichnet wird, ist streng genommen gar keine Technik, sondern vielmehr eine bestimmte Rollenbeziehung zwischen Vorgesetztem und Mitarbeiter, die mit einem breit gefächerten Maßnahmenspektrum gefüllt wird, um das Ziel zu erreichen, nämlich das entwicklungsorientierte Führen des Mitarbeiters hin zu einem höheren Reifegrad, der sich primär durch eine hohe fachliche Kompetenz und eine hohe Motivation auszeichnet.

> „Coaching ist ein Prozess, der für Führungskräfte angeboten wird. Manchmal zur effektiveren Ressourcennutzung, und ein anderes Mal, um Lücken aufzufüllen. Wichtig ist die Freiwilligkeit und die Wertschätzung verdienter Mitarbeiter."

Definition über die gewünschte Problemlösung

Coaching definiert sich nach diesem Zitat darüber, ob Potenzialentwicklung oder konkrete Problemlösung stattfindet, und darüber, wie die Kommunikation mit den Gesprächspartnern abläuft. Selbstständigkeit und Selbstwertgefühl werden als Elemente des Prozesses angesprochen.

Dies sind nur einige beispielhafte Antworten aus unserer Studie. Die Aussagen divergieren stark über die verschiedenen Unternehmen hinweg und signalisieren ein recht uneinheitliches Bild vom Coaching-Verständnis der Personalmanager. Immerhin finden sich aber (ähnlich wie in den im vorigen Abschnitt geschilderten Coaching-Definitionen in der Literatur) vergleichbare Anker wie Zielgruppe, Themen, Kommunikationsstil und bestimmte Rollenaspekte mit ihren dazu gehörenden Werteelementen usw.

Begriffszuordnungen der Coaches

Die spannende Frage heißt nun: Was verstehen Coaches unter Coaching?

> „Coaching ist eine zielorientierte Prozessbegleitung, bei welcher der berufliche Kontext im Mittelpunkt steht."

Das klingt sehr sachlich – ist aber auch sehr allgemein gehalten.

Und was meinen die Praktiker?

- „Coaching ist ein personenzentrierter Beratungsansatz, unterstützt personen- und bedarfsbezogen, fokussiert auf die Berufsrolle und hat als Zielgruppe Führungskräfte und Personalleiter."

Das ist schon genauer und konzeptionell reflektiert. Nicht nur einer sagte im Interview ganz direkt: *„Da lesen Sie am besten mein Buch, dann wissen Sie, was Coaching ist."*

Die von Coaches gegebenen Definitionen transportieren oft auch klare Werteorientierungen und manchmal sogar Weltbilder:

Werteorientierungen, Weltbilder

- „Coaching ist das Freilegen von Potenzialen in Menschen in wohlverstandener Entwicklungshilfe, die nicht entmündigt: Hilfe zur Selbsthilfe."

- „... Wenn der Klient glücklich ist – Begleitung von Führungskräften zur Entfaltung ihrer Fähigkeiten."

Die Definitionen der Coaches klingen in der Tendenz etwas anders als die der Personalmanager. Zugegeben, wir haben hier nur eine Auswahl getroffen, eine polarisierende Auswahl vielleicht. Trotzdem bildet sie recht gut den Eindruck ab, den wir bei der Auswertung unserer Studie gewonnen hatten: Coaches und Personalmanager haben eine klar unterschiedliche Auffassung von Coaching, die sich weniger auf den Kern der eingesetzten Gesprächsführung und sonstiger Techniken bezieht. Die Unterschiede, die uns im Verlauf des Buches immer wieder begegnen werden, haben viel mit einer unterschiedlichen Grundperspektive auf das Coaching zu tun, die stark von der aktuellen beruflichen Arbeitssituation und der beruflichen Sozialisation beeinflusst ist:

Coaches betonen bei ihrem Coaching-Verständnis eher das Lösen von Problemen. Personalmanager sprechen eindeutig mehr über die Entwicklung von Führungskräften bzw. ihrer Potenziale. Das wird deutlich, wenn man sich die gegebenen Schwerpunkte bei der inhaltlichen Erklärung von Coaching im Überblick anschaut. Dabei handelt es sich um Ergebnisse, die ungestützt abgefragt wurden, das heißt, die angegebenen Häufigkeiten können wir als deutliche Ausprägungen verstehen (vgl. Abb. 2.1).

Coaches sprechen vom Problemlösen, Personaler von der Potenzialentwicklung

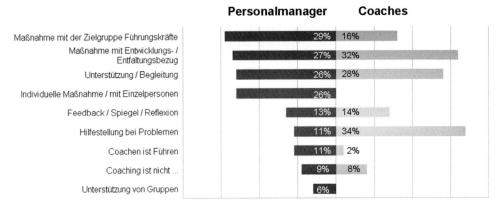

Abb. 2.1: „Was verstehen Sie unter Coaching?", BC 2004

Coaching bedeutet für beide Gruppen entwickeln, begleiten, Feedback geben

Über eines ist man sich allerdings in beiden Gruppen einig: Coaching bedeutet vor allem entwickeln, unterstützen, begleiten, ein Feedback geben. Während aber die Personalmanager als Hauptzielgruppe die Führungskräfte herausstellen, ist das für die Coaches offensichtlich weniger der Fall. Verständlich, wenn man sich die Coaching-Praxis vergegenwärtigt, wie sie in Kapitel 1 nachgezeichnet wurde. Auch wenn man keine unseriöse Praxis unterstellt, gibt es als Betätigungsfeld für die Coaches in vielen Fällen nicht nur Führungskräfte und schon gar nicht nur obere oder oberste Führungskräfte, sondern auch hochrangige Experten, Sachbearbeiter oder kleine Selbstständige.

Interessant ist, dass nur von den Personalmanagern der Aspekt „individuelle Maßnahme/mit Einzelpersonen" ungestützt, das heißt, bei einer offen gestellten Frage, erwähnt wurde. Zwei Interpretationen bieten sich hier an: Entweder stellt der gleiche Aspekt für die praktisch tätigen Coaches eine nicht erwähnenswerte Selbstverständlichkeit dar. Oder die Coaches arbeiten in einem nicht unerheblichen Umfang gar nicht (alleine) nach dem von einigen praktischen Theoretikern behaupteten Grundmodell der reinen 4-Augen-Konstellation (vgl. z.B. die Definitionen von Loos und Rauen im vorigen Abschnitt).

Wenn man an dieser Stelle nun zusätzlich schon die Daten aus Kapitel 3. zu den Coaching-Arten vorwegnimmt, dann bestätigen die Zahlen zum Gruppen-Coaching, was sich an den obigen Resultaten schon ablesen lässt: In der Praxis wird nicht nur ein 4-Augen-Coaching durchgeführt, sondern oft mit mehreren Personen gearbeitet und wohl oft ein Setting gewählt, bei dem die klassischen methodischen Grenzen verwischen.

Und was meinen die Praktiker?

Wir halten es für verständlich, dass die Personalmanager mit 26% den individuellen Charakter von Coaching als eine individuelle Entwicklungsmaßnahme betonen. Sie beschäftigen sich in der Regel mit vielen anderen Förderinstrumenten, die von der Struktur her keinen individuellen Charakter haben. Denken Sie zum Beispiel an Seminare und Trainings, die ja traditionell einen großen Teil der Führungskräfteförderung ausmachen.

Die befragten Personalmanager wie die Coaches bemühen sich um eine klare Abgrenzung von Coaching. Allerdings werden die Grenzen an unterschiedlichen Stellen gezogen. Erkennbar wird dies an dem relativ häufigen Statement, was Coaching nicht ist. Auch in diesen Abgrenzungen wiederholt sich die festgestellte unterschiedliche Sichtweise von Coaches und Personalmanagern:

Unterschiede bei der Abgrenzung von Coaching

▶ Personalmanager betonen: Coaching ist keine Therapie und keine Veränderung der Persönlichkeit.

▶ Die Coaches dagegen unterstreichen, dass Coaching nicht auf die Veränderung der Organisation, sondern der Person ausgerichtet ist.

Unsere Erfahrung sagt: Der Bedarf nach Hilfestellung bei persönlichen Problemen ist in Unternehmen selten ein Anlass für ein Coaching, häufiger aber ein Thema im Laufe des vertrauensaufbauenden Coaching-Prozesses.

Zu vergessen ist auch nicht, dass im Handlungs- und Sozialisationsfeld „Unternehmen" normalerweise die bewusste oder unbewusste Spielregel gilt, dass „Probleme" mit Führungskräften nicht assoziiert werden sollten. Um einer falschen oder unfreiwilligen Pathologisierung der Betrachtung von Personen oder des Unternehmens keinen Vorschub zu leisten (was den Einsatz von Coaching eher erschweren würde), wird die positive, leistungssteigernde Seite des Coachings in den Vordergrund gerückt. Ganz nach dem Motto: Selbstverständlich fördern wir die Potenzialentwicklung der (Top-)Führungskräfte, aber Probleme haben sie natürlich keine ...

Bei den befragten Coaches hingegen darf man genauso annehmen, dass auch sie sozialisationsgeprägt sind, gerade wenn man deren Alter, Berufspraxis und berufliche Entwicklung näher betrachtet. Sie haben eine überwiegend therapeutische Herkunft und pflegen die problembetrachtende Reflexion als grundsätzlichen Daseins-Modus, der sie nicht schreckt, sondern anzieht, getreu dem Motto: „Wo ein Problem ist, können wir etwas dagegen tun."

Wo Coaches eher und unkompliziert „Problem" oder „Konflikt" sagen, betonen Führungskräfte dagegen lieber die „Chancen"-Seite der Medaille. Und wo sich Probleme auf märchenhafte Weise in Chancen verwandeln, kann das Ganze gar nicht so schlimm sein. Die spannende Frage dabei ist: Haben die Unternehmensvertreter nun ein besonders positives Denken, weil ihr stabiles Selbstwertgefühl sie dazu befähigt? Oder ist die problemvermeidende Sprechweise nun gerade deshalb ein Symptom für die latente Verunsicherung unter der glatten Oberfläche? Dann wären die Coaches nämlich entweder die Stabilisierer oder es würde von ihnen lediglich ein anderer Sprachcode für das gleiche Phänomen verwendet.

In jedem Falle geht es um die Veränderung von Verhalten und Einstellungen der durch Coaching Beglückten, ob man dazu nun „Entwicklung der Persönlichkeit" sagt oder nicht.

Und das ist schwierig genug!

Abschnitt 3

Der Coaching-Würfel:
Ein Klassifizierungsmodell

So weit die unterschiedlichen Definitionen rennomierter Coaching-Größen, wie sie in der Literatur zu finden sind sowie das sehr individuell ausgelegte Coaching-Verständnis von Personalmanagern und Coaches, wie es diese in ihrem täglichen Geschäft erleben. Um Ihnen dennoch eine Orientierung zu geben und den Dschungel „da draußen" zu lichten, wollen wir dieses Kapitel mit einer Einordnung abschließen. Nach unserer Überzeugung lassen sich sämtliche skizzierte Coaching-Varianten nach drei verschiedenen Kriterien klassifizieren. Natürlich könnte man Dutzende weiterer Klassifizierungen finden, doch haben sich die folgenden drei Kriterien als zweckmäßig erwiesen, weil sie uns eine sinnvolle Einordnung der unterschiedlichen Coaching-Varianten erlauben:

Eine Klassifizierung nach drei Kriterien

1. Die Zielgruppe des Coachings
2. Die Art des Coachings
3. Das Hauptthema des Coachings

Diese drei Dimensionen können als Kanten eines langgestreckten Würfels dargestellt werden, in welchem wir die unterschiedlichen Coaching-Varianten unterbringen können (vgl. Abb. 2.2).

Bei der Zielgruppe scheint uns eine Grobeinteilung in den Business- und den Non-Profit-Bereich sinnvoll. Spielregeln und Wertewelten unterscheiden sich hier deutlich, auch wenn es bezüglich der Themen und Vorgehensweisen viele Überschneidungen gibt. Wir haben beide Bereiche in unterschiedliche Hierarchie-Stufen eingeteilt. So ist beispielsweise Vorstands-Coaching auf der obersten Würfelebene angesiedelt, während sich die Lebensberatung für Privatpersonen auf der unteren Ebene befindet (ohne damit eine grundsätzliche, aber sehr wohl eine methodische Wertung zu verknüpfen).

Außerdem lässt sich jede Coaching-Variante nach der Coaching-Art klassifizieren, nämlich Einzel-, Gruppen-, Vorgesetzten-Coaching oder Mentoring usw.

Schließlich prägen auch unterschiedliche Themen den Coaching-Prozess. Wir haben in unserer Darstellung einige Themen zur Illustration herausgegriffen, um die Bandbreite zu verdeutlichen.

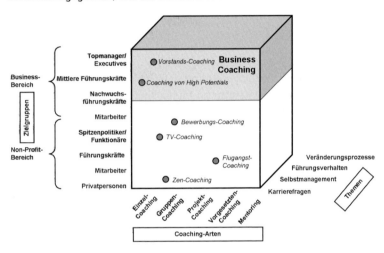

Abb. 2.2: Der Coaching-Würfel – Business-Coaching als Kern

Selbstverständlich könnte man weitere Themen und Coaching-Formen hinzufügen. Uns kommt es aber bei dieser Darstellung auf zwei zentrale Aussagen an: Erstens lässt sich Coaching systematisch klassifizieren. Das heißt, wir können uns darauf verständigen, über was wir reden und über was wir keine Aussage treffen wollen. Zweitens können wir den Bereich des Business Coachings spezifizieren und von anderen Varianten unterscheiden. Die Zielgruppen sind Führungskräfte und Experten in Unternehmen/Organisationen, auf mittleren und oberen Hierarchie-Ebenen. Die Themen sind Führungs- und Leistungsverhalten oder die Gestaltung von Veränderungsprozessen, und die Coaching-Art ist beispielsweise Einzel- oder Gruppen-Coaching.

Der Fokus dieses Buchs ist auf das Business-Coaching gerichtet

Diese grobe Klassifizierung soll Ihnen einen ersten Eindruck vermitteln, womit wir uns in diesem Buch befassen, mit was Sie rechnen dürfen, aber auch, welche Themen Sie hier nicht finden werden. In diesem Sinne werden wir in der Folge diese Beschreibungsdimensionen wieder aufgreifen und zum Beispiel nach den Zielgruppen, Themen und Anlässen sowie nach den verschiedenen Coaching-Arten fragen.

E.ON Energie

Wie organisiert E.ON Energie Coaching im Unternehmen?

Interview mit Frau Corinna Wimmer, Leiterin Personalentwicklung, E.ON Energie AG

BC: Welchen Ruf hat Coaching im E.ON Energie-Konzern?
E.ON Energie: Coaching wird in unserem Unternehmen von Führungs- und Nachwuchsführungskräften ohne Vorbehalte genutzt. Die Coaching-Klienten schätzen an dieser Weiterentwicklungsmaßnahme insbesondere die Möglichkeit, sich intensiv mit sich selbst auseinanderzusetzen. Ebenfalls als sehr positiv gewertet wird es, dass der Coach seinen Klienten nicht, wie beispielsweise ein Trainer, berät, sondern gemeinsam mit ihm Lösungen entwickelt, die speziell auf die Person zugeschnitten sind. Der Coach als neutrale Person wird dabei als Sparringspartner betrachtet, als Person, die ein ehrliches, offenes und klares Feedback gibt.

BC: Haben Sie Coaching systematisch eingeführt, zum Beispiel mit Hilfe von Informationsveranstaltungen oder Rundschreiben?
E.ON Energie: Nein. Da wir unseren Führungs- und Nachwuchsführungskräften Coaching explizit als Fördermaßnahme anbieten, war die Nachfrage von Anfang an sehr hoch. Auch unsere Vorstände und Geschäftsführer werden seit vielen Jahren gecoacht – da sie darüber auch ganz offen sprechen, haben die meisten Führungskräfte eine Vorstellung davon, was Coaching ist. Nähere Erläuterungen erhalten sie über unserer Führungskräfteentwicklungsprogramm.

BC: Welche Zielgruppen werden in Ihrem Unternehmen gecoacht?
E.ON Energie: Coaching richtet sich im E.ON Energie-Konzern insbesondere an drei Zielgruppen: Unsere Nachwuchsführungskräfte, die Führungskräfte aus dem Mittleren Management sowie Führungskräfte aus dem Topmanagement.

BC: Inwiefern unterscheiden sich die Ziele eines Coachings zwischen den Zielgruppen?
E.ON Energie: Eine Nachwuchsführungskraft arbeitet mit ihrem Coach vor allem an den Defiziten, die wir in unserem Management Entwicklungsseminar (MES) – hierbei handelt es sich um ein Assessment Center mit Development-Charakter – identifiziert haben. Es handelt sich also um ein sehr ziel-

E.ON Energie

orientiertes Coaching. Eine Führungskraft aus dem Mittleren Management nimmt in der ersten Coaching-Sitzung, die etwa einen halben Tag dauert, eine Standortbestimmung vor. Nach diesem ersten Gespräch definieren Coach und Coaching-Nehmer in Rücksprache mit einem Führungskräfteentwickler die Ziele des Coachings. Bei beiden Zielgruppen beansprucht der Coaching-Prozess etwa zehn Sitzungen von etwa zwei bis vier Stunden.

BC: Wie gestaltet sich das Coaching für das Topmanagement?
E.ON Energie: Das Topmanagement wird von einem Coach eher langfristig begleitet. Je nach eigenem Bedarf nimmt ein Vorstand oder ein Geschäftsführer Kontakt mit seinem Coach auf, den er häufig bereits seit vielen Jahren kennt.

BC: Wie identifizieren Sie den Coaching-Bedarf?
E.ON Energie: Coaching ist im E.ON Energie-Konzern Teil unseres Personalentwicklungsprozesses. In unseren jährlichen Mitarbeitergesprächen überprüfen Mitarbeiter und Vorgesetzter nicht nur die Zielerreichung des vergangenen Jahres und vereinbaren die Ziele für das kommende Jahr, sie sprechen auch über die Potenzialeinschätzung und legen zukünftige Entwicklungsmaßnahmen fest. Eine solche Maßnahme kann bei denjenigen Mitarbeitern, die Potenzial haben und entsprechend gefördert werden sollen, ein Coaching sein. Potenzielle Coaching-Klienten sind auch diejenigen, bei denen im MES ein Defizit festgestellt wurde. Diejenigen, die in diesem Assessment Center bestätigt werden, kommen automatisch in einen konzernweiten Nachwuchskräftepool, aus dem der E.ON Konzern seine Top-Führungskräfte generiert.

BC: Was passiert mit denjenigen, die in diesem Assessment Center nicht bestätigt werden?
E.ON Energie: Diejenigen, die an der Aufnahme in diesen Nachwuchskräftepool knapp gescheitert sind, können ebenfalls gecoacht werden. In einem Einzel-Assessment, etwa ein Jahr später, können wir erkennen, ob das Coaching erfolgreich war.

BC: Damit haben Sie den Bedarf für Ihre Nachwuchsführungskräfte identifiziert. Wie identifizieren Sie den Ihrer Führungskräfte?
E.ON Energie: Die Fähigkeiten unserer Führungskräfte wurden zum Beispiel in 2003 und 2004 in Audits überprüft. Auch aus diesen Gesprächen ergab sich vereinzelt Coaching-Bedarf. Hinzu kommen von Zeit zu Zeit ad-hoc-Anfragen von Führungs- und Nachwuchsführungskräften. Doch egal, um welche Zielgruppe es sich handelt – wir betonen immer wieder: Coaching ist freiwillig, es wird niemals zwangsverordnet.

BC: Wie kommt der Kontakt zwischen Coach und Coaching-Nehmer zustande?
E.ON Energie: Wir haben im E.ON Energie-Konzern einen Coaching-Pool, aus dem wir dem Coaching-Klienten ein bis zwei Coaches vorschlagen. Coaching ist ein sehr persönlicher Prozess. Umso wichtiger ist es, dass die Chemie zwischen Coaching-Nehmer und Coach stimmt, sonst wird die Maßnahme kaum zielführend sein. In einem Vorgespräch lernen sich die beiden persönlich kennen und können danach entscheiden, ob sie zusammenarbeiten wollen.

BC: Nach welchen Kriterien wählen Sie Ihre Coaches aus?
E.ON Energie: Unser Coaching-Pool ist recht klein. Wir legen Wert darauf, dass unsere Coaches einen großen Erfahrungsschatz haben – sowohl als Coach, als auch als Führungskraft. Wir wollen keine Therapeuten und keine Esoteriker. Wichtig ist uns auch, dass der Coach im Markt einen guten Ruf hat, denn: Scharlatane gibt es gerade in diesem Bereich sehr viele.

BC: Wann zeigt Coaching besonders schnell seine Wirkung?
E.ON Energie: Sehr effektiv ist beispielsweise das so genannte Schatten-Coaching. Der Coach ist in den Situationen, in denen sein Klient Schwachstellen aufweist, direkt dabei. Das kann eine Präsentation, aber auch ein Feedbackgespräch mit einem Mitarbeiter sein. Schnelle Wirkung kann auch eine Telefonsequenz erzielen. Der Coaching-Nehmer ruft seinen Coach an, wenn sich eine Frage stellt, die Antwort erfolgt prompt. Auch wenn eine Führungskraft eine neue Aufgabe übernimmt, etwa einen neuen Bereich, kann Coaching schnelle Unterstützung liefern. Länger dauert ein

E.ON Energie

Coaching-Prozess allerdings bei Verhaltensänderungen, wie einer Divergenz zwischen Selbst- und Fremdbild. Hier arbeiten Coach und Coaching-Nehmer längerfristig an einer bestimmten Eigenschaft.

BC: Wie messen Sie den Erfolg eines Coachings?
E.ON Energie: Für unsere Nachwuchsführungskräfte definieren Coaching-Nehmer und Coach gemeinsam mit dem jeweiligen Vorgesetzten die Ziele des Coachings. Diese leiten sich, wie bereits erwähnt, aus den im MES festgestellten Defiziten ab. Die Führungskräfte des Mittleren Managements vereinbaren ihre Coaching-Ziele mit ihrem Coach und einem Führungskräfteentwickler. Wichtig ist uns dabei immer, dass maximal drei Ziele festgelegt werden, denn nur dann kann die Maßnahme wirklich erfolgreich sein. Die Erreichung dieser Ziele überprüfen wir im Nachhinein. In einem Abschlussgespräch, an dem der Coach, der Coaching-Nehmer und der Vorgesetzte teilnehmen, wird der Zielerreichungsgrad festgehalten. Die Ergebnisse werden an die Führungskräfteentwicklung weitergeleitet.

BC: Worin sehen Sie die größten Vorteile des Coachings?
E.ON Energie: Jedem Coaching-Nehmer muss bewusst sein, dass Coaching nicht immer schmerzfrei ist. Offenes, ehrliches und kritisches Feedback kann hart sein. Doch nur, wer lernt, sich mit einer kritischen Rückmeldung über seine Person und seine Persönlichkeit auseinanderzusetzen und an sich arbeitet, wird dauerhaft als Führungskraft erfolgreich sein. Ein Coaching-Prozess ist sehr zielgerichtet und individuell. Im Laufe des Prozesses erkennt der Coaching-Nehmer selbst, wo seine blinden Flecken liegen und kann das Gelernte direkt in seinen Arbeitsalltag umsetzen. Führungskräfte, vor allem diejenigen, die in der Hierarchie sehr weit oben stehen, bekommen selten eine Rückmeldung über ihr Führungsverhalten. Coaching bietet ihnen eine sehr gute Möglichkeit, sich selbst und ihren Charakter zu reflektieren.

Stephanie Schütte

Kunden, Arten, Inhalte:
Blitzlichter zur aktuellen Lage

Kapitel 3

Über das sehr unterschiedliche Verständnis von Coaching haben Sie bereits einiges erfahren. Nun greifen wir die Beschreibungsdimensionen des Coaching-Würfels aus dem Kapitel 2 noch einmal auf und werfen einen wesentlich tieferen Blick auf die einzelnen Themenbereiche. Wir starten mit den Personen, um die es letztlich immer geht: mit unseren Kunden. Welche Zielgruppe steht besonders im Fokus? Gibt es zielgruppenspezifische Spezialisierungen auf Seiten der Coaches? Außerdem gehen wir darauf ein, welche Coaching-Arten in der Praxis überhaupt vorkommen und wie sich diese konkret unterscheiden.

Weiter geht es mit der Bedarfsfeststellung: Wie wird der Coaching-Bedarf in deutschen Unternehmen tatsächlich ermittelt und ist dabei eine Systematik erkennbar? Kann man in diesem Zusammenhang von einer Zusammenarbeit zwischen Personalern und Coaches bei der Bedarfsermittlung sprechen? Im vierten Abschnitt beschäftigen wir uns mit den Hauptanlässen für Business Coaching- und zwar unter den Blickwinkeln von Personalern, Coaches und den Coaching-Kandidaten selbst. Insbesondere interessiert uns dabei, ob es unterschiedliche Ziele, Anlässe, Themen oder Inhalte zwischen Topmanagement und Mittlerem Management gibt. Den Abschluss des Kapitels bilden Fragen nach dem Stellenwert von Coaching: Hat dessen Bedeutung mit den Jahren zugenommen und falls ja, in welchem Umfang? Und wie wird schließlich die relative Stellung von Coaching im Vergleich zu anderen Personalentwicklungsinstrumenten gesehen?

Die Kunden .... S. 61
Die Coaching-Arten: Eine Safari druch den Coaching-Dschungel .... S. 66
Die Bedarfsfeststellung: Bei Anruf Coaching .... S. 78
Hauptanlässe für Business Coaching .... S. 87
Der Stellenwert von Coaching .... S. 103

Außerdem
Praxisbeispiel Ford: Coaching in der Forschung und Produktentwicklung .... S. 112

Abschnitt 1

Die Kunden

Wer sind die Adressaten Ihres Coachings?

Wir haben bereits festgestellt, dass viele Angebote, die bislang unter dem Label „Training" gelaufen sind, nun mit dem Modebegriff „Coaching" geadelt werden. „Tauch-Coaching", „Internet-Coaching" und „SM-Coaching" haben scheinbar die Szene bereichert. Offensichtlich verkaufen sich Produkte, die mit dem Begriff „Coaching" versehen sind, besser als „Training" oder „Seminar".

Da unser Buch den Titel „Coaching fürs Business" trägt, weil dieser Bereich ja den wesentlichen Kern des Coaching-Ansatzes darstellt, möchten wir uns in diesem Kapitel darauf beschränken, nach dessen Zielgruppen zu fragen. Denn eine der ersten Fragen, die sich dem interessierten Laien stellt, wenn er einen Berufenen über seine Coaching-Praxis erzählen hört, ist die nach der Zielgruppe. „Bei wem wenden Sie denn Coaching an? Sind das eher Wirtschaftsbosse und Top-Führungskräfte oder auch „Führungs-Einsteiger"? Gibt es spezielle Funktionen im Unternehmen, die besonders häufig gecoacht werden, oder wird Coaching nach dem Gießkannenprinzip über die Unternehmen ausgeschüttet?"

Eine der wichtigsten Fragen ist die nach der Zielgruppe

In der Böning-Consult-Studie 2004 haben wir gleich zu Beginn die Personalmanager und Coaches nach ihren Hauptzielgruppen für Coaching befragt. In diesem Zusammenhang interessierten uns die Häufigkeiten nach Management-Ebenen und unterschiedlichen Gruppen im Unternehmen.

Die Ergebnisse stützen die prototypische Vorstellung von Coaching als eine Individualmaßnahme. Die Zielgruppen, bei denen Coaching am häufigsten durchgeführt wird, sind in erster Linie Einzelpersonen auf unterschiedlichen Management-Ebenen. Gruppen werden dagegen seltener gecoacht.

Coaching im Topmanagement

Entgegen der Vorstellung, dass Coaching etwas für die „Eliten" in den Unternehmen sei, können wir verwundert feststellen, dass das Topmanagement laut Aussage der Personalmanager nur in jedem fünften Unternehmen eine häufige Zielgruppe ist. Bei immerhin fast einem Drittel der Unternehmen wird Coaching im Topmanagement nur selten oder gar nicht durchgeführt (vgl. Abb. 3.1).

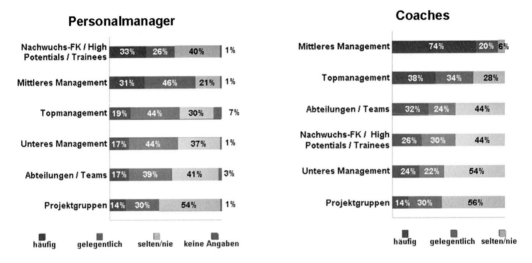

Abb. 3.1: Zielgruppen von Coaching, BC 2004

Man kann allerdings auch sagen, dass in über 60% der befragten Unternehmen Erfahrungen mit Coaching im Topmanagement gemacht wurden. Nur knapp 20% der befragten Firmenvertreter sagen, Coaching werde im Topmanagement ihres Unternehmens häufig durchgeführt, bei weiteren 44% wird das Topmanagement zumindest gelegentlich gecoacht.

Das Topmanagement nutzt Coaching zunehmend

Angesichts der Tatsache, dass vor etwa zwanzig Jahren die Coaching-Entwicklung in Deutschland überhaupt erst anfing und viele Unternehmen langsam begannen, ihre Vorbehalte gegenüber dem Instrument abzubauen, sind diese Zahlen erstaunlich! Dass selbst das Topmanagement zunehmend Coaching offensiv nutzt, beschreibt eine bemerkenswert positive Entwicklung.

Bei einer anderen fast unscheinbaren Zahl lohnt es sich, hellhörig werden: 7% der befragten Personalmanager konnten keine Angaben machen, als die Sprache auf Coaching im Topmanagement kam. Ist dies ein erster Hinweis darauf, dass ein substanzieller Teil der Coaching-Arbeit ohne die Personalabteilungen abgewickelt wird? In Abschnitt 3 werden wir noch einmal vertieft darauf eingehen, wie der Coaching-Bedarf in den Unternehmen ermittelt und wie Coaching im Anschluss eingeleitet wird. So viel sei aber bereits festgehalten: Es scheint so, dass das Topmanagement sich seine Coaches eher selbst sucht und die Personalabteilungen an dieser Stelle häufig nicht dazwischen geschaltet sind.

Das Topmanagement sucht sich seine Coaches selbst

Coaching im Mittleren Management

Die meisten Coaching-Aktivitäten spielen sich allerdings auf den Ebenen des Mittleren Managements ab. Für den Experten ist diese Beobachtung keineswegs verwunderlich. Hier kommen verschiedene Gründe zusammen: Erstens haben die Manager auf der mittleren Ebene aufgrund ihrer Aufstiegsorientierung die größte Lern- und Veränderungsbereitschaft. Zweitens wird auf dieser Ebene der nötige Entwicklungsbedarf am deutlichsten diagnostiziert und gleichzeitig der erforderliche Invest für den Top-Nachwuchs vorgenommen. Und drittens sorgt die allgemeine Werteorientierung (bezüglich Authentizität, Konfliktverhalten, Lernen, Kooperation, Vertrauen usw.) für die größte Offenheit und Bereitschaft, sich mit der eigenen Persönlichkeit, dem Verhalten, den Emotionen und der eigenen sozialen Wirkung auseinanderzusetzen. Und dazu gehört auch, sich den gewachsenen Führungsanforderungen gerade in der Sandwichposition zu stellen, in der die Forderungen der Unternehmensleitung/des Topmanagements mit den Erwartungen der eigenen Mitarbeiter austariert werden müssen.

In der Studie von Bachmann und Spahn (2004) sehen die Häufigkeitsangaben bezüglich der Coaching-Verteilung auf den unterschiedlichen Ebenen ganz ähnlich aus. Dies darf man als Bestätigung der gefundenen Ergebnisse verstehen, dass das Mittlere Management die Hauptzielgruppe von Coaching ist.

Tab: Stichprobe bei Bachmann und Spahn, 2004

Position	Anteil
Top Management	24%
Middle Management	33%
Untere Führungsebene	27%
Andere *	16%

(*z.B. Schulleiter, Projektleiter etc.)

Coaching von High Potentials

High Potentials werden am häufigsten gecoacht

Nachwuchsführungskräfte und High Potentials sind aus Sicht vieler befragter Personalmanager die Zielgruppe, die am häufigsten gecoacht wird.

Warum die Häufigkeit von Coaching bei High Potentials von den befragten Personalmanagern anders eingeschätzt wird als von den Coaches, könnte auch an der hochrangigen Stichprobe von erfahrenen und gut positionierten Coaches in unserer Untersuchung liegen. Topmanagement-Coaching spielt bei diesen Coaching-Anbietern eine deutlich wichtigere Rolle als das Coaching von High Potentials. Bei den Personalmanagern ist es genau umgekehrt. Möglicherweise würden die Ergebnisse bei einer Befragung von weniger erfahrenen Coaches anders aussehen, die ihre Leistung zu niedrigeren Preisen anbieten – und damit genau jene Gruppen der unteren und mittleren Führungskräfte abdecken, zu denen die Nachwuchsführungskräfte bzw. die High Potentials in vielen Firmen gehören.

Coaching für Gruppen – häufig oder selten?

Offensichtlich scheinen Coaches häufiger mit Abteilungen und Teams zu arbeiten, als das die Personalmanager bestätigen. Bekommen die Personalmanager weniger davon mit? Oder verwenden die Coaches das Label „Coaching" auch für Anwendungen, die bei den Personalmanagern unter anderem Namen laufen?

Team-Coaching oder Teamentwicklung oder Training – eher eine Frage des Labels

Die Beantwortung dieser Fragen ist schwierig. Zum einen könnte es daran liegen, dass Abteilungen und Teams mit einer Reihe von Personalentwicklungsmaßnahmen beglückt werden, von denen Coaching lediglich eine ist. Der Blick der Personalmanager reicht möglicherweise sehr weit und bezieht als Rahmen das ganze Inventar an PE-Maßnahmen mit ein. Die Coaches dagegen bieten hauptsächlich Coaching an. Ihr Blick ist eher auf dieses Instrument bezogen. Zum anderen ist zu beobachten, dass in vielen Unternehmen Teamentwicklungsmaßnahmen, ganz der aktuellen „Mode" entsprechend, in „Team-Coaching" umfirmiert werden. Unterschiedliche Häufigkeitsangaben entstehen dann schon dadurch, dass ein und dieselbe Maßnahme von der einen Gruppe als „Coaching" und von der anderen Gruppe als Teamentwicklung oder Training bezeichnet wird.

Die Kunden

Was ist der Prototyp von Coaching?

Coaching im Mittleren Management prägt die Coaching-Szene in starkem Maße: Das Eldorado für Coaches ist das Mittlere Management. Drei Viertel der Coaches in unserer Studie führen in dieser Zielgruppe häufig Coaching durch. Das ist eine klare Aussage. Ebenfalls drei Viertel der Personalmanager geben an, dass Coaching bei dieser Zielgruppe häufig oder zumindest gelegentlich durchgeführt wird.

Das bedeutet, dass die Methoden, Spielregeln und Werte genau dieser mittleren Führungsebene das allgemeine Coaching-Verständnis und das Bild der Anwendung prägen. In der Praxis führt dies des Öfteren dazu, dass manche Coaches in ihrer begrenzten Erfahrung diese Spielregeln auf alle Hierarchie-Ebenen übertragen. Reicht es, wenn derjenige, der Coaching lernen möchte, weiß, wie das Mittlere Management tickt? Ist dies der Weg, den jeder Coach gehen muss – oder werden die unterschiedlichen Führungskräfte-Gruppen auch von unterschiedlichen Coaches bedient?

Methoden, Spielregeln und Werte des Mittleren Managements prägen das Coaching-Verständnis

Nun, die Praxis zeigt, dass sich viele Coaches für „Allrounder in Nadelstreifen" halten, wobei wir den boshaften Verdacht haben, dass dies schlicht die Tatsache widerspiegelt, dass der Coaching-Markt ein opportunitätsgetriebenes (nicht opportunistisches!) Geschäft ist, bei dem gemacht wird, was als Auftrag anliegt. Dass sich dabei viele Coaches damit brüsten, selbstverständlich auch oder gerade mit Vorständen zu tun zu haben, ist der Rubrik „kleine menschliche Schwächen" zuzurechnen. Es ist verständlich, wenn man den Konkurrenzkampf, das Anerkennungsbedürfnis und die Showaspekte berücksichtigt, die zum Geschäft dazuzugehören scheinen. Uns befällt aber zuweilen das Bedürfnis, kurz zu überschlagen, wie viele Vorstände es in deutschen Unternehmen überhaupt gibt, wenn wir hören, wie viele Coaches nur mit Vorständen in Deutschland Coaching machen …

Unsere Studie zeigt, dass die meisten Coaches ihr Metier im Ganzen bearbeiten. Nur wenige beschränken sich bislang auf nur ein oder zwei Zielgruppen. Fast alle haben sich zusätzlich eine Schwerpunktzielgruppe erschlossen – meist eine der selteneren. So erzählt uns ein Coach zum Beispiel, dass er Sportler vor wichtigen Wettkämpfen coacht. Ein anderer begleitet Auszubildende, wieder ein anderer Aufsichtsräte bei wichtigen Entscheidungen. Natürlich gibt es auch die High Society der reinen Executive Coaches, die aber eine relativ seltene Spezies zu sein scheint.

„Allrounder" coachen zielgruppenübergreifend

© managerSeminare: Coaching fürs Business

Abschnitt 2

Die Coaching-Arten:
Eine Safari durch den Coaching-Dschungel

Mehrere Seiten lang haben wir uns bereits durch eine Reihe von Definitionen und Ansichten zum Thema Coaching gekämpft. Der Dschungel da draußen wurde wenn schon nicht gelichtet, so doch etwas kartografiert. Dieses Kapitel will in dieser Tradition fortfahren und mit einer Bestimmung der unterschiedlichen Gewächse im Coaching-Dschungel eine weitere Möglichkeit des Überblicks schaffen. Kurz gesagt geht es also um die Frage, welche Coaching-Arten in der Praxis überhaupt vorkommen. Diese Frage hatten wir auch den 70 Personalmanagern und 50 Coaches in unserer aktuellen Coaching-Studie gestellt. Ihre Antworten bilden die Grundlage für die folgenden Zuordnungen.

Als Analogie fällt uns bei der Beschreibung der verschiedenen Coaching-Arten immer wieder die Evolution der Arten ein, wie sie von Darwin beschrieben wurde. Mit deren Terminologie gesprochen bietet sich dem interessierten Betrachter heute folgendes Bild:

Zwei große Gattungen:
- Einzel-Coaching
- Gruppen-Coaching

Es lassen sich nämlich zwei große „Gattungen" von Coaching-Arten unterscheiden, je nachdem, ob eine Person oder eine Gruppe begleitet wird. Eine weitere Unterteilung ist in externe und organisationsinterne Coaches möglich. Und schließlich unterscheiden sich Coaching-Arten in der Beziehung zwischen den Coaching-Partnern. So unterscheiden sich z.B. das Vorgesetzten-Coaching und das Mentoring darin, dass im ersten Fall eine direkte hierarchische Beziehung zwischen den beiden Coaching-Partnern besteht, im zweiten Fall jedoch nicht. Man sieht: Hier finden sich Kriterien wieder, die auch im bereits vorgestellten Coaching-Würfel den Coaching-Raum aufspannten (vgl. Abschnitt 3 des vorangegangenen Kapitels).

Die Coaching-Arten

1. Einzel-Coaching

Die bei weitem häufigste „Gattung" des Coachings ist das Einzel-Coaching. Dies ist eine personen- und persönlichkeitsnahe Beratung, die meistens mit den Zielen einer verstärkten sozialen Kompetenz, eines verbesserten Führungsverhaltens, einer Verbesserung der Zusammenarbeit sowie einer Erweiterung der individuellen Problemlösungskompetenz und Entscheidungssicherheit einhergeht. Häufig dient Coaching der Klärung individueller strategischer Überlegungen und persönlicher Herausforderungen. Im Zentrum der Coaching-Gespräche steht die Person des Managers, eingebettet in den Unternehmenskontext. Berücksichtigt werden neben dem Ausbau der persönlichen Souveränität die Reaktionen im sozialen Umfeld, die Gefühle und Einstellungen, Ziele und Strategien, Konflikte und Widerstände, mit denen sich der Einzelne auseinanderzusetzen hat. Einzel-Coaching kommt in zwei großen Unterarten vor: dem externen und dem internen Einzel-Coaching.

▶ **Externes Einzel-Coaching**

Mit dem externen Einzel-Coaching ist ein Individual-Coaching für Führungskräfte durch einen externen Berater gemeint, der als neutraler Außenstehender Rückmeldungen gibt sowie Unterstützung und Anleitung zur Klärung von Situationen, Anforderungen oder auch Belastungen bietet. Diese Form von Coaching wird sowohl im Topmanagement, als auch im Mittleren Management häufig eingesetzt.

Neutraler Außenstehender gibt Rückmeldungen sowie Anleitung zur Klärung

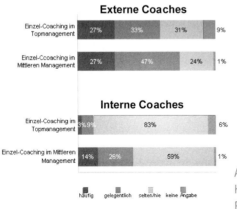

Abb. 3.2: Einzel-Coaching – Häufigkeit aus Sicht der Personalmanager, BC 2004

Wie wir auch noch an anderen Stellen in diesem Buch sehen werden, unterscheidet sich die Arbeit der Coaches im Topmanagement teilweise in beträchtlicher Weise von der im Mittleren Management. Als eine spezifische Unterform hat sich daher das so genannte Executive Coaching entwickelt.

▶ Executive Coaching

Von Darwin wissen wir, dass unterschiedliche Umwelten die Mitglieder einer biologischen Art oft zwingen, sich völlig unterschiedlich zu entfalten. Mit Coaching scheint es genau so zu verlaufen. In der „Umwelt" des Topmanagements hat sich das Executive Coaching herausgebildet, das deutlich andere und zum Teil höhere Anforderungen an den Coach stellt als Coaching im Mittleren Management.
Auf mittlerer Hierarchie-Ebene beherrschen beispielsweise eher Ziele wie Führungsfähigkeiten, soziale Kompetenz, Selbstsicherheit oder Konfliktmanagement das Coaching, verknüpft mit Werten wie Offenheit, Authentizität, Zusammenarbeit oder Fairness. Dazu ist das Ganze stark getragen von jenen Bedürfnissen und Werten, die mit Selbstverantwortung, Selbsterarbeiten und Selbststeuerung zu tun haben.

Auf der Topmanagement-Ebene dagegen herrscht stärker ein Rollen-, Ergebnis-, Durchsetzungs- und Konkurrenzdenken, das eher von strategischen und politischen Überlegungen geleitet wird. Dazu gehören Werte wie Takt, Taktik und Image, die den Umgang in beträchtlicher Weise beeinflussen. Der generalistische Blick über das Gesamtunternehmen und die Notwendigkeit, permanent für Interessensausgleiche sorgen zu müssen, führen zu einem komplexeren und komplizierten, auch paradox anmutenden Spiel. Dies lässt sich beispielsweise am Umgang mit Offenheit und Emotionen ablesen: In den offiziellen Papieren und öffentlichen Deklarationen (auch der Topmanager) wird häufig Offenheit, Echtheit, Vorbild und Verantwortung propagiert, aber in Wirklichkeit nur wenig praktiziert. Vielmehr beherrschen Doppelbödigkeit, eine hohe Selbstbeherrschung und eine rhetorisch vieldeutige Abstraktheit die Szene.

Vom Executive Coach werden andere Kompetenzen erwartet

Entsprechend werden hier vom Coach auch in stärkerem Maße persönliche und fachliche Souveränität, wirtschaftlich-strategisches Know-how und die Beherrschung politischer Spielregeln erwartet. Die neutrale Position des externen Coachs ist die absolut notwendige Basis für die stets gefährdete Diskretion und unbedingte Vertraulich-

Die Coaching-Arten

keit auf diesen Hierarchie-Ebenen, um jene Vertrautheit und Offenheit herzustellen, die ein Coaching überhaupt erst ermöglichen.

Die klassische Form des Executive Coaching ist deshalb das externe Einzel-Coaching. Andere Coaching-Arten sind auf dieser Ebene äußerst selten: Welcher Vorstand möchte sich gerne von einem seiner eigenen Mitarbeiter coachen lassen?

▶ **Internes Einzel-Coaching**

Diese Variante des Einzel-Coachings wird durch organisationsinterne Coaches, Trainer oder Führungskräfteentwickler durchgeführt. Doch im Vergleich zu seinem externen Verwandten ist diese Art ein eher selteneres Geschöpf. Auf Topmanagement-Ebene findet man es kaum, im Mittleren Management schon öfter. Denn dort schlagen die Vorteile stärker zu Buche: Die internen Coaches kennen die unternehmensinternen Themen, Abläufe, Verhältnisse und Personen in der Regel besser als Externe - und können manchmal sogar kostengünstiger sein als externe Berater.

Auf Topmanagement-Ebene kaum anzutreffen

Zwei sehr eng verwandte Unterformen aus der Familie der internen Coaching-Varianten sind das Vorgesetzten-Coaching und das Mentoring.

▶ **Vorgesetzten-Coaching**

Das Vorgesetzten-Coaching trägt sein Hauptkennzeichen schon im Namen: Der Vorgesetzte ist hier der Coach für seine Mitarbeiter. Diese Coaching-Art ist die älteste aus der noch relativ jungen Coaching-Gattung. Sie stellt die ursprüngliche Form des Coachings dar, wie es in den USA in den 70er- und frühen 80er-Jahren aufkam, als Sport-Coaches wie Tim Gallwey ihr Erfolgskonzept auf den Management-Bereich übertrugen (vgl. Gallwey, 1974). In einigen amerikanischen Firmen etablierte sich unter dem Namen „Coaching" ein entwicklungsorientiertes Führungsverhalten, das weniger sachkompetente und/oder weniger motivierte Mitarbeiter zu einem höheren Reifegrad bezüglich dieser beiden Aspekte führen sollte (vgl. z.B. das Reifegradmodell von Hersey und Blanchard, 1969).

Erst Anfang/Mitte der 80er-Jahre kam Coaching nach Deutschland und wurde hier in einigen (zum Teil amerikanischen) Firmen in das sich veränderndes Führungsverhalten implantiert. In internen und externen Führungstrainings tauchte der Begriff allmählich auf, vagabundierte weiter und schlich sich wie ein Virus zunehmend in den Führungsbereich ein. Vom Begriff und der Praxis her nicht eindeutig, wurde er immer mehr auf unterschiedliche Formen der internen und externen Förderung von Führungskräften angewandt.

Ein geradezu klassisches Beispiel für die Mechanismen der Evolution: Sie produziert mehrere Varianten und wartet geradezu genüsslich darauf, welche sich durchsetzt (vgl. die Diskussionen und Veröffentlichungen Mitte/Ende der 80er-Jahre, die mit den Namen Loos, Sattelberger und Böning verbunden sind).

Coaching als entwicklungsorientiertes Führungsverhalten

Die siegreiche Variante war im vorliegenden Fall das externe Einzel-Coaching, das in Deutschland eine herausragende Bedeutung gewann und von hier aus seinen Siegeszug in die westliche Welt antrat. Obgleich die Variante „Coaching als entwicklungsorientiertes Führungsverhalten" ebenfalls nicht ausstarb, sondern als wichtiges Element das Verständnis des zeitgemäßen Führungsverhaltens anreicherte und mitprägte, wurde das externe Coaching in seiner Spielart als Beratung des Topmanagements durch externe Berater zum Prototyp und Imageschrittmacher für das Coaching überhaupt.

Heutzutage stellt das Vorgesetzten-Coaching unter dem klärenden Schlagwort des „entwicklungsorientierten Führens" immer noch den größten Anteil bei den internen Coaching-Arten dar. Gerade im Mittleren Management findet in fast der Hälfte der befragten Unternehmen wahrnehmbar ein entwicklungsorientiertes Führen statt (Böning-Consult, 2004). Dabei unterscheidet es sich vom rein fachlich-sachlichen Führen. Es verfolgt zum einen das Ziel, Rahmenbedingungen zu schaffen, die es den Mitarbeitern ermöglichen, ihre Aufgaben selbstständig, kompetent und effizient zu erfüllen. Zum anderen soll den Mitarbeitern eine Qualifizierungs- und Orientierungshilfe bei ihrer Karriereplanung im Rahmen der Personalentwicklung angeboten werden, und schließlich geht es darum, die Coaching-Kandidaten hinsichtlich ihrer Fachkompetenz und ihrer Motivation langfristig aufzubauen und zur Selbstständigkeit zu führen.

Die Coaching-Arten

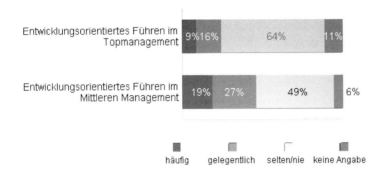

Abb. 3.3: Entwicklungsorientiertes Führen –
Häufigkeit aus Sicht der Personalmanager, BC 2004

Eine Begrenzung des Vorgesetzten-Coachings liegt selbstredend darin, dass die Rollenkonstellation Vorgesetzter – Mitarbeiter unmittelbar zu einer Einschränkung der Offenheit und des Vertrauens und damit der Themen und der entsprechenden Bearbeitungstiefe im Entwicklungsprozess führen wird. Tiefer liegende Verhaltens- und Persönlichkeitsfragen oder gar private Themen können hier nur schwer, gar nicht oder zumindest methodisch nicht professionell angegangen werden.

▶ **Mentoring**

Sowohl beim Vorgesetzten-Coaching als auch beim Mentoring sind die Coaches Führungskräfte aus der Linie. Beim Mentoring wird von einem führungserfahrenen Kollegen die Mentorenschaft für eine Nachwuchsführungskraft übernommen. Dieser Mentor ist jedoch nicht der direkte Vorgesetzte des Coaching-Kandidaten. Damit hat er eine neutrale Stellung und kann dem Führungsnovizen als Vertrauensperson dienen. Die Coaching-Inhalte beziehen sich hier weniger auf das Bewältigen normaler Fragen des täglichen Berufslebens als vielmehr auf die Unterstützung bei grundlegenderen persönlichen Themen bzw. auf ein kontinuierliches Begleiten und allgemeines Fördern der langfristigen beruflichen Entwicklung des „Schützlings". Mentoring in diesem Sinn kann unternehmensweit als zusätzlicher systematischer Personalentwicklungsansatz genutzt werden (Böning, 2003). Diese Variante allerdings gleichfalls nur mit dem Containerbegriff „Coaching" zu

Betreuung des Führungsnachwuchses durch einen führungserfahrenen Kollegen

bezeichnen, erscheint uns nicht hilfreich, sondern nur verwirrend. Die Rolle des Mentors betonend halten wir den Begriff „Mentoring" für angemessener und klärend.

Die Coaching-Arten

2. Gruppen-Coaching

Die zweite, sehr verzweigte Coaching-Gattung umfasst jene Arten, die bei der Durchführung nicht das Individuum, sondern gleichzeitig mehrere Personen im Fokus haben. Hierbei konnte sich die Arbeit mit internen Coaches nie so richtig durchsetzen, vor allem wenn es das Topmanagement betraf, so dass wir heute überwiegend externe Coaches bei diesen Maßnahmen vorfinden.

▶ **System-Coaching**

Das System-Coaching umfasst die Betreuung einer mehr oder weniger kompletten Führungsmannschaft durch einen oder mehrere externe Coaches. Dies können sowohl ein Vorstands- beziehungsweise Geschäftsführungsgremium als auch eine größere Zahl von Keyplayern im Topmanagement (d.h. in den beiden obersten Führungsebenen) eines Unternehmens sein, beispielsweise 15 der 20 wichtigen obersten Manager. Im Vordergrund eines System-Coachings steht die Funktionsfähigkeit des gesamten Systems, das heißt der jeweiligen im Fokus stehenden Einheit wie beispielsweise ein Headquarter, ein Ressort oder gar ein ganzes Unternehmen. In diesem Coaching-Ansatz erfolgt die Maßnahme zwar über das Kernelement der 4-Augen-Gespräche, aber primär weniger unter einer rein individuellen Zielsetzung, sondern in erster Linie unter der Fragestellung, was der Einzelne zur Umsetzung der Firmenziele in der aktuellen Entwicklungssituation des Unternehmens tut, wie er die Zusammenarbeit auf den obersten Hierarchieebenen positiv beeinflussen und die konstruktive Wirkung auf die Mitarbeiter der nachfolgenden Ebenen aktiv übertragen kann.

Betreuung einer Führungsmannschaft durch externe Coaches

Diese gerade in Veränderungssituationen wie bei Fusionen oder nach Umorganisationen des Unternehmens gewählte Variante zielt auf die konstruktive Veränderung zentraler Einstellungen und Verhaltensweisen der Keyplayer ab, um über deren Vorbildwirkung eine positive Weiterentwicklung der Mitarbeiter auf den nachfolgenden Ebenen zu fördern oder gar erst möglich zu machen. Das bedeutet, tiefer liegende Handlungsspielregeln aufzudecken und zur Sprache zu bringen, schwierige Kollegen- oder Vorgesetzten-Mitarbeiter-Konstellationen aktiv anzugehen und Konflikte offensiv – wenn auch stets vertraulich – aufzuarbeiten. Damit hat das System-Coaching andere Ziele und verwendet ein weiträumigeres Methodenarsenal als die anderen bisher vorgestellten Coaching-Arten. System-Coaching kombiniert dabei eine Fülle verschiedenster Techniken, Maßnahmen und Spielregeln aus den Handlungsfeldern Einzelberatung, Teamentwicklung, Kulturentwicklung und klassischer Organisationsentwicklung und geht damit über das viel engere klassische Coaching-Verständnis hinaus.

Inwieweit System-Coaching damit nur die Schnittstelle vom Coaching zur Organisationsentwicklung neu definiert oder inwiefern es sich eher um eine bloße Kombination von Coaching und Organisationsentwicklung handelt, ist dabei keineswegs eine rein akademische Frage oder gar haarspalterische Auseinandersetzung um Petitessen, sondern mündet zum Teil in erhebliche Maßnahmenunterschiede und Spielregeldifferenzen, die erfolgsentscheidend sein können.

Diese Form des Coachings hat sich eine ganz bestimmte „ökonomische Nische" ausgesucht, nämlich das Topmanagement von Unternehmen. Dadurch ist es in seiner Verbreitung natürlich zwingend begrenzt, was man jedoch nicht mit einem begrenzten Wirkpotenzial verwechseln sollte.

▶ Externes Gruppen-Coaching

Begleitung von Arbeitsteams durch externe Coaches

Die am weitesten verbreitete Art des „Mehrpersonen"-Coachings scheint das externe Gruppen-Coaching im Mittleren Management zu sein. Eindeutig seltener zwar als das Einzel-Coaching ist es aber doch in fast der Hälfte aller befragten Unternehmen anzutreffen. Hier werden Arbeitsteams von externen Coaches begleitet. Die Arbeit mit der Gruppe erlaubt eine leichtere Bearbeitung von system- und persönlichkeitsbezogenen Themen und Entwicklungsaspekten. In manchen Fällen sind auch mehrere Coaches am gleichen Prozess beteiligt, um genügend Veränderungskraft und Kapazität in die Gruppenentwicklung einzubringen.

Des Öfteren kommt es beim Begriff „Gruppen-Coaching" zu Unklarheiten, ob damit ein „Coaching der Gruppe" oder ein „Coaching in der Gruppe" gemeint ist. Während man früher lediglich die besondere Coaching-Art, in der eine Gruppe zum Beispiel im Rahmen eines (Führungs-)Seminars eine einzelne Person berät, als „Gruppen-Coaching" bezeichnete, wird diese Bezeichnung inzwischen deutlich häufiger für das „Coaching der Gruppe" verwendet. Wobei sich hier eine ähnliche Unterscheidungs- und Abgrenzungsthematik wie bereits skizziert ergibt. Die Frage lautet dann: Wo ist der Unterschied oder die Schnittstelle bezüglich Teamentwicklung und Team-Coaching?

Die Coaching-Arten

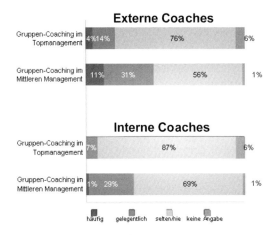

Abb. 3.4: Gruppen-Coaching –
Häufigkeit aus Sicht der Personalmanager, BC 2004

Die Themen können jedenfalls sehr ähnlich sein. Es geht dabei häufig um die Zusammenarbeit in der Gruppe, die zwischenmenschliche Kommunikation und die Erarbeitung von neuen Fachkonzepten oder Maßnahmen, die in das organisatorische Umfeld des Unternehmens hineinwirken. Eine klare Trennung der Methoden wird hier in der Praxis schwieriger oder sogar ganz aufgehoben. Man muss zur Kenntnis nehmen, dass eine zielgerichtete Unterstützung von Arbeitsgruppen in manchen Unternehmen unter dem Stichwort „Teamentwicklung" und in anderen unter dem Begriff „Team-Coaching" läuft und damit geadelt wird. Übersehen wird dabei allzu leicht, dass der Ansatz des Coachings andere Rollenaspekte und Verantwortlichkeiten des Coachs nach sich zieht, als wenn man das Ganze nur unter gruppendynamischen, ziel- und prozessoffenen Perspektiven angeht.

Eine saubere Abgrenzung zwischen Organisations- und Führungskräfteentwicklung ist an dieser Stelle schwierig. Wobei die Frage zu stellen ist, warum dieser Sachverhalt akademisch eigentlich solche Bauchschmerzen bereiten soll, wenn die durch dieses Vorgehen erzielten Effekte den praktischen Einsatz der kombinierten Methoden locker rechtfertigen können.

▶ **Projekt-Coaching**

Eine Unterart des Gruppen-Coachings wird öfter herausgehoben, weil die gecoachte Gruppe unter spezifischen Umständen zusammenkommt – nämlich als Projektteam. Man spricht dann von „Projekt-Coaching",

Coach unterstützt eine Projektgruppe oder einzelne Schlüsselpersonen wenn ein Coach eine Projektgruppe oder auch nur einzelne Schlüsselpersonen wie die Projektleitung, bei schwierigen Steuerungsfragen sowie Vorbereitungs- und Implementierungsthemen unterstützt. Ziel ist es in allen Fällen, die Projektarbeit zu optimieren, die Überzeugungskraft für die Zielgruppen zu erhöhen bzw. die entscheidenden Projektabläufe reibungsloser und effizienter zu gestalten und in jene Richtung zu bewegen, die die Zielerreichung sicherer macht. Dass die Projekte in der Mehrzahl eher auf den mittleren und unteren Management-Ebenen angesiedelt sind, wird sowohl durch unsere praktischen Erfahrungen als auch durch die Daten unserer Studie gestützt.

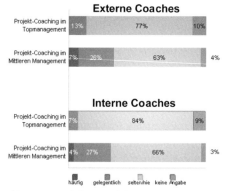

Abb. 3.5: Projekt-Coaching – Häufigkeit aus Sicht der Personalmanager, BC 2004

Im Zusammenhang mit Projekt-Coaching wird noch einmal die inflationäre Entwicklung des Begriffs „Coaching" deutlich. So bezeichnen unter anderem Controller und IT-Spezialisten ihre Aktivitäten bei Kunden neuerdings ebenfalls als Coaching, wenn es darum geht, Organisationseinheiten auf neue Prozesse oder Produkte einzustimmen. Dieser stark fachlich ausgerichtete Beratungsprozess unterscheidet sich aber deutlich von dem oben beschriebenen Coaching von Projektgruppen und besonders von einer personenzentrierten (eher nondirektiven) Gesprächsführung, einer der zentralen Gesprächsführungstechniken des klassischen Coachings.

Die Arbeitsweise der Controller und IT-Experten ist deutlich direktiver und durchsetzungsorientierter, was viele der Widerstände und Umsetzungsprobleme in Firmen erklärt. Da hilft es auch wenig, wenn die eigene Arbeit, mit der druckvoll erwartete Ergebnisse gebracht werden sollen, mit dem milden Schein des Begriffs Coaching verklärt wird. Dies erinnert manchmal eher an das Märchen vom Rotkäppchen, wo der böse Wolf die Haube der gefressenen Großmutter trägt.

3. Ein lebendiger Dschungel

In der Gesamtschau ergibt sich für uns ein Bild der Coaching-Szene, das von einigen Prototypen dominiert wird, die bei mehr oder weniger gebildeten Laien und Experten als die alleinigen Vertreter der Art gelten. Wie in der Natur gibt es jedoch auch beim Coaching Unterarten und Exoten, die oft nur die Experten unterscheiden können. Die vorhandene Artenvielfalt in der Coaching-Szene verweist erkennbar auf ein Erfolgsprinzip der Evolution, hier im Bereich der Personalentwicklung. Methoden, die ihren Anwendern hohen Nutzen bringen, setzen sich schließlich durch. Es kommt zu einem Boom. Und den haben wir ja, wie die Ausbreitung des Coachings allgemein und seine nicht mehr zu bremsende Begriffsverwendung in unzähligen Anwendungszusammenhängen zeigt.

Abschnitt 3

Die Bedarfsfeststellung: Bei Anruf Coaching

Im Bericht über das Coaching-Symposium 2002 in München konnte man lesen: *„Dr. Andreas Brüch (Siemens Business Services) betont die Notwendigkeit, den Coaching-Bedarf ständig durch Assessment-Verfahren zu bestimmen"* (www.cip-medien.com/coachSymposium.htm).

Auf dem CoachingKongress 2003 in Wiesbaden im November 2003 stellte DaimlerChrysler den so genannten Dreiecks-Vertrag vor. Dabei klären Coach, Coaching-Kandidat und dessen Vorgesetzter unter Moderation des Personalers die Ziele des Coachings und halten in einem Vertrag fest, wer in diesem Prozess welche Aufgabe hat und zu was sich jeder verpflichtet (www.coaching-kongress.de; Limpächer, 2003).

Zwei Schnappschüsse, zwei kurze Eindrücke davon, wie Unternehmen mit dem Thema Coaching umgehen. Während das zweite Beispiel bereits den Coaching-Prozess festschreibt, bezieht sich das erste auf die Feststellung des Coaching-Bedarfs.

„Da wird die Messlatte ganz schön hoch gehängt." „Ist doch unrealistisch." „Bei uns läuft das anders. Aber: Schön wär's, wenn es so laufen würde." So lauteten einige der Reaktionen, die wir in Diskussionen über dieses Thema gehört haben.

Wir haben in unserer Studie nachgefragt, wie denn die Realität aussieht, das heißt, wie der Coaching-Bedarf in deutschen Unternehmen tatsächlich ermittelt wird. Im nun folgenden Abschnitt finden sich daher auch zu diesem Thema spannende Aussagen. Ergänzt werden sie an verschiedenen Stellen durch interessante Daten von Thomas Bachmann und Barbara Spahn (2004), die unter dem provozierenden Subtitel „Coaching – Brauche ich das?" darüber berichten, „wie Führungskräfte über Coaching denken".

Die Bedarfsfeststellung

Die Auswertung der Böning-Consult-Studie zeigte schnell: Es gab zwei Varianten, wie die Befragten antworteten.
▸ Die einen benannten *Anlässe oder Auslösemechanismen* für die Feststellung von Coaching-Bedarf,
▸ die anderen führten *Initiatoren oder Antreiber* als Bedarfsauslöser auf.

Bedarfsfeststellung aufgrund von:
- Anlässen,
- Initiatoren

Eine konkrete Beschreibung, wie der Prozess der Bedarfsfeststellung abläuft, fiel den meisten schwer. Die sich daraus sofort ergebende Frage heißt natürlich: Lässt das schon auf eine wenig systematische Bedarfsfeststellung schließen?

Anlässe oder Auslösemechanismen

Es gibt sie wirklich: die wissenschaftlich-fundierten Personal-Profis, die in jährlichen Mitarbeitergesprächen oder Leistungsbeurteilungen mit ausgeklügelten Potenzialerfassungsmethoden die Coaching-Kandidaten identifizieren und auch die inhaltlichen Bedarfe festlegen. Etwa ein gutes Drittel aller befragten Unternehmen geht auf diese Weise vor. Das ist die gute Nachricht. Aber, was machen dann die anderen zwei Drittel? Würfeln die aus, wer einen Coach bekommt? Oder bestimmt dort der Vorstand, wer einen „nötig hat"?

Bedarf als Folge von Mitarbeitergesprächen

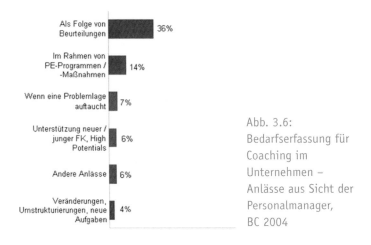

Abb. 3.6:
Bedarfserfassung für Coaching im Unternehmen –
Anlässe aus Sicht der Personalmanager,
BC 2004

Nun ja, ganz so dramatisch scheint es nicht zu sein. Immerhin noch 14% der Personalmanager führen in ihren Unternehmen Personalentwicklungsprogramme durch, aus denen heraus sich in irgendeiner

Akute Probleme sind nur seltene Auslöser

Weise die Bedarfe für Coaching ableiten lassen. Inwieweit sich die beiden bisher genannten Kategorien überschneiden oder ergänzen, konnten wir in den Gesprächen mit den Personalfachleuten nicht eindeutig erklären. Die Antworten blieben häufig unklar. Die Antwortkategorie „Unterstützung neuer/junger Führungskräfte/High Potentials" darf als Unterkategorie der systematischen PE-Programme verstanden werden. Auffallend ist in diesen Daten, dass der Auslöser einer akuten „Problemlage" nur wenig vorkommt, womit wir bei einem Thema angekommen sind, das uns auch bei der Betrachtung der Anlässe für ein Coaching wieder begegnen wird: Warum führen die Personalmanager diesen Auslöser im Vergleich zu den Coaches so selten an?

Wir können uns des „Verdachtes" nicht erwehren, dass in der Praxis nicht alles so systematisch abläuft, wie von Herrn Dr. Brüch von Siemens Business Services gefordert, bzw. dass er möglicherweise nur einen bestimmten Anteil der in der Praxis vorhandenen Auslöser und Abläufe im Blick hat.

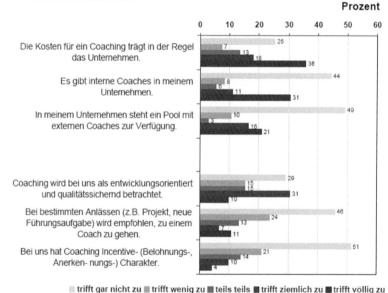

Abb. 3.7: Wie Führungskräfte über Coaching denken: Coaching im Unternehmen, Bachmann und Spahn, 2004

Auch von den Führungskräften wird dieses Schwarze Loch wahrgenommen. Coaching als Incentive-Maßnahme oder aus einem besonderen Anlass, wie Projektarbeit oder Karrieresprung ist jeder zweiten

Die Bedarfsfeststellung

Führungskraft völlig unbekannt. Nur jeweils 4% (Incentive-Maßnahme) bzw. 11% (besonderer Anlass) konnten uneingeschränkt behaupten, dass in ihrem Unternehmen das Coaching diese Funktionen hat (Bachmann und Spahn, 2004). Klare Aussagen fehlen nun auch von Seiten der Führungskräfte. Man beachte, dass viele der Antworten bei Bachmann und Spahn im mittleren Bereich liegen. Die befragten Führungskräfte wussten vielleicht nicht so genau, was sie auf die Fragen antworten sollten und wählten daher mittlere Antworten wie „teils teils" oder „trifft ziemlich zu". Die Botschaft, die sich für uns dahinter verbirgt, ist klar: In vielen Unternehmen gibt es kein transparentes und systematisches Vorgehen bei der Ermittlung von Coaching-Bedarfen.

In vielen Betrieben gibt es kein systematisches Vorgehen bei der Bedarfsermittlung

Initiatoren oder Antreiber

Bei den Initiatoren finden sich ganz vorne die Coaching-Kandidaten selbst. Gut ein Viertel wird noch von seinen Vorgesetzten vorgeschlagen und nur in jedem fünften Unternehmen werden Coaching-Kandidaten auf Initiative des Personalbereichs mit Coaches in Kontakt gebracht.

Haupt-Initiatoren: Die Coaching-Kandidaten selbst

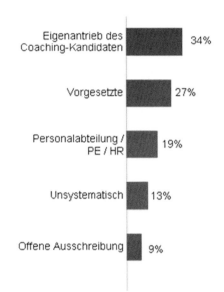

Abb. 3.8: Bedarfserfassung für Coaching im Unternehmen – Initiatoren aus Sicht der Personalmanager, BC 2004

Ein Armutszeugnis für die Personalentwicklung? Nicht unbedingt. In jedem Fall aber ein deutliches Zeichen, dass Coaching zwar grundsätzlich praktiziert, aber noch nicht durchgängig oder systematisch in

Geringe Beteiligung des Personalbereichs bei der Coaching-Vermittlung

den Unternehmen verankert ist. Der hohe Anteil von Eigeninitiativen der Führungskräfte selbst, die sich einen Coach suchen, zeigt, dass es offensichtlich verschiedene Wege der Führungskräfte zu ihren Coaches gibt, offizielle und inoffizielle, über die Personalabteilung und völlig unabhängig von den Personalbereichen. Nach unserer Erfahrung gibt es viele Fälle, in denen nicht nur Vorstände, sondern auch andere Führungskräfte aus dem Topmanagement (und zwar vor allem aus Produktionsbereichen) auf stille Weise dafür sorgen, dass sie mit einem Coach arbeiten können.

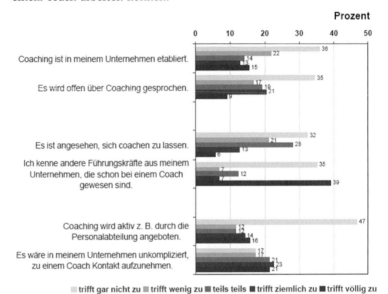

Abb. 3.9: Wie Führungskräfte über Coaching denken: Coaching im Unternehmen, Bachmann und Spahn, 2004

Die geringe Beteiligung des Personalbereichs spiegelt sich auch in den Daten der Untersuchung von Bachmann und Spahn (2004) wider. Aus den Aussagen der Führungskräfte geht hervor, dass bei der Hälfte aller Unternehmen Coaching nicht aktiv angeboten wird und bei über einem Drittel Coaching im Unternehmen überhaupt nicht etabliert ist. Nur jeder fünfte Befragte gab an, er könne umkompliziert zu einem Coach Kontakt aufnehmen.

Diese Ergebnisse decken sich bemerkenswert gut mit den Ergebnissen unserer Studie. Wenn man es genau nimmt, passen sie so gut zusammen, dass zuweilen kein Blatt Papier mehr dazwischen zu passen scheint. Der Ablauf funktioniert reibungslos und es kommt die Frage auf, wo die Coaches in diesem Prozess ihren Platz haben. Sind die

Die Bedarfsfeststellung

Abläufe in den Unternehmen ein geschlossenes System oder spielen die Coaches dabei ebenfalls eine Rolle? Wir haben die Coaches befragt und können zu diesen Fragen einige Antworten geben.

Was wissen die Coaches?

Der erste Eindruck ist, Coaches wissen relativ wenig über die Vorgeschichte eines Coachings. Coaching beginnt anscheinend erst mit der Kontaktaufnahme. Was davor war, scheint für viele nicht von besonderem Interesse – oder sie werden von den Personalvertretern in den Unternehmen als bloße Dienstleister nicht tief in die unternehmensinternen Abläufe eingebunden.

Coaches wissen relativ wenig über die Vorgeschichte eines Coachings

Abb. 3.10: Bedarfserfassung für Coaching im Kundenunternehmen – Anlässe aus Sicht der Coaches, BC 2004

Unser vielleicht etwas provokativer Schluss basiert auf den Antworten der Coaches, die einen Anlass für ein Coaching nennen, wenn sie nach der Bedarfsfeststellung in ihren Kundenunternehmen gefragt werden. Ganz oben auf der Antwortliste steht eine gleichermaßen inhaltliche wie ausweichende Antwort: Wenn es Probleme gibt, wenn der Leidensdruck zu groß wird, dann ist ein Coaching-Bedarf gegeben. Genaueres können die Coaches allerdings nicht sagen, zum Beispiel darüber, wie solche Probleme erkannt werden, ob es hier regelmäßige Einschätzungen, Messungen oder Gespräche gibt, oder ob stattdessen jeder, der ein Problem hat, einfach einen Coach bekommt.

Zwar geben jeweils 22% der Befragten an, dass Coaching in ihren Kundenunternehmen als Folge von Beurteilungen oder im Rahmen von bestimmten PE-Programmen durchgeführt wird. Und insgesamt passen die Antwortdimensionen der Coaches ja mit den Antworten der Personalmanager zusammen, wenn es auch den markanten Profilunterschied bezüglich der Probleme als Auslöser gibt. Was man der Grafik jedoch nicht unmittelbar entnehmen kann, ist die auffallende Unkonkretheit, mit der die Antworten ursprünglich gegeben worden waren. Eine qualitative Auswertung bringt es in der Regel mit sich, dass man Abstrahierungen und Verallgemeinerungen vornehmen muss. Eine Antwortklasse ist immer allgemeiner als die einzelnen konkreten Antworten der Befragten. Dafür erhält man Klarheit und kann zu Grunde liegende Strukturen und Tendenzen erkennen. Bei dieser Auswertung allerdings fiel es uns sehr leicht, die Antworten zusammenzufassen. Sie waren nämlich schon auf einer sehr allgemeinen Ebene und in der Regel ohne weitere Spezifikationen. Genauere Informationen, als dass in einigen Unternehmen PE-Maßnahmen durchgeführt werden, oder dass irgendeine Form der Beurteilung abläuft, konnten uns nur wenige Coaches geben. Die Antworten zeigen jedenfalls eindeutig, dass man von einer engen systematischen Zusammenarbeit zwischen Unternehmen bzw. Personalabteilung einerseits und den Coaches andererseits überhaupt nicht sprechen kann. Den Coaches wird oft nur ein begrenzter und separierter Zugang zu den Unternehmen ermöglicht, selbst wenn eine häufigere und intensivere Zusammenarbeit stattfindet.

Von einer verzahnten Zusammenarbeit zwischen Unternehmen und Coaches ist man noch weit entfernt

Abb. 3.11: Bedarfserfassung für Coaching im Kundenunternehmen – Initiatoren aus Sicht der Coaches, BC 2004

Die Bedarfsfeststellung

Die Grafik zu den Coaching-Initiatoren enthüllt uns bei den Coaches wieder Erstaunliches aber gleichzeitig auch Erwartetes. Der Eigenantrieb der Coaching-Kandidaten wird von 28% der Befragten genannt und ist damit die Nummer eins. Die Vorgesetzten und die Personalbereiche landen auf den nächsten Rängen. Immerhin 12% geben zu, dass sie es nicht wissen. Die Reihenfolge der Protagonisten ist gleich wie bei den Personalmanagern und daher erwartungsgemäß. Erstaunlich sind die relativ geringen Prozentzahlen. Man könnte annehmen, dass die Coaches benennen können, wer ihr „Verhandlungspartner" auf der anderen Seite ist. Daher hätten wir bei der Frage nach der Bedarfsfeststellung vor allem die Nennung von Personen oder Funktionen in den Kundenunternehmen erwartet. Stattdessen kamen – wie bereits beschrieben – inhaltliche Antworten, denen zufolge vor allem bei Leidensdruck und Problemen Coaching-Bedarf festgestellt wird. Haben wir es hier mit Coaches zu tun, die wenig Aufmerksamkeit auf den formalen Prozess legen und sich bei ihrer Arbeit ausschließlich auf die Inhalte konzentrieren?

Uns jedenfalls kamen die befragten Coaches zuweilen wie unbedarfte Autofahrer vor, die zwar nicht wissen, wie ein Auto funktioniert, die das aber auch nicht stört, solange sie mit dem Gefährt von A nach B kommen. Eine pragmatische und lösungsorientierte Sichtweise, so kann man denken, die so lange gut funktioniert, bis der Keilriemen reißt …

Die Einleitung der Coaching-Maßnahmen

Um bei unserer automobilen Metapher zu bleiben: Wer stellt denn den Keilriemen im Coaching-Anbahnungs-Prozess dar? Wer übermittelt den Impuls und bringt etwas zum Laufen? Wer leitet das Coaching ein, indem er Kontakt zu einem Coach herstellt, und wie geht es dann weiter?

Hier sind wir bei unserem zweiten Beispiel vom Beginn des Abschnitts. DaimlerChrysler hat einen Dreiecks-Vertrag vorgestellt, in dem unterschiedliche Beteiligte am Coaching-Prozess Inhalte, Vorgehen und Ziele vereinbaren. Auf diese oder ähnliche Weise, so wurde es uns bei der Befragung der 70 Personalmanager in der Coaching-Studie 2004 berichtet, läuft es anscheinend in den meisten Unternehmen ab. Der Personalbereich fungiert als „Linking Pin" zwischen Interessenten und Anbietern. Oft wird nur eine Liste mit mehreren

Der Personalbereich fungiert als „Linking Pin" zwischen Interessenten und Anbietern

Coaches weitergereicht, teilweise wird dem Kandidaten einfach ein Coach zugeordnet. Die einzelnen Prozesse sind alle in den Details verschieden und lassen sich schwer zusammenfassen.

Die Personalmanager sehen sich selbst in der Rolle als Vermittler und Aufseher über die Coaching-Maßnahmen im Unternehmen – zumindest bis zu einer gewissen Ebene. Es stellt sich allerdings die Frage nach der Realitätsangemessenheit dieser Wahrnehmung. Diskutiert man nämlich dieses Thema mit den Coaches, so erzählen diese in der **Tendenz,** dass lediglich ca. ein knappes Drittel ihrer Coaching-Fälle über die Personalbereiche ihrer Kundenunternehmen laufen. Ein weiteres Drittel der Coaching-Fälle kommt durch direkte Ansprachen der Coaching-Kandidaten selbst zu Stande. Natürlich könnten auch dahinter wiederum in einigen Fällen die Personalabteilungen als **Treiber** und Initiatoren stecken. Und außerdem ist die Erfahrung höchst unterschiedlich, was aus dieser Impuls- oder Kontakter-Funktion im weiteren Verlauf des Coachings wird. Die ist natürlich auch abhängig davon, in welcher Weise die Vertraulichkeit des Prozesses und seiner Inhalte im Unternehmen abgesichert wird und außerdem, wo und wie sich der Personalbereich, der ja auch eine Ordnungsfunktion im Unternehmen innehat, aus dem Prozess bewusst zurückzieht.

Eines aber wird in der ganzen Diskussion deutlich: Es gibt nicht nur eine Coaching-Welt außerhalb der Personalabteilungen. Sie ist an vielen Stellen dabei dunkel und schwer zu durchdringen.

Fazit Die Frage, ob standardisierte Methoden zur Ermittlung des Coaching-Bedarfs eingesetzt werden, kann man mit einem klaren „sowohl als auch" beantworten. Ansätze zu einer systematischen Erfassung des Bedarfs im Rahmen von regelmäßigen diagnostischen Maßnahmen sind in den Unternehmen vorhanden. Gleichzeitig findet sich ein deutlicher Unterschied zwischen den verschiedenen Coaching-Zielgruppen. Nachwuchsführungskräfte und High Potentials bzw. das Mittlere Management kommen am ehesten in den Genuss eines systematisch eingeleiteten Coachings. Das Topmanagement sucht sich seine Coaches selbst aus, das Vorgehen ist so unterschiedlich wie die Manager selbst. Somit scheint die Systematisierung abzunehmen, je weiter man in der Hierarchie nach oben steigt. In gleichem Maße scheint auch der Überblick der Personalmanager über den Prozess abzunehmen.

Abschnitt 4

Hauptanlässe für Business Coaching

Ziele, Anlässe, Themen und Inhalte – was ist was?

Wenn die Geschichtswissenschaft Kriege aus vergangenen Jahrzehnten oder Jahrhunderten erforscht, dann ist ihr dabei eine Unterscheidung besonders wichtig: die zwischen dem Anlass des Krieges und seinen Ursachen. So herrscht zum Beispiel Einigkeit darüber, dass der Anlass des Ersten Weltkriegs, das Attentat vom Juni 1914 in Sarajewo, nicht mit den Ursachen des Krieges gleichgesetzt werden darf. Die Ursachen für den Krieg werden im Übrigen auch heute noch heiß diskutiert.

Die Coaching-Szene ist hier weniger dramatisch, düster und dogmatisch. Streng genommen müsste man zwar zwischen Zielen, Anlässen, Themen und Inhalten von Coaching differenzieren. Unsere früheren Studien haben jedoch gezeigt, dass die Gesprächspartner selten diese Gehirnakrobatik mitmachen. Im Ergebnis erhält man bei den Fragen nach Zielen, Anlässen oder Themen meist sehr ähnliche Antworten. Sie beschreiben in der Regel das, worum es im Coaching eben so geht.

Wir haben uns daher entschlossen, im Folgenden diese Fragen gemeinsam zu bearbeiten. Später wollen wir aber noch einmal darauf eingehen, woher diese Begriffsdiffusion kommen könnte, und einem Verdacht nachgehen, der sich uns aufdrängt, wenn die Befragten uns zuallererst die Rückfrage stellen: *„Meinen Sie die Anlässe oder die tatsächlichen Themen?"* Bei unserer Überschrift haben wir uns für das Wort „Anlass" entschieden, denn nach diesem haben wir in unserer Coaching-Studie 2004 explizit gefragt. Eine Durchmischung von Themen, Anlässen und Zielen im Coaching zeigte sich dann auch gleich in den Antworten auf unsere erste Frage.

Kapitel 3

Die häufigsten Anlässe unter Personalmanagern und Coaches

Hauptanlässe unter den Personalern: Organisatorische und persönliche Veränderungen

In der folgenden Abbildung haben wir die Antworten auf die offen gestellte Frage nach den fünf häufigsten Anlässen für ein Coaching dargestellt. Zwei Besonderheiten fallen bei den Grafiken auf den ersten Blick auf. Zum einen nennen die Coaches andere Anlässe als die Personalmanager. Ihre Antworten sind stärker problem- und personenbezogen als die der Personalexperten. Zum anderen scheint jedoch für beide Gruppen gleichermaßen die Veränderung das große Thema im Coaching zu sein: Organisatorische und persönliche Veränderungen sind die Anlässe Nummer eins und zwei bei den Personalmanagern. Bei den Coaches ist die persönliche Veränderung und Weiterentwicklung ein Top-Thema, was niemanden mehr überraschen dürfte.

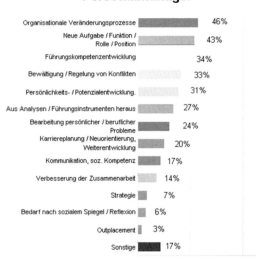 

Abb. 3.12: Die häufigsten Anlässe für ein Coaching, BC 2004

Coaches zeigen eine stärkere Problemorientierung auf

Zwei Beobachtungen gleich zu Beginn, die uns in diesem Buch noch häufiger begegnen werden: Die befragten Coaches zeigten sowohl eine stärkere Individualausrichtung und Problemorientierung als die Personalfachleute. Sie sprechen wahrnehmbar häufiger von Lösungs- und Entwicklungsperspektiven. Hier spiegeln sich sicherlich die unterschiedlichen Hintergründe der beiden Zielgruppen wider. Die Coaches haben es gerne, wenn es etwas „menschelt" in der Coaching-Beziehung. Die Persönlichkeit und ihre Entwicklung sowie ihre zu lösenden Probleme sind daher auch das Top-Thema für die Coaches, vor der Karriereplanung und eher funktionalen Themen wie der Bewältigung einer neuen Aufgabe oder der allgemeinen systematischen Führungskräfteentwicklung.

Die Personalmanager dagegen haben nicht nur den individuellen Nutzen im Auge, sondern auftragsgemäß Ziel und Nutzen der Führungskräfteentwicklung für das Unternehmen. Konsequenterweise nennen sie daher organisatorische Veränderungsprozesse an erster Stelle, gefolgt von der Vorbereitung auf neue Aufgaben und der allgemeinen Führungskräfteentwicklung im Sinne der grundsätzlichen Weiterqualifizierung. Das heißt, das Ausfüllen der Führungsrolle steht hier eindeutig im Vordergrund.

Personalmanager haben bevorzugt die Wahrung von Unternehmenszielen vor Augen

Was sagen die Coaching-Kandidaten selbst?

Thomas Bachmann et al. haben Führungskräfte, die ein Coaching in Anspruch nahmen, zu diesem Thema befragt (Bachmann, Jansen und Mäthner, 2003; Bachmann und Spahn, 2004). In der früheren Studie fragten sie nach den Anlässen von Coaching und fanden auf einer oberflächlichen Ebene vier Hauptthemen, denen die Anlässe für ein Coaching zuzuordnen sind. Bei ihrer Unterscheidung zwischen Topmanagement, Mittlerem und Unterem Management und selbstständigen Coaching-Nehmern fanden sie heraus, dass diese Gruppen ganz unterschiedliche Schwerpunkte haben, die leicht nachvollziehbar sind.

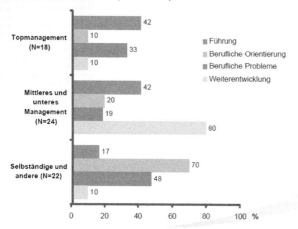

Abb. 3.13: Anlass und Hierarchieebene, Bachmann et. al., 2003

Bei den Erwartungen der Coaching-Nehmer dominiert die Verbesserung ihrer Berufsrolle

Selbstständigen sind die berufliche Orientierung und die Arbeit an beruflichen Problemen am wichtigsten. Diese beiden Anlässe sind am häufigsten in dieser Gruppe. Führungskräfte auf mittleren und unteren Ebenen nehmen Coaching hauptsächlich dann in Anspruch, wenn sie sich weiterentwickeln wollen (oder sollen). An zweiter Stelle stehen weit abgeschlagen Führungsthemen, die gleichwohl eine erhebliche Bedeutung haben, da sie ja für die Leistungsfähigkeit der Führungskräfte essenziell sind. Schwierigere berufliche Probleme sind seltener ein Anlass für ein Coaching auf dieser Ebene. Im Topmanagement schließlich ist Weiterentwicklung – was leicht nachzuvollziehen ist – kaum noch ein Thema. Dafür sind konkrete berufliche Probleme der Anlass für jeden dritten Coaching-Prozess im Topmanagement. Sie stehen in den Vorstands- und Geschäftsführungsetagen gleich hinter den allgemeinen Führungsthemen an zweiter Stelle.

Es ist sinnvoll, dass wir einen Blick auf eine detailliertere Auflistung der Coaching-Themen werfen, die Bachmann und Spahn (2004) bei 79 Coaching-Kandidaten gesammelt haben (s. Abb. 3.14).

Abb. 3.14: Coaching-Themen, Bachmann und Spahn, 2004

Hier dominiert thematisch die Verbesserung der Führungs- und Verhaltenskompetenzen. Als zweiter großer Block lässt sich die Beratung bei persönlichen Veränderungen erkennen, seien sie bereits erreicht oder erst angestrebt. Dazwischen tauchen etwas verloren die Themen „Stress" und „Konflikte" auf. Persönliche Probleme (gravierender Art) nennen nur vier der Befragten. Offensichtlich steht für die Führungskräfte eindeutig eine Verbesserung ihrer Berufsrolle mit ihren vielfältigen Facetten im Fokus und weniger diejenigen Aspekte, die eine besondere persönliche Belastung bedeuten.

Wenn man sich die Themen bei Bachmann und Spahn genau anschaut, dann taucht unwillkürlich die Frage nach der Hierarchie-Ebene, der Größenordnung sowie der Art der Unternehmen oder Organisationen auf (Konzerne? Mittelstand?), denen die in dieser Untersuchung befragten Führungskräfte entstammen.

Nach unserer Erfahrung handelt es sich hier, zumindest überwiegend, um klassische Coaching-Themen unterer und mittlerer Führungskräfte (meist in Konzernen). Das sind natürlich auch diejenigen Gruppen, die für Studien dieser Art am ehesten zugänglich sind. Mitglieder des Topmanagements sind nicht nur etwas zurückhaltend gegenüber Coaching, sie sind noch zurückhaltender gegenüber solchen Studien. Das „Wording" signalisiert zudem deutlich die Hierarchie-Ebene der Untersuchten: „Vorbereitung auf Führungsaufgaben", „Karriereberatung" und „Mobbing" sind keine Themen des oberen oder des Topmanagements.

Nicht auszuschließen ist allerdings auch, dass die Etikettierung ein Hinweis auf die entsprechende berufliche Verankerung derer ist, die diese Clustereinteilung vorgenommen haben. Das ist selbstverständlich nicht als Abwertung gemeint, sondern als Versuch, die Bezugsgruppen der am Coaching-Prozess Beteiligten einigermaßen zutreffend zu verorten, weil über die Bezeichnung „Führungskräfte" eine hohe Vergleichbarkeit der Coaching-Teilnehmer suggeriert wird, von der man allerdings in keiner Weise immer ausgehen kann. Dieses Verortungsthema betrifft dabei nicht nur Führungskräfte und Untersucher, sondern selbstverständlich auch die tätigen Coaches. Nicht aus Statusgründen, sondern wegen der damit verbundenen Perspektive auf die anstehenden Arbeitsthemen und ihrer Bewertung sowie der daraus resultierenden Vorgehensweise in der Beratung.

Kapitel 3

Entwicklungs- und problembezogene Coaching-Anlässe

In unserer aktuellen Studie haben wir versucht, den Bereich der Coaching-Anlässe etwas weiter auszuleuchten, als es bisher aus den von uns oben berichteten Anlässen hervorgeht, die ja im ersten Schritt ungestützt – also mit offenen Fragen – erhoben wurden. Unsere Untersuchung sah noch den zweiten Schritt einer gestützten Frage vor. Hierbei haben wir bei der Auswahl der Kategorien von unserer Erfahrung geleitet eher entwicklungsbezogene Anlässe von solchen unterschieden, die mehr auf Krisen oder Probleme ausgerichtet sind. Vor dem Hintergrund unserer zwei früheren Studien zum Thema Coaching (Böning, 1989; Böning, 2002) haben wir eine Reihe von Anlässen zusammengestellt und in zwei Gruppen eingeteilt.

Zuerst fragten wir unsere 120 Gesprächspartner, wie häufig in ihrem Unternehmen bzw. bei ihrer Tätigkeit insgesamt neun entwicklungsbezogene Coaching-Anlässe vorkommen. Die Antworten haben wir getrennt für Personalmanager und Coaches sowie für Topmanagement und Mittleres Management in den beiden folgenden Grafiken dargestellt.

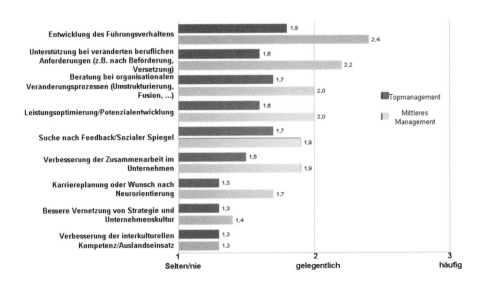

Abb. 3.15: Häufigkeit entwicklungsbezogener Anlässe für Coaching – Die Sicht der Personalmanager, BC 2004

Anlässe

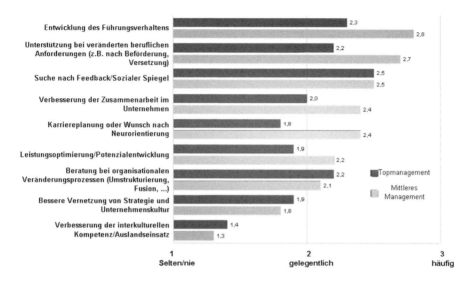

Abb. 3.16: Häufigkeit entwicklungsbezogener Anlässe für Coaching – Die Sicht der Coaches, BC 2004

Der erste Blick enthüllt bereits: Die Coaches machten durchweg höhere Angaben als die Personalmanager. Das ist nicht so sehr verwunderlich, wenn man Folgendes bedenkt: Bei der Aufgabe, die Häufigkeit bestimmter Coaching-Anlässe einzuschätzen, benötigen die Befragten eine Art Referenzgröße. Die Personalmanager beziehen sich bei ihren Häufigkeitsangaben wahrscheinlich eher auf die Gesamtzahl aller Personalentwicklungsmaßnahmen in ihrem Unternehmen. Auch wenn dies keine direkte Frage war, vergleichen sie die Coaching-Fälle mit anderen Maßnahmen wie Trainings. Die Coaches dagegen beziehen sich vermutlich eher auf die Gesamtzahl ihrer Coaching-Fälle in ihren Kundenunternehmen. Diese unterschiedlichen Referenzmengen führen dann „automatisch" zu unterschiedlich hohen Häufigkeitsschätzungen. Wenn man dann noch einen gehörigen Schuss des üblichen professionellen Bedeutungs- und Sendungsbewusstseins der Coaches oben drauf schlägt, landet man schnell bei deren teilweise sehr hohen Zahlen.

Unterschiede zwischen Top- und Mittelmanagement

Ein zweiter Unterschied, der bei der Betrachtung der beiden letzten Abbildungen gleich ins Auge springt, ist die unterschiedliche Häufig-

Sind die Personaler mit den Coaching-Aktivitäten ihres Topmanagements nicht gut vertraut?

keit der Anlässe auf den beiden betrachteten Management-Ebenen. Im Topmanagement sind fast alle Anlässe seltener.

Heißt dies, dass wir die Anlässe auf Topmanagement-Ebene nicht abgefragt haben? Dass wir sie nicht kennen? Nun, sicherlich muss man auch hier wie schon im letzten Abschnitt die unterschiedlichen Mengen berücksichtigen, die hinter den Einschätzungen der Befragten liegen. Topmanager gibt es einfach weniger als Führungskräfte im Mittleren Management. Die einfache Formel „weniger Fälle gleich weniger Anlässe" scheint auch hier einigen Gesprächspartnern als Leitlinie gedient zu haben.

Viele unserer Gesprächspartner aus den Personalbereichen bemerkten an dieser wie an anderen Stellen, dass sie über die Coaching-Aktivitäten im Topmanagement nicht genau informiert sind. Die dortigen Prozesse laufen häufig an den Personalabteilungen vorbei. Topmanager suchen sich ihre Coaches eher selbst und dies auch nach anderen Kriterien als auf den mittleren Management-Ebenen. Die Aufgaben, Erfahrungen, Kompetenzen und Wertewelten in diesen beiden Gruppen sind sehr verschieden, weshalb auch die Inhalte von Coaching unterschiedlich ausfallen müssen. Wir sehen dies deutlich bei Anlässen wie der Entwicklung des Führungsverhaltens. Dass ein arrivierter Vorstand oder Bereichsleiter kaum noch Unterstützung bei der Weiterentwicklung seines Führungsverhaltens benötigt, wird allgemein angenommen. Dieser Logik folgend schätzen die Personal-

Hauptanlass im Topmanagement: Die Suche nach Feedback

manager diesen Anlass im Topmanagement weit seltener ein als auf mittleren Ebenen. Die Coaches wiederum enthüllen, was im Topmanagement am häufigsten zum Coaching führt: die Suche nach Feedback. Je höher sich die Führungskräfte durch die Hierarchien kämpfen, desto einsamer werden sie bekanntermaßen. Wer oben angekommen ist, kann kaum noch mit Kritik und Anregungen oder einem unmittelbaren kritischen Feedback rechnen. Hier leistet der Coach einen wichtigen Dienst als „sozialer Spiegel".

Interessant und unseren eigenen Erfahrungen ganz entsprechend sind auch die Ergebnisse bezüglich der Themen „Beratung bei organisationalen Veränderungsprozessen (Umstrukturierung, Fusion)" und „Bessere Vernetzung von Strategie und Unternehmenskultur". Hier berichten die Coaches beim Topmanagement nachvollziehbarerweise über eine größere Häufigkeit als im Mittleren Management. Bei den Personalexperten sind die Daten an dieser Stelle zwar nicht so eindeutig, weisen aber im Vergleich zu den anderen Ausprägungen klar in die gleiche Richtung.

Anlässe

Wir sehen unverkennbar wichtige Unterschiede in den Coaching-Anlässen auf mittlerer und oberer Ebene, was zwangsläufig die Frage nach möglichen Unterschieden in der Kompetenz und Qualifikation der Coaches aufwirft, auch wenn dieses nicht von allen Coaches gerne gehört werden wird. Nach aller Erfahrung arbeiten sie meistens und überwiegend auf einem mittleren Level, was die Unternehmensgröße und die Hierarchie-Ebenen anbetrifft. Nach Selbstauskunft haben fast alle einen tollen Draht nach „oben" und sind selbstverständlich auch auf Vorstandsebene in Großkonzernen tätig. Auch wenn jedermann dieser Genuss gegönnt sei, könnte so manchem Coach ein klein wenig Realismus und Selbstdimensionierung gut anstehen. Dennoch muss in Bezug auf die Teilnehmer unserer Studie nochmals festgehalten werden, dass sie nicht dem Durchschnitt der Branche entsprechen, sondern dass es sich hier um eine erfahrene und ausgewiesene Stichprobe handelt, deren Zugänge nach oben faktisch ausgeprägter sind. Die Personalmanager sind dem gegenüber qua Aufgabe stärker auf die große Masse und die Mitte der Führungskräfte hin ausgerichtet.

Unterschiedliche Coaching-Anlässe auf Top- und mittlerer Ebene lassen den Schluss auf unterschiedliche Anforderungen an den Coach zu

Problembezogene Anlässe: Wo liegen die Unterschiede?

Wie bereits erwähnt, haben wir unseren Gesprächspartnern auch problembezogene Anlässe zur Einschätzung vorgelegt. Insgesamt waren es fünf solcher Anlässe. Die Ergebnisse sind in den beiden folgenden Grafiken dargestellt.

Abb. 3.17: Häufigkeit problembezogener Anlässe für Coaching – Die Sicht der Personalmanager, BC 2004

Kapitel 3

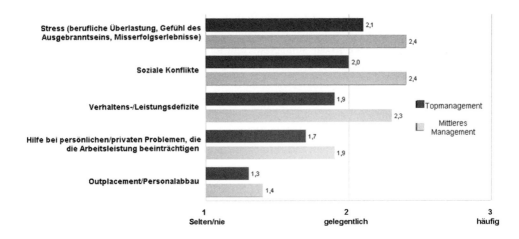

Abb. 3.18: Häufigkeit problembezogener Anlässe für Coaching – Die Sicht der Coaches, BC 2004

Für Personaler sind „Probleme" oder „Defizite" negativ besetzte Begriffe

Bei den problembezogenen Anlässen finden wir den gleichen Effekt wie bei den entwicklungsorientierten Anlässen. Die Coaches nennen wieder weitaus höhere Zahlen als die Personalmanager. Neben der obigen Erklärung mit den unterschiedlichen Referenzmengen, die die Befragten heranziehen, scheinen bei den problembezogenen Anlässen noch zwei weitere Faktoren im Spiel zu sein. Denn die Zahlen der Personaler sind auffallend niedrig, während sich die Zahlen der Coaches hier kaum von denen bei den entwicklungsbezogenen Anlässen unterscheiden. Unsere Erfahrung ist an dieser Stelle eine einfache: Probleme, Konflikte und Defizite sind eher negativ besetzte Begriffe. Coaching-Anlässe, die mit ihnen umschrieben werden, haben zum Ziel, einen erkennbaren bzw. offensichtlichen „Negativzustand" aufzuheben.

Dies aber entspricht nicht der Perspektive und Tonalität, die in Unternehmen gern gesehen wird. Dort werden vielmehr die positiven Seiten, die Herausforderungen und Chancen betont. Probleme werden gerne als zu lösende Aufgaben verkleinert. Das Wording soll Vorwärtsgerichtetsein und positive Ausblicke signalisieren. Die „Problem"-Behandlung ist zu nahe an der Psychotherapie, von der man sich ganz klar abheben will. Viele Personalmanager schickten bei ihren Antworten auf diese Frage voraus, dass sie Coaching nicht als Psychotherapie missverstehen und Probleme – vor allem persönliche und private – nicht ins Coaching gehören. So bekamen wir beispielsweise zu hören: *„Davon wollen wir weg." „Das macht das Sozialreferat."* Oder *„Ein Spaziergang tut's hier auch."* Die Heftigkeit mancher Reaktion an dieser Stelle war auffallend und ließ uns schon stutzig werden. Wir mussten uns unvermeidbarerweise des Öfteren fragen, inwieweit hier eventuell tatsächlich vorhandene Probleme ignoriert oder tabuisiert wurden.

Neben den besprochenen großen Unterschieden zwischen den beiden Grafiken finden sich auch weitere, subtilere Differenzen zwischen Topmanagement und Mittlerem Management sowie zwischen den einzelnen Anlässen. Persönliche und private Probleme zum Beispiel werden im Vergleich zu Stress, sozialen Konflikten sowie Verhaltens- und Leistungsdefiziten auch von den Coaches deutlich weniger als Coaching-Anlass wahrgenommen. Die Abgrenzung des Coachings von der Psychotherapie ist also nicht nur den Personalmanagern, sondern auch den Coaches ein Anliegen, wie der vorletzte Rang für die persönlichen Probleme andeutet.

Coaches grenzen sich aktiv von der Psychotherapie ab

Wir haben uns gefragt, ob die absolut gesehen seltenere Anzahl von Coachings im Topmanagement für die auffallenden Unterschiede zwischen den Ergebnissen für das Top- wie das Mittelmanagement verantwortlich ist und ob wir wichtige Anlässe, die in diesem Segment vorkommen, in unserer Fragestellung vielleicht nicht genügend berücksichtigt haben. Dass diese letztere Möglichkeit aber eher unwahrscheinlich ist, glauben wir an der Tatsache ablesen zu können, dass in den Interviews jeder Gesprächspartner aufgefordert wurde, weitere Anlässe zu nennen, die wir nicht aufgezählt hatten. Mit einigen wenigen Ausnahmen (Vorbereitung von Spitzensportlern auf Wettkämpfe oder Vorbereitung von Politikern auf wichtige Reden) versicherten uns die meisten, dass mit unserer Auswahl alle wichtigen Anlässe abgedeckt seien.

Von offiziellen Anlässen und tatsächlichen Themen

Der bereits beschriebene Unterschied zwischen den Nennungen der Coaches und denen der Personalmanager, der sich sowohl bei den entwicklungs- als auch bei den problembezogenen Anlässen findet, hat, wie bereits zu Anfang angekündigt, in uns einen Verdacht geweckt und einen erfahrungsgeprägten Eindruck verstärkt, der von mehreren Coaches bestätigt wurde. Sie haben uns fast darauf gestoßen, indem sie uns bei der Frage nach den Anlässen die Gegenfrage stellten: *„Meinen Sie die offiziellen Anlässe oder die eigentlichen Themen?"*

Es gibt einen spürbaren Unterschied zwischen dem offiziellen Anlass und den tatsächlich behandelten Themen

Offensichtlich gibt es einen spürbaren Unterschied zwischen den offiziellen Anlässen, wegen denen ein Coaching eingeleitet wird, und den dann tatsächlich bearbeiteten Inhalten. Die Bemerkungen unserer Gesprächspartner legen nahe, dass es teilweise sogar gravierende Unterschiede gibt.

Einige Originalstimmen: *„Das ist kein offizieller Anlass." „Es ist eher ein heimliches Anliegen." „Es gibt hidden agendas im Coaching." „Man kommt nicht mit diesem Problem zu mir. Das ist nie offizieller Anlass, spielt aber immer mit rein."* Hier wird deutlich: Die Coaches kennen in ihrer Mehrzahl den Fall, dass sie wegen eines offiziellen Themas „eingekauft" werden und dann im Coaching-Prozess zusätzliche oder ganz andere Themen behandeln.

Woran liegt das? Interpretieren die Coaches hier etwas in die Coach-Klient-Beziehung hinein, was eher ihrer Wahrnehmung als der Bedarfslage der Klienten entspricht? Oder werden die tatsächlichen Themen im Coaching bewusst vor der Personalabteilung geheim gehalten? Oder ergeben sich im Verlauf des Coachings aufgrund der Reflexion immer wieder neue Themen? Oder dauert der Coaching-Prozess faktisch so lange, dass quasi natürlicherweise immer mehr verschiedene und tiefere Themen und damit Probleme in den Fokus der Betrachtung kommen?

Letzten Endes können wir diese Frage an dieser Stelle nicht abschließend beantworten. Aber natürlich deutet vieles darauf hin, dass die Themen im Coaching breiter und diffiziler sind, als es mancher offizielle Anlass nahe legt. Dies zeigen auch die Antworten der Führungskräfte bei Bachmann und Spahn, 2004 (vgl. Abb. 3.14).

Nur selten wird in Veröffentlichungen auf den Unterschied zwischen Anlass und Ursache für einen Coaching-Auftrag eingegangen. Classen (2004) erwähnt, dass es oft die erste Aufgabe des Coachs ist, die „eigentlichen Gründe" herauszuarbeiten. Auch Schreyögg (2003) differenziert verschiedene Themen und Inhalte im Coaching aus und trennt diese von den Zielen, die im Coaching verfolgt werden.

Zur Illustration wollen wir kurz einige Beispiele aus unserer eigenen Erfahrung anführen:

Beispiel

Für einen Vorstand in einem erfolgreichen Konzern wurde ein Executive Coaching organisiert. Ein Thema wurde überhaupt nicht genannt. Die einzige offizielle Begründung, mit der wir angesprochen wurden, lautete: Der Vorstand wolle sich über verschiedene Fragen unterhalten. Die Personalabteilung war lediglich Adressenbeschaffer und Kontakter. Nach dem Herstellen des Kontaktes stellte sich im Verlauf mehrerer Coaching-Sitzungen heraus, dass der Gesprächspartner im Wettbewerb um den Vorstandsvorsitz unterlegen war und mit der Entscheidung zwar ohne Belastung leben konnte, aber deutlich die Notwendigkeit sah, seine Rolle im Gesamtgremium neu zu überdenken und seine persönlichen Zukunftsperspektiven zu reflektieren. Dabei kam sein eigenes Führungsverhalten ebenfalls ins Blickfeld, genauso wie sein Zeitmanagement und seine fachlichen wie strategischen Schwerpunktsetzungen.

Beispiel

Ein anderes Beispiel: Die Personalabteilung eines Unternehmens kam auf uns zu und erkundigte sich nach den Möglichkeiten von Coaching für einen Bereichsleiter. Als Thema wurde genannt, dass der Betreffende im Rahmen eines Reorganisationsprojektes eine wichtige Aufgabe habe und dabei nicht gut „performe". Zur Klärung seiner Rolle und seiner Aufgaben würde ein Coach gesucht, der Erfahrung mit Projektmanagement habe und der den Betreffenden eine Weile in seinem Projekt unterstützen solle. In dem ersten Gespräch mit dem Bereichsleiter wurde über das Reorganisationsprojekt gesprochen, das von einer bekannten amerikanischen Unternehmensberatung durchgeführt wurde. Im Verlauf des Gesprächs wurde die Zielsetzung des Coachings zunehmend unklarer, da sich herausstellte, dass der Bereichsleiter sowohl Schwierigkeiten mit seinem Vorgesetzten hatte, als auch anscheinend nicht sicher war, welche Rolle er in der künftigen Organisation zu spielen habe bzw. spielen könnte. Sein Vorgesetzter und der Personalbereich würden sich ihm gegenüber ausweichend äußern, beteuerte er. Das Ganze fing also an zu „riechen". Das Nachgespräch mit dem Vorgesetzten und der Personalabteilung über die Coaching-Ziele ergab große Unklarheiten über die Leistungsfähigkeit des Managers. Es wurde sogar konkret überlegt, ihn aus seiner Funktion herauszunehmen und notfalls zu kündigen. Der Manager selbst war sich über die Tragweite seiner Situation in keiner Weise im Klaren, hatte auch keinen Argwohn. Weshalb als Coaching-Thema noch zusätzlich sein fehlendes Realitätsbewusstsein dazu kam.

Beispiel

Dritter Fall: Der Bereichsleiter eines Großunternehmens fragte wegen Coaching an. Sein Vorstand habe zugestimmt. Es gehe um sein Führungsverhalten, das sehr modern sei, aber von seiner Umgebung nicht verstanden werde. Das heißt, dass sowohl sein Vorgesetzter als auch der eine oder andere Mitarbeiter etwas unklare Feedbacks gegeben hätten, die er gerne aufarbeiten wolle. In den ersten Sitzungen stellte sich zunehmend heraus, dass es sich bei dem Manager um eine hoch emotionale Persönlichkeit handelte, die zu einem sehr stark ausgeprägten Laissez Faire neigte. Kreativ zwar, aber ohne genügende Strukturierung seines Bereiches drohte er die Jahresziele zu verfehlen. Darüber hinaus trieben ihn heftige Selbstzweifel um und die Fragestellung, ob er überhaupt in dieser Firma bleiben wolle und ob er überhaupt zur Führungskraft geeignet sei.

Die Beispiele sollen in keinem Fall den Eindruck erwecken, als ob es immer unklar sei, wie die Ziele des Coachings lauten oder dass immer mit verdeckten Karten gespielt würde oder dass alle Manager große Selbstzweifel hätten. Selbstverständlich ist das nicht so, aber eine gewisse Aufmerksamkeit ist notwendig. Die Beispiele sollten lediglich etwas näher beschreiben, was hinter der Differenz zwischen Anlass und Ursache eines Coachings manchmal stecken kann.

Führungskräfte scheuen sich, ihre Motive direkt zu Beginn des Coachings offenzulegen

Ein Grund für die beschriebenen Differenzen könnte darin liegen, dass die Führungskräfte sich scheuen, sofort zu Beginn des Coachings ihre Motive völlig vertrauensvoll offen zu legen. Das Selbstschutzbedürfnis und das Maß an entstehendem Vertrauen bestimmen den Grad an Offenheit und Klarheit über Auslöser und Ziele des Coachings. Zuweilen führt die (zum Teil unerwartete) Tiefe der Reflexion zu weiteren als den dem Betreffenden selbst bewussten Auslösern oder Themen. Außerdem gibt es jene Fälle, in denen ein erfolgreicher Coaching-Verlauf immer wieder zu neuen Themen führt, die der oder die Betreffende dann bearbeiten wollen. Der Erfolg kann schließlich bewirken, dass die Führungskraft das Erfolgsmuster Coaching auf immer neue und weitere Themen anwendet und den Coaching-Prozess nicht als lediglich vorübergehenden, sondern als kontinuierlichen begreift. Wir haben mehrere solcher Fälle, die aber keineswegs süchtig oder abhängig sind, wie manche Leute gerne behaupten, sondern die ganz bewusst eine erfolgreiche Unterstützung im Bedarfsfall wiederholt für sich nutzen. Nicht ausschließen kann man zu guter Letzt auch noch, dass Unternehmen nur bei ganz bestimmten Anlässen und Themen die Coaching-Maßnahmen genehmigen und bezahlen.

Es wird ersichtlich, dass das Verhältnis zwischen Führungskraft, Coach und Personalbereich ein diffiziles ist, das von einigen offenen, aber auch von unausgesprochenen und manchmal geradezu paradoxen Spielregeln bestimmt ist. Ziel muss es daher in jedem Falle sein, immer wieder die offenen wie die verdeckten, die bewussten wie die unbewussten und die wesentlichen Coaching-Auslöser, -Themen und -Ziele in eine realistische und angemessene Balance zu bringen.

Anlässe

Coaching-Anlässe im Wandel der Zeit

Zum Abschluss werfen wir noch einen kurzen Blick auf die Entwicklung der Coaching-Anlässe im Verlauf der vergangenen 15 Jahre.

Die folgende Grafik zeigt einige ausgewählte Anlässe für Coaching, die bei allen drei Böning-Consult-Studien in den Jahren 1989, 1998 und 2004 zum Thema genannt wurden (vgl. Böning, 1989, 2002; Böning-Consult, 2004).

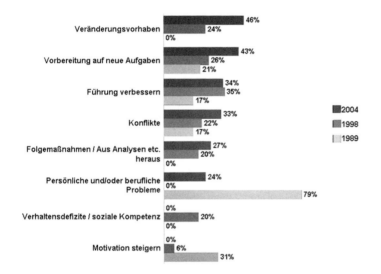

Abb. 3.19: Anlässe für Coaching im Wandel der Zeit –
Die Sicht der Personalmanager, BC 2004

Neben verschiedenen Moden, denen das Coaching-Geschäft ähnlich unterworfen ist wie jedes andere Business, zeigen sich hier auch längerfristige Entwicklungen, die man als eine Weiterentwicklung, zumindest als eine Veränderung bewerten muss. Dass sich Coaching weiterentwickelt hat, schlägt sich natürlich auch in den Anlässen nieder, die von den Personalmanagern genannt wurden. Die Entwicklung scheint klar: weg von der rein individualistischen Problembearbeitung und der aufbauenden Motivationsarbeit bei Einzelnen, hin zur Entwicklung von Individuen im Rahmen von Veränderungen der Organisation. Hier sind die Zahlen aus Abbildung 3.19 sehr eindeutig: Coaching im Rahmen von Veränderungsprozessen nimmt über die Jahre hinweg kontinuierlich und massiv zu, wohingegen die persönlichen/beruflichen Probleme drastisch abnehmen. Hier hat sich offensichtlich ein entscheidender Wandel im Einsatz des Coachings

*Trend:
Die Entwicklung von
Individuen im
Rahmen von
Veränderungen der
Organisation*

Trend:
Rechtzeitige
Prophylaxe

ergeben: weg von der Bearbeitung entstandener Probleme hin zu der rechtzeitigen Prophylaxe! Dazu gehört, dass die Vorbereitung auf neue Aufgaben als Thema zunimmt und die Konfliktbearbeitung ebenfalls offener angegangen wird. Hinzu kommt die generelle Verbesserung des eigenen Führungsverhaltens.

Ein Wort sollten wir verlieren zu dem Umstand, dass in den drei Untersuchungen die Häufigkeiten für die „Probleme" stark schwanken. Das erscheint etwas rätselhaft oder widersprüchlich zu sein. Wenn man aber die Ergebnisse der Kategorie „Verhaltensdefizite/soziale Kompetenz" mit in die Betrachtung hinein nimmt, deutet sich eine Lösung der Unklarheit an: Die Größenordnung der Probleme, die scheinbar in der Untersuchung von 1998 verschwinden, deckt sich in etwa mit der Größenordnung der Kategorie „Verhaltensdefizite", die in der gleichen Untersuchung plötzlich auftaucht und vorher wie nachher nicht gefunden wurde. Möglicherweise handelt es sich schlichtweg um ein Labeling-Problem: Die Antworten, die noch 1989 und 2004 wieder unter die Kategorie „Probleme" fielen, wurden in der Studie von 1998 den „Verhaltensdefiziten" zugerechnet.

Trend:
Erweiterung des
Themenspektrums

Wenn die problembezogenen Anlässe nicht verschwinden und die anderen Themen dazu kommen, dann handelt es sich offenbar nicht um einen bloßen Austausch der Coaching-Anlässe, sondern um eine Erweiterung des Spektrums. Die Unternehmen haben also im Lauf der Jahre den Nutzen von Coaching erkannt und setzen es heute bei einer Vielzahl von Anlässen und Themen ein.

Grundsätzlich spiegelt sich in dieser Entwicklung die Professionalisierung des Coachings als eigenständige Methode wider, die sich von Therapie genauso unterscheidet wie von klassischer Beratung. Die Angaben zu den Anlässen legen nahe, dass das Coaching seinen Platz gefunden hat. Wo es in der Zukunft mit dem Coaching hingeht, lässt sich aus den Anlässen alleine natürlich nur schwer ablesen. Wenn man trotzdem eine Prognose wagen will, dann ließe sich wohl eine stärkere Fokussierung auf die Organisationsbelange vorhersagen. Ebenso könnten sich künftig objektive Verfahren und Analysen durchsetzen, die die Bedarfsfeststellung standardisieren. Sicherlich wird man sich dabei auch des Ursache-Anlass-Problems annehmen müssen. Wir müssen dann jedoch hoffen, dass die Akteure sich nicht die Historiker als Vorbilder nehmen. Denn wenn die Ursachenerforschung ähnlich abläuft wie bei den Geschichtswissenschaftlern, dann dürfen wir uns auf eine längere Diskussion einstellen ...

Abschnitt 5

Der Stellenwert von Coaching

Der Rückblick

Coaching ist trotz seiner weiten Verbreitung ein recht junges Mitglied der weitläufigen Familie der Personalentwicklungsinstrumente. Seine Geschichte reicht, wie wir schon beschrieben haben, zwar auch schon einige Jahre zurück, aber Business Coaching ist in Deutschland gerade erst dem Teenageralter entwachsen. Böning-Consult hat die Entwicklung des Coachings in Deutschland begleitet und in regelmäßigen Abständen auch dokumentiert. Unsere Studien zeigen Trends und Entwicklungen der vergangenen Jahre. Soweit erzählen wir Ihnen in diesem Kapitel noch nicht viel Neues. Worauf wir nun aber näher eingehen wollen, ist der Stellenwert des Coachings in deutschen Unternehmen, der manchmal nur andeutungsweise und manchmal auch sehr direkt aus den Antworten der Befragten abzulesen war.

Um einen kleinen Einblick zu bekommen, wie die Entwicklung des Coachings in den letzten Jahren verlaufen ist, folgendes Detail: 1989 konnte jeder zweite Personalmanager, den wir befragten, spontan nichts mit dem Begriff „Coaching" anfangen. Erst nach den Erläuterungen durch die Interviewer war für alle Befragten klar, was wir damit meinten (Böning, 1989). Ist das heute noch vorstellbar? Ist es überhaupt vorstellbar, dass ein seriöser Personalmanager es sich erlauben kann, spontan mit dem Begriff „Coaching" nichts anfangen zu können? Entscheiden Sie selbst, aber seien Sie versichert: Es hat sich in den letzten 15 Jahren eine Menge getan in der Coaching-Branche.

1989: Jeder zweite Personaler konnte mit dem Begriff „Coaching" noch nichts anfangen

Welchen Stellenwert nahm nun Coaching in den damals befragten Unternehmen ein? In einer Zeit, die geprägt war vom Siegeszug der Gruppenarbeit und Teamentwicklung. Meilensteine wie „Super Teamwork" von Blake, Mouton und Allen (1987) setzten Maßstäbe und prägten ganze Managergenerationen. Die Avantgarde der „Generation Y" (McGregor, 1960) schickte sich an, die Welt zu erobern – oder zumindest die Kantinen – und die Einführung von Gruppenarbeit in großen Industrieunternehmen brachte Heere von Beratern in Lohn und Brot. Als sich dann auch noch ganz Deutschland wieder vereinigte, schien die Gemeinsamkeit zum Weltprinzip erhoben. In etwa diese Zeit hinein (Mitte/Ende der 80er-Jahre) fiel das Auftauchen von „Coaching", einer scheinbar eigenbrötlerisch-elitären Methode, die so ganz und gar nicht dem Teamgedanken huldigte, sondern die die Individualität in den Vordergrund stellte. Allerdings wurde mit dem Coaching auch der Aspekt des Lernens und der Entwicklung des Führungsverhaltens betont. Dies bedeutete auch eine Abkehr von alten Leitbildern wie dem „geborenen Führer" der „Great-Man"-Theorien (vgl. Stogdill, 1948: *„Entweder man kann führen oder man kann es nicht!"*) und der militärischen oder quasi-militärischen Ausrichtung (mit Vorbildern von Napoleon über John Wayne, Hans Merkle von Bosch oder Jack Welsh von General Electric, bis hin zu Sepp Herberger ...).

Die Themen, die üblicherweise in den ersten Coaching-Sitzungen der späten Achtziger und frühen Neunziger besprochen wurden, waren dann auch eher persönlicher Natur. Es ging um Verhalten, Gefühle oder Persönlichkeit (Böning, 1989). Man kann fast von einem Rückzug in die Intimsphäre des Vier-Augen-Gesprächs sprechen. Wer weiß, vielleicht lag ja gerade darin die Erfolgsformel des frühen Coachings, dass es im Gegensatz zur Öffentlichkeit der Teams und Gruppen individuelle Unterstützung, Vertraulichkeit und Diskretion versprach. Übrigens sieht man an der Vielzahl der genannten Gruppenthemen, dass oft auch die Gruppe selbst im individuellen Coaching Gegenstand der Betrachtung war.

Die 80er-Jahre waren geprägt vom Einzug der Psychologie in Wirtschaft und Gesellschaft

Aus unserer Sicht muss man jedoch gar nicht von zwei polaren Positionen sprechen. Sie lösen sich auf, wenn man etwas zurücktritt und die Hintergründe dieser Entwicklungen betrachtet. Die Zeit der 80er-Jahre war geprägt von dem starken Einzug der Psychologie in Wirtschaft und Gesellschaft (Böning, 2002). Eine effiziente Führung und Zusammenarbeit war inzwischen für die meisten Unternehmen unerlässlich, wenn sie Erfolg haben und ihre Möglichkeiten optimal ausschöpfen wollten. Neben der so genannten „Hardware" wurden Führung und Zusammenarbeit als „Software" zu anerkannten Faktoren für den Erfolg der Unternehmen. Gruppenarbeit als neue Lern- und Arbeitsform wurde etabliert – mit der bereits berichteten Euphorie und Vehemenz. Gleichzeitig aber wurde die Leitung von Arbeitsgruppen und der Gesamtorganisation zu herausfordernden Aufgaben für die Führungskräfte. Veränderungswellen schwappten über die Unternehmen, gleichzeitig zerfielen Gesellschaft und Wirtschaft in

Stellenwert

immer spezialisiertere Gruppen. In dieser Hinsicht muss Coaching fast wie eine logische Konsequenz dieser Entwicklung erscheinen. Die individuelle Unterstützung der Führungskräfte ermöglicht eine bessere Bearbeitung der wachsenden Komplexität der Arbeitsanforderungen. Sie nimmt den Einzelnen und seine Individualität ernst und geht gleichsam ganzheitlich auf ihn ein. In diesem Sinne verstehen wir Coaching und Teamentwicklung als zwei komplementäre Ansätze auf verschiedenen hierarchischen Ebenen des Unternehmens, die letztlich nur gemeinsam „Soft Facts" wie Führung und Zusammenarbeit in Unternehmen erfolgreich bearbeiten können (vgl. Böning, 2002).

Die wenigsten Unternehmen führten in dieser Zeit schon Coaching durch (19%). Nur wenige beabsichtigten damals, dies demnächst zu tun (6,5%). Allerdings gaben über 94% der Unternehmen, die Coaching durchführten, an, dass sie positive Erfahrungen mit dem Instrument gemacht haben. Kurz gefasst: Coaching war in den späten Achtzigern noch ein echter Geheimtipp.

Die Erwartungen an Coaching waren hauptsächlich persönlicher Natur. Bei den meisten waren sie eher pauschal, einige hatten gar keine. Es wurde dabei meist ein Persönlichkeitsentwicklungsinstrument beschrieben, nur wenige (14%) sahen darin ein Personalentwicklungsinstrument mit einem strategischen Bezug, eingebettet in ein schlüssiges HR-Konzept.

Tab: Beurteilung von Coaching, BC 1989

Die Stimmung gegenüber diesem neuartigen Instrument war daher auch nur verhalten positiv. Fast jeder dritte Personalmanager, den wir damals befragten, hielt 1989 „Coaching" noch für einen Modebegriff – grundsätzlich positiv, aber eben doch nicht so richtig solide und auch nicht unbedingt notwendig. Immerhin 16% meinten sogar: *„Coaching brauchen wir nicht!"*

Ausgewählte Stellungnahmen zum positiven oder negativen Urteil	
Absolut notwendiges Instrument	39%
Inhalt positv, aber Modebegriff	31%
Sinnvoll, aber nicht notwendig	21%
Positiv, aber bei uns nicht notwendig	19%
Coaching brauchen wir nicht	16%
Positiv, aber Gefahr der Scharlatanerie	12%

1998 sah die Lage schon anders aus. In unserer zweiten Studie zum Thema trafen wir auf in der Zwischenzeit informierte Gesprächspartner. Inzwischen nutzten über 85% der Befragten Coaching in ihrem

Funktion der Befragten	1989	1998
Personalleiter oder -direktoren	54%	20%
Leiter Personal- oder Managemententw.	20%	46%
Leiter Aus- und Weiterbildung	23%	24%
Geschäftsführer oder vergleichbar	3%	-
Andere/Keine Angaben	-	10%

Tab: Die Stichproben 1989 und 1998, Böning, 2002

Unternehmen. Wie stark die Position des Coachings in den meisten Unternehmen zwischen diesen beiden Erhebungen geworden war, lässt sich auch daran ablesen, wer für Coaching verantwortlich zeichnete und sich unseren Interviews stellte. In der Anfangsphase war Coaching noch nicht fest in einer HR-Strategie verortet. Wir wurden bei unserer Anfrage, wer uns zum Thema Coaching etwas sagen könnte, in über der Hälfte aller Fälle mit dem Personalleiter verbunden. Er schien als einziger im Unternehmen schon mal etwas davon gehört zu haben. 1998 hatte sich Coaching offenbar als ein Instrument der Personal- und Managemententwicklung etabliert. Wir trafen in fast jedem zweiten Unternehmen einen Ansprechpartner für Personal- oder Managemententwicklung an, der uns Rede und Antwort stand.

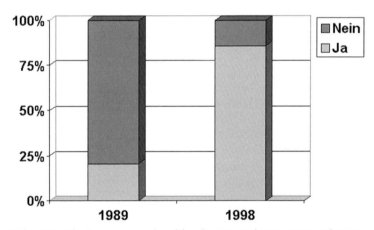

Abb. 3.20: Die Nutzung von Coaching in Unternehmen 1989 und 1998, Böning, 2002

1998: Coaching hat sich bereits als PE-Instrument etabliert

Ganz gezielt nach dem Stellenwert von Coaching gefragt, bekamen wir 1998 von 45% der Befragten zu hören, dass Coaching nicht mit anderen Instrumenten der Personalentwicklung zu vergleichen sei. Coaching hatte einen besonderen Stellenwert im Unternehmen, die Euphorie war groß. Die Begründungen dafür wurden gleich mitgeliefert: Coaching sei das einzige Instrument, das die Persönlichkeitsentwicklung fördern könne. Es ermögliche die zeitnahe Bearbeitung aufgaben- bzw. personenbezogener Lösungsansätze. Das heißt also, dass sich Coaching zu diesem Zeitpunkt bereits eine eigenständige Rolle in der Führungskräfteentwicklung erarbeitet hatte. Gerade der individuelle Ansatz hatte sich als seine Stärke erwiesen. Man strebte mit Coaching eine intensive und integrierte Förderung der Führungskräfte an.

Im Rahmen von Veränderungsprozessen nahm Coaching schon 1998 eine besondere Stellung ein. Der Nutzen von Coaching für eine schnellere Umsetzung – unter anderem durch eine Veränderung der Einstellungen und Verhaltensweisen von Schlüsselpersonen – überzeugte mehr als drei Viertel der Befragten: 76% maßen Coaching einen besonders hohen Stellenwert bei Veränderungsprozessen bei.

Die Erwartungen an Coaching waren groß: 80% unserer Gesprächspartner waren 1998 der Ansicht, dass Coaching auch in Zukunft noch mehr an Bedeutung gewinnen werde. Als Gründe wurden die immer stärkeren und häufigeren strukturellen Veränderungen in den Unternehmen und die dafür passende Flexibilität dieses individuell und spezifisch einsetzbaren Instruments genannt.

Man konnte zum damaligen Zeitpunkt auch klar erkennen, dass in der Zwischenzeit in den Unternehmen ein Klärungsprozess stattgefunden hatte, was unter Coaching zu verstehen war und was nicht. Etwaige Vorbehalte, die mit dem Wort „Coach" noch immer das Wort „Couch" verbanden, wurden zunehmend an den Rand gedrängt. Dafür aber erschienen die ersten Mahner, die vor einem frühen Ende dieses Konzepts warnten und schon ein Ende der Coaching-Welle prophezeiten. Trotz dieser kritischen Stimmen konnte man damals mit Fug und Recht von der Erfolgsstory namens „Coaching" sprechen.

2000: Marktplätze entstehen

Unter diesen Rahmenbedingungen startete nun die Coaching-Szene in das neue Jahrtausend. Auch in der Öffentlichkeit machte der Begriff langsam die Runde. Coaching wurde fast schon zum Statussymbol. Wer etwas Starkes wollte oder ein Problem hatte, nahm sich einen Coach. Zur gleichen Zeit entstanden Marktplätze für die Ware Coaching, allen voran der Coaching-Report von Christopher Rauen (www.coaching-report.de), der im September 2000 seinen Dienst aufnahm. Der Organisationsgrad der Szene steigerte sich langsam und die ersten Coaching-Ausbildungen wurden präsentiert. Gleichzeitig wurde vieles, was jahrelang unter anderem Namen existiert hatte, nun imagefördernd in „Coaching" umbenannt.

2004: Die Bedeutung hat in 84% aller Unternehmen zugenommen

Wie wirkte sich dieser Boom auf das Coaching in den Unternehmen aus? Was haben die Kunden zu dieser Entwicklung beigetragen? Wie war die Entwicklung in den vergangenen fünf Jahren? Diese und weitere Fragen haben uns in unserer aktuellen Studie zum Thema interessiert (Böning-Consult, 2004) – und die Antworten darauf sind nicht verwunderlich: Die Bedeutung von Coaching hat in 84% der befragten Unternehmen zugenommen. Diese überzeugende Zahl wurde untermauert durch eine Vielzahl von Beobachtungen, an denen dieses Urteil festgemacht wurde. Am häufigsten wurde schlicht die Anzahl der Fälle genannt. Motto: „Das, was alle machen, muss wohl gut und wichtig sein." Genauso häufig wurde außerdem die gesteigerte Akzeptanz ins Feld geführt. So gehörte es in den vergangenen fünf Jahren wohl immer mehr zum guten Ton, nicht mehr über das therapeutisch anmutende „Couching" zu schmunzeln, sondern sich möglichst schnell um einen eigenen Coach zu bemühen.

Abb. 3.21: Veränderung des Einsatzes von Coaching in den letzten fünf Jahren – Die Sicht der Personalmanager, BC 2004

Die übrigen Begründungen beziehen sich alle auf die Erfahrungen der Gesprächspartner mit Programmen in ihren eigenen Unternehmen.

Uns vermitteln sie das Bild, dass unsere Frage sowohl leicht als auch schwierig zu beantworten war. Denn über die offensichtliche Antwort zur gestiegenen Quantität der Coaching-Fälle hinaus kamen kaum Aussagen zur Qualität des Coachings.

Stellenwert

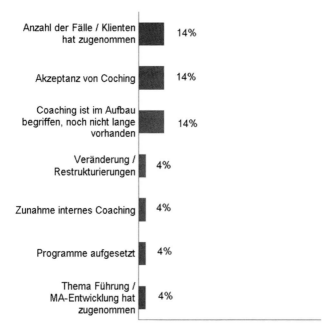

Abb. 3.22: Gründe für das Wachsen der Bedeutung von Coaching –
Die Sicht der Personalmanager, BC 2004

Das ist ein Thema, das sich erst in jüngster Zeit einer stärkeren Bedeutung erfreut, wie die wissenschaftlichen Untersuchungen (z.B. Riedel, 2003; Offermanns, 2004) und die verschiedenen Verbandsgründungen (DBVC, ProC, ACC, etc.) zeigen.

Der Überblick

Damit sind wir in der Gegenwart angekommen. Ein erster Blick auf die relative Stellung von Coaching in Unternehmen im Vergleich zu anderen Personalentwicklungsinstrumenten verblüfft uns (vgl. Abb. 3.23). Erglühten Coaches könnte das Ergebnis fast die Tränen in die Augen treiben. Fast jeder zweite Befragte (46%) gibt an: „Coaching hat bei uns eine geringe Bedeutung im Vergleich mit anderen Personalentwicklungsinstrumenten." Wie passt dieses Ergebnis nun zu den euphorischen Siegesmeldungen des Coachings auf dem Weg in den PE-Olymp? Haben sich die Befragten im Jahr 1998 getäuscht? Verkennen die 2004 Befragten die wahre Situation des Coachings? Oder haben die beiden Stichproben überhaupt nichts miteinander zu tun

Im Vergleich mit anderen Instrumenten hat Coaching eine geringe Bedeutung

und wir reden über zwei völlig verschiedene Sachverhalte? Nun, bei der Lösung des Rätsels dürfen wir uns wieder einmal beim wahrscheinlich meistzitierten Wissenschaftler aller Zeiten bedienen, dessen auf den Verstehenshorizont der Massen heruntergebrochene Formel schlicht besagt, dass „alles relativ" sei. Vieles ist eine Frage der Perspektive, und so muss vermutlich auch bei unseren Personalmanagern die Perspektive mit berücksichtigt werden, aus der heraus sie ihre Aussage getroffen haben.

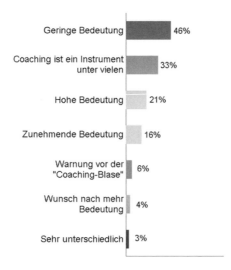

Abb. 3.23: Stellung von Coaching im Unternehmen, verglichen mit anderen PE-Instrumenten – Die Sicht der Personalmanager, BC 2004

Coaching hat in den vergangenen Jahren stark zugelegt, jedoch bleibt seine Bedeutung im Instrumentenspektrum noch relativ gering

Während die erste Frage (die nach der absoluten Entwicklung von Coaching in den letzten fünf Jahren) aus der Innensicht heraus gestellt und auch beantwortet wurde, zeigt die zweite Frage (die nach dem relativen Stellenwert von Coaching im Unternehmen) eine Außensicht der Dinge. Das heißt, dass die inhaltliche und zahlenmäßige Bedeutung von Coaching in den letzten fünf Jahren absolut gesehen sehr stark zugenommen hat. Aber dennoch bleibt seine Bedeutung als systematisches und zahlenmäßig stark einsetzbares Personalentwicklungsinstrument (noch) relativ gering. Unsere Annahme an dieser Stelle ist, dass die Personaler Coaching mit dem systematischen Stellenwert anderer Maßnahmen, wie zum Beispiel Trainings, Seminaren, Mitarbeitergesprächen oder 360°-Feedbacks verglichen haben. Auf diesen beiden Dimensionen (pure Zahl und systematischer Stellenwert in der Personalentwicklung) kann und muss man dann dem Coaching durchaus eine geringere Bedeutung attestieren. Als stark individuell eingesetztes Instrument hat Coaching für die Masse der Mitarbeiter und die HR-Abteilungen verständlicherweise nur einen begrenzten Stellenwert.

Stellenwert

Was uns übrigens aufgefallen ist, das sind die 33% der Personalmanager, die meinten, Coaching sei ein Instrument unter vielen. Das kann einmal bedeuten, dass Coaching keine bedeutungsvolle Sonderrolle im Rahmen der PE-Instrumente innehat. Es kann andererseits auch heißen, dass in vielen Unternehmen das Coaching inzwischen sein selbstverständliches Plätzchen in den Personalentwicklungskonzepten gefunden hat. Das Supertool der späten Neunziger wurde entmystifiziert, multipliziert, normalisiert – und eingebunden. Damit wird künftig sicherlich auch ein veränderter Qualitätsanspruch an das Coaching herangetragen werden. Doch hierzu später.

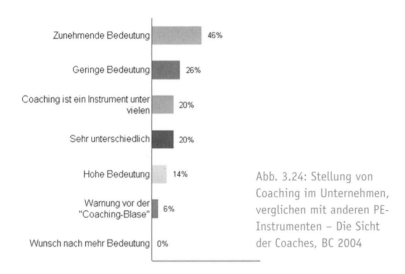

Abb. 3.24: Stellung von Coaching im Unternehmen, verglichen mit anderen PE-Instrumenten – Die Sicht der Coaches, BC 2004

Bei den Coaches, die 2004 zum ersten Mal in eine Böning-Consult-Studie mit einbezogen wurden, zeigt sich ein ganz ähnliches Bild – wenn auch erwartungsgemäß ein wenig optimistischer verpackt. Hier wird eher der positive Aspekt des erwarteten Bedeutungszuwachses genannt. Die „bittere Wahrheit", dass Coaching in den Unternehmen insgesamt gesehen eine geringe Bedeutung hat, spricht nur ein Viertel der Befragten aus. Bei den Coaches (wie bei den Personalmanagern) finden wir übrigens immer noch einige stete Warner vor der „Coaching-Blase". Im Vergleich zu 1998 hat diese Gruppe unter den Personalmanagern zwar deutlich an Köpfen verloren, dennoch existiert eine kleinere Gruppe „Unbeugsamer", die sich der allgemeinen Hochstimmung nicht anschließen wollen und den Untergang des Business Coachings heraufziehen sehen. Die Zukunft wird es weisen, welche Gruppe schließlich Recht behalten wird: Die Optimisten oder die Skeptiker.

Auch die Coaches bestätigen den Bedeutungszuwachs

Ford

Coaching in der Forschung und Produktentwicklung

Nina Martin, Team Coach FFA, Ford Research Center Aachen

Ford unterstützt die europäische Forschung und Produktentwicklung in Deutschland und England durch langfristig eingesetzte Organisationsentwickler und Coaches. Coaching als Interventionsform bietet in diesem Rahmen die Möglichkeit, Forschungs- und Fahrzeugentwicklungsteams über einen längeren Zeitraum in Organisations- und Personalentwicklungsprozessen zu begleiten. Einzel-Coachings fokussieren dabei insbesondere auf beteiligte Führungskräfte unterschiedlicher Ebenen sowie Ingenieure – falls letztere Führungsaufgaben ausüben oder diese in nächster Zeit übernehmen werden.

Die Coaches

Für das hier beschriebene Anwendungsfeld von Coaching bei Ford sind langfristig eingesetzte Organisationsentwickler und -berater, sog. Team Effectiveness Coaches oder Prozessbegleiter zuständig. Sie bringen vornehmlich psychologisch-pädagogische Hintergründe, ergänzt durch Zusatzausbildungen in systemischer Organisationsberatung, Gruppendynamik, Transaktionsanalyse etc. mit sich.

Die Berater und Coaches sind in der Regel einzelnen Arbeitsbereichen der Forschung und Produktentwicklung des Unternehmens zeitlich befristet zugeordnet. Der Einsatz eines solchen Beraters und Coachs wird in den meisten Fällen von der Leitung (Direktor, Chefingenieur, o.ä.) des jeweiligen Bereiches angefragt, wodurch ihr die Rolle des Hauptauftraggebers zukommt. Die Coaches sind Mitarbeiter des Vereins „Ford Aus- und Weiterbildung e.V.", der vor elf Jahren aus dem Konzern ausgegliedert wurde.

Die aufgewendete Arbeitszeit der Organisationsentwickler und -berater für Coaching variiert je nach Gesamtauftrag und Klientenanfragen. In der Regel liegt sie zwischen 10 und 60% der Arbeitszeit. Die Arbeitssprache kann Deutsch oder Englisch sein – je nach sprachlichem Hintergrund des Klienten.

Sollte sich einer der Coaching-Nehmer gegen den in seinem Bereich zuständigen Coach entscheiden, können alternativ Coaches aus anderen Bereichen bei Ford vorgeschlagen werden.

Organisation des Coaching-Prozesses

Angestoßen wird ein Coaching-Prozess entweder durch den Coaching-Nehmer selbst oder aber durch die jeweilige Führungskraft bzw. die Bereichsleitung. Auch die Coaches können Coaching als Entwicklungsmaßnahme z.B. im Zusammenhang mit einem OE-Projekt vorschlagen. Liegen mehr Anfragen vor als Kapazitäten vorhanden sind, trifft der Coach eine Priorisierung, die er mit dem Hauptauftraggeber des jeweiligen Bereichs abstimmt.

Bedarfs- und Erfolgsmessung

Zu Beginn der Maßnahme findet ein Gespräch zwischen dem Auftraggeber und dem Coach statt. Teilnehmer sind dabei Coach und Coaching-Nehmer sowie, bei Beteiligung am Prozess, der Vorgesetzte oder die Bereichsleitung. Im Falle eines Zweier-Gesprächs wird geklärt, ob es eventuell „verdeckte" Auftraggeber gibt, die auch hinzugezogen werden sollten, um das Prinzip der Freiwilligkeit des Coaching-Nehmers und potenziell „verdeckte" Erwartungen von Vorgesetzten abzuklären.

Das Erstgespräch sowie eine Gesamtevaluation des Prozesses nach den ersten sechs Sitzungen erfolgen mit Hilfe eines teilstandardisierten Interviewleitfadens. Inwieweit standardisierte Befragungen eingesetzt werden sollen, wird im Moment von der Gruppe der Coaches im Bereich Forschung und Produktentwicklung diskutiert. Dagegen spricht beispielsweise die Vielzahl schriftlicher Befragungen im Großunternehmen, die Akzeptanzprobleme von Seiten der Klienten mit sich bringen. Häufig bringen Klienten die Ergebnisse ihres 360-Grad-Feedbacks mit in die Coaching-Sitzungen – ein Instrument,

Ford

welches bei Ford seit Jahren etabliert ist. Sind in den Erst- oder Evaluationsgesprächen mehr Personen als der Coach und der Coaching-Nehmer anwesend, wird ausschließlich über Anlässe, Ziele und Zielerreichung des Coachings, nicht aber über weiterführende, in den Sitzungen eine Rolle spielende Themen oder konkrete Inhalte des Coachings gesprochen. Dieses Vorgehen gewährleistet Diskretion und Vertraulichkeit der im Coaching behandelten Themen gegenüber dem Coaching-Nehmer – eine wichtige Voraussetzung für Akzeptanz und Erfolg des Coachings. Zu Beginn jeder Sitzung erfolgt eine kurze Prozess-Evaluation: Wo stehen wir? Sind wir auf dem richtigen Weg? Zusätzlich erfasst der Coach bei Bedarf objektive Kriterien wie Termin-Einhaltung, Pünktlichkeit oder das Erledigen von „Hausaufgaben" zwischen den Sitzungen.

Die Arbeit der Coaches wird bewertet. Laufend im Gespräch mit den Kunden sowie einmal im Jahr in Jahresgesprächen zwischen Coach, Hauptauftraggeber/Klient und Verein. Der Coach ist nicht bei allen Gesprächen anwesend, erfährt aber selbstverständlich deren Ergebnisse.

Bis Oktober 2003 wurde die Qualitätssicherung im Bereich Coaching mit Hilfe externer Supervisoren unterstützt. Heute organisieren sich Coaches über Intervision und kollegiale Beratung.

Akzeptanz von Coaching

Coaching im Anwendungsfeld der Unterstützung von Forschungs- und Produktentwicklungsteams hat sich in den letzten Jahren deutlich als ein Instrument der Führungskräfte-Entwicklung bei Ford etabliert. Die Zahl der Coaching-Anfragen insbesondere für Einzel-Coachings ist spürbar gewachsen, wobei Empfehlungen zufriedener Klienten eine wichtige Rolle spielen.

Gezieltes Marketing für Coaching als ein Element der Organisations- und Personalentwicklung von Führungskräften in der Forschung und Produktentwicklung seitens des Unternehmens gibt es bislang nicht. Dies hat den Nebenaspekt, dass Coaching als Instrument in seiner Anwendung und Vorgehensweise zu Beginn eines Coaching-Prozesses verhältnismäßig ausführlich beschrieben werden muss. Allerdings bedeutet dies auch, dass die Effektivität von Coaching per Mund-zu-Mund-Propaganda von den Coaching-Nehmern weitergegeben wird, was sich förderlich auf die Akzeptanz auswirkt.

Gründe für die Zunahme der Akzeptanz von Coaching bei den Klienten gibt es verschiedene:

1. Die Themen verändern sich und somit auch die passenden Instrumente. Während früher Teamentwicklungs-Seminare oder Führungskräfte-Trainings eher isoliert im Mittelpunkt standen, verschiebt sich der Fokus heute mehr in Richtung Organisationsentwicklungsmaßnahmen als ganzheitlichem Ansatz. Bei letzterem stellt Coaching eine sehr sinnvolle Interventionstechnik dar.
2. Coaching ist ein Entwicklungsinstrument, mit dessen Hilfe in einem Großkonzern sehr individuell an den spezifischen Bedarfen einzelner Führungskräfte gearbeitet werden kann. Begleitendes Feedback gilt hierbei als wichtige Orientierungshilfe.
3. Bei der zunehmenden Geschäftsdynamik und steigenden Komplexität der Führungsaufgaben sind andere Instrumente wie z.B. Trainings gar nicht in der Lage, die Entwicklung so unmittelbar zu begleiten.
4. Coaching bietet die Möglichkeit zur Selbstreflexion – wobei der Aspekt der individuellen Wertschätzung hierbei nicht unterschätzt werden darf. „Da nimmt sich jemand Zeit für mich" – ein Aspekt, der in einem Großunternehmen sonst leicht zu kurz kommt.
5. Selbstreflexion im Coaching bedeutet auch eine Erweiterung der Perspektive, die eine veränderte Sicht auf Gegebenes und einen Transfer auf unterschiedliche Anforderungssituationen von Führungskräften – Treffen strategischer Entscheidungen, Führen von Mitarbeitergesprächen, etc. – ermöglicht.

Ford

Praxisbericht

Wie sich der Umfang des Einsatzes von Coaching als Unterstützungsmaßnahme für die Forschung und Produktentwicklung bei Ford zukünftig entwickeln wird, hängt neben Bedarf und Akzeptanz der Maßnahme von zusätzlichen Faktoren wie der gesamtwirtschaftlichen Situation des Unternehmens, der strategischen Ausrichtung im Bereich Human Resources, etc. ab.

Die Coaching-Szene:
Wer ist der Mensch hinter dem Coach?

Kapitel 4

Im Zentrum dieses Kapitels stehen der Coach und dessen berufliche Situation. Dabei interessieren uns demografische Daten wie Dienst- und Lebensalter oder die wirtschaftliche Situation der Coaches. Wie viele Coaches gibt es überhaupt in Deutschland – und haben sie auch alle genug zu tun? Wir listen auf, welche Stunden- und Tagessätze bezahlt werden und diskutieren die Frage, ob man von Coaching alleine überhaupt leben kann. Außerdem wird es darum gehen, auf welche Weise sich Coaches organisieren.

Weiterhin interessiert es uns, welche Branchen besonders häufig Coaches in Anspruch nehmen. Der letzte Abschnitt widmet sich schließlich dem Entstehen neuer Marktstrukturen und möglichen Bedrohungen für die Coaching-Zunft.

Alter und Berufserfahrung .... S. 119
Angebot und Nachfrage im Coaching-Markt .... S. 122
Einkommen: Zum Sterben zu viel, zum Leben zu wenig? .... S. 125
Organisation: Lauter kleine Selbstständige? .... S. 128
Gibt es Branchenschwerpunkte? .... S. 132
Wettbewerb: Die Entstehung neuer Strukturen .... S. 136

Außerdem
Praxisbeispiel Pfleiderer: Coaching-Wertmarken .... S. 141

Abschnitt 1

Alter und Berufserfahrung

Richten wir unser Augenmerk nun auf die Hauptprotagonisten in dieser schillernden Branche: Die Coaches selbst. Was ist das für eine Spezies Mensch, die Coaches? Sind sie alle gleich? Oder ist die einzige Gemeinsamkeit, die sie haben, ihre Verschiedenheit? Was macht ein Coach, wenn er gerade nicht coacht? Oder anders formuliert: Gibt es ein Leben jenseits des Coachings?

Die Vielfalt ist groß und die Coach-Szene schillert in allen Regenbogenfarben. Eine Umfrage deckt dabei immer nur einen Teil des Spektrums ab, sei es, weil auf einem Kongress nur die gefragt werden können, die auch da sind, oder weil durch eine so genannte Selbstselektion nur die antworten, die dazu bereit sind. Oder weil durch die bisherigen Studien nur Stichproben der schwer überschaubaren Gesamtszene gezogen werden können, deren Repräsentativität nicht hundertprozentig abgeschätzt werden kann. Wir wollen deshalb mehrere Studien einander gegenüberstellen.

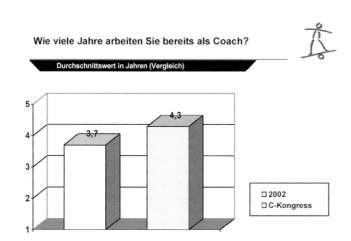

Die durchschnittliche Berufserfahrung eines Coaches nimmt zu

Abb. 4.1: Durchschnittliche Arbeitserfahrung von Coaches nach Middendorf, 2003

Denn mit etwas detektivischer Kombinatorik gewähren uns solche Umfragen interessante Einblicke. Vorab wollen wir erste Erkenntnisse vorstellen: Die durchschnittliche Erfahrung der Coaches scheint zuzunehmen. Zwischen zwei Untersuchungen von Jörg Middendorf ist die durchschnittliche Berufserfahrung der Coaches jedenfalls angestiegen – die Befragungen wurden in den Jahren 2002 und 2003 durchgeführt, letztere unter den Teilnehmern des CoachingKongresses. Das muss erst einmal nicht verwundern. Es könnte ja sein, dass selbst Coaches reifer oder zumindest älter werden. Nicht trivial wird diese Aussage jedoch, wenn man bedenkt, dass Jörg Middendorf nicht zweimal die gleiche Stichprobe befragt hat. Vorausgesetzt, seine Stichproben haben jeweils eine gewisse Repräsentativität, können wir durchaus festhalten, dass die Arbeitserfahrung des „Coachs an sich" gestiegen ist.

Es werden zunehmend Coaching-Ausbildungen in Anspruch genommen

Eine weitere Studie betont die Anhäufung von Sekundärausbildungen pro Person in der Coaching-Branche (Schiede, 2004). Da klare Qualitätsstandards fehlen, scheint hier das Prinzip vorzuherrschen „viel hilft viel".

Nun ist es einmal ein beinahe natürlicher Zustand, dass jemand eine Ausbildung macht, der eine (hoch-)qualifizierte Arbeit ausführen will. Wenn man die Szene ansieht, kann man allerdings auch den Eindruck gewinnen, dass neben der Selbsternennung vieler Geringqualifizierter eine zweite Tendenz charakteristisch ist: Der verstärkte Run auf Coaching-Ausbildungen, die manchmal wie Monstranzen vorgezeigt werden, als ob sie mit ihrem hauchdünnen Blattgoldanstrich dem Träger höhere Würden verleihen würden. Nicht immer ist klar, was alles unter dem aktuellen Legitimations- und Konkurrenzdruck von denen eingekauft wird, die anderen ein Spitzenberater sein wollen. Dass allerdings bei einer Ausdehnung und zunehmenden Anerkennung der Coaching-Arbeit die Notwendigkeit zu einer entsprechenden Ausbildung zunimmt, ist auch selbstverständlich. Insofern kann man die Zunahme der Ausbildungen schlicht als Entwicklungsmerkmal einer allmählich reifenden Profession verstehen, die allerdings ihre hoch entwickelten Filterprozesse noch vor sich hat.

Goldene Generation: Die Altersgruppe der 45- bis 60-Jährigen ist unter den Coaches stark vertreten

Neben den jungen Coaches, die in der Mehrzahl eben weniger als fünf Jahre Erfahrung haben, gibt es als zweite Gruppe in der Coach-Szene eine Art „goldene Generation" von Coaches, die seit deutlich mehr als fünf Jahren ihre Profession betreibt. Sie stellt die größte Teilgruppe in unserer aktuellen Befragung (2004) dar; daher ist auch die Altersgruppe der 45- bis 60-Jährigen stark vertreten.

Alter und Berufserfahrung

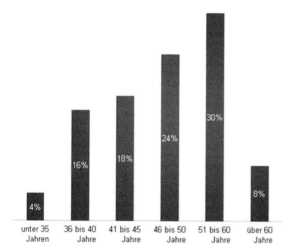

Abb. 4.2: Lebensalter der befragten Coaches, BC 2004

Man muss nun kein versierter Analytiker sein, um auf die Frage zu kommen, was passiert, wenn diese „goldene Generation" der Pioniere eines Tages abtritt: Gibt es fähige und qualifizierte Nachfolger? Ist das Arbeitsfeld für diese Nachfolger bereitet? Wie sieht ihre wirtschaftliche Situation aus und wie wird sie in Zukunft aussehen?

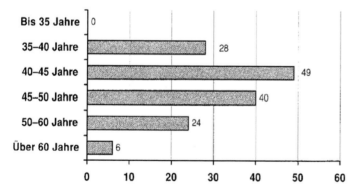

Abb. 4.3: Lebensalter der befragten Coaches, Jüster, Hildenbrand und Petzold, 2002

Einen Hinweis erhalten wir bereits durch die Studie von Jüster, Hildenbrand und Petzold (2002), die in ihre Untersuchung nicht allein erfahrene und etablierte Coaches mit einbezogen, wie das bei unserer Studie der Fall war (vgl. Abb. 4.3). Hier waren gerade Coaches im Alter zwischen 40 und 45 Jahren sehr häufig vertreten. Man könnte daher in einem ersten Schluss genügend Nachrücker für die „goldene Generation" annehmen.

Es gibt genügend Nachrücker, wenn die „goldene Generation" abtritt

Kapitel 4

Abschnitt 2

Angebot und Nachfrage im Coaching-Markt

Über 200 aktuelle Coaching-Ausbildungsgänge

Bei einer raschen Suche stoßen wir allein schon im Coaching-Index von Christopher Rauen (www.coaching-index.de) auf genau 212 verschiedene Coaching-Ausbildungsgänge im deutschsprachigen Raum. Da wird wohl für Nachwuchs bestens gesorgt sein, könnte man denken. Dass „viel" nicht gleich auch „viel Gutes" bedeutet, weiß man aus Erfahrung. Wie in der Natur üblich, werden sich vermutlich mit der Zeit einige qualitativ hochwertige Gewächse aus dem Dschungel der Ausbildungen langsam ans Licht kämpfen. Können wir also in dieser Hinsicht guten Mutes sein?

Eine Frage, die sich aufdrängt, ist, ob diese Massen von Jung-Coaches genügend Coaching-Kandidaten finden werden. Fragt man die Hauptakteure in diesem Spiel, werden allerdings alle unsere Bedenken zerstreut.

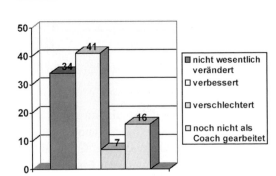

Abb. 4.4: Die wirtschaftliche Situation von Coaches, Middendorf, 2003

Angebot und Nachfrage

Wir vernehmen die unisono geäußerte Erwartung, dass die Bedeutung von Coaching in den nächsten Jahren zunehmen wird. Sowohl Middendorf als auch wir können über Coaches berichten, die mit ihrer (wirtschaftlichen) Situation zufrieden sind und optimistisch in die Zukunft blicken. Die Branche geht jedenfalls davon aus, dass eine breite Nachfrage für Coaching auch in Zukunft gewährleistet sein wird. Doch wie zielsicher ist sie hier in ihrem Urteil? Als wie strategisch und wirtschaftlich zutreffend werden sich die Prognosen erweisen? Wird sich womöglich das Hohelied des Coachings als banges Pfeifen im Walde herausstellen?

Die Branche geht auch für die Zukunft von einer breiten Nachfrage aus

Die Bedenken sind da. Zurzeit tummeln sich nach der Einschätzung von Christopher Rauen ca. 3.000 Führungskräfte-Coaches auf dem Markt (Hasse 2004). Coaching als Name ist nicht geschützt und täglich werden es angeblich mehr Aktive. Zumal diesen Coaches die Trainer aus 5.000 bis 10.000 Trainings- und Weiterbildungsunternehmen gegenüber stehen (Lünendonk, 2004). Für diese stellt der Einstieg ins scheinbar lukrative Coaching-Geschäft eine große Verlockung dar. Nicht wenige sind diesem Ruf schon gefolgt. Aber die Zahlen aus Middendorfs Befragung zeigen auch: Der Mensch lebt nicht vom Coachen allein. Die beliebtesten „Nebentätigkeiten" der Coaches sind Training und Beratung. Je ein Drittel der Befragten gab an, neben dem Coaching noch diese Dienstleistungen anzubieten (Middendorf, 2003).

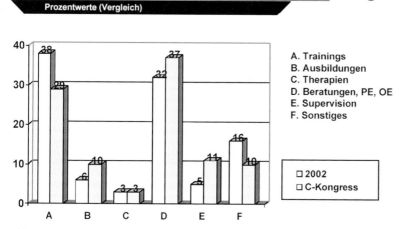

Abb. 4.5: Die Nebentätigkeiten von Coaches, Middendorf, 2003

Trendwende: Es betägigen sich zunehmend (Fach-)Berater als Coaches

Dabei scheint sich in den Daten von Middendorf gar eine Trendwende abzuzeichnen: Waren es 2002 noch in der Mehrheit die Trainer, die sich als Coaches betätigten, sind es 2003 schon die Berater, die mit 37% die größte Gruppe repräsentieren, was immer auch sich hinter dieser Bezeichnung genau verbergen mag: Klassische Unternehmensberater als Fachberater? Junge IT-Experten? Pensionierte Führungskräfte, die anderen ihre Erfahrung als Business-Angels anbieten? Psychologen? Ehemalige Therapeuten, die die Wirtschaft und Führungskräfte als Zielgruppe entdeckt haben? Oder handelt es sich um Prozessberater, die Change-Projekte begleiten? Oder um nichts von alledem? Vor dem Hintergrund, dass keiner so ganz genaue Zahlen hat, was Zahl und Qualifikation der Soft-Facts-Berater anbetrifft, scheint die Maxime zu gelten: Coaching kann jeder!

Die Angst vor der Begriffsinflation geht um

Mit der rasanten Zunahme der bundesweiten Coaching-Aktivitäten werden auch die Warner vor einer „Coaching-Blase" immer lauter. Da hilft es wenig, wenn einige enthusiastische Personalmanager von Coaching als einem „echten Allround-Instrument" sprechen, das man auf jede Fragestellung im Unternehmen anwenden kann (Böning-Consult, 2004). Denn die Angst vor einer Begriffsinflation geht um. Gesprächspartner aus der Szene fürchten zynisch, dass bald auch die Toiletten-Frau „Toiletten-Coach" heißen könnte. Die Stimmung kulminiert letzten Endes in der Frage: Wann frisst die Coaching-Revolution ihre eigenen Kinder?

Abschnitt 3

Einkommen: Zum Sterben zu viel, zum Leben zu wenig?

Auch eine genauere Analyse kann das Gespenst der inflationären Entwertung des Coaching-Begriffs nicht vertreiben: Schauen wir nämlich einmal auf die Prozentanteile, die das Einkommen aus Coaching-Aktivitäten bei den Akteuren einnimmt, so stellt man schnell fest: Das Coaching ist die Nebentätigkeit und nicht, wie man hätte glauben können, das Training oder die Beratung. Nur rund ein Drittel der Befragten gab bei Middendorf an, dass die Coaching-Tätigkeit rund die Hälfte oder mehr der Jahresarbeitszeit ausmacht. Nur ein Viertel verdient mit Coaching ca. die Hälfte oder mehr seines Jahreseinkommens.

Coaching ist zurzeit noch häufig die Nebentätigkeit von Trainern oder Beratern

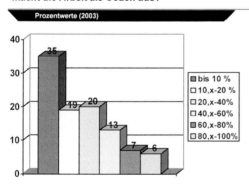

Abb. 4.6: Der Anteil von Coaching am Jahreseinkommen der Coaches, Middendorf, 2003

Schiede (2004) hat in seiner Arbeit gar 4/5 der Coaches als „ambitionierte Laien" identifiziert, die Coaching nur als Neben- oder Zusatzerwerb betreiben. Er verweist dabei außerdem auf die Leichtigkeit, mit der mehr oder weniger vorgebildete Trainer und Berater ins Coaching-Geschäft einsteigen können. Eine hohe Anzahl von „Nebenerwerbs-Coaches" prägt also die Branche und trägt zur Unübersichtlichkeit bei.

Kapitel 4

Die spontane Schlussfolgerung, die uns dabei in den Sinn kommt: Coaching macht die Meisten nicht satt! Und diejenigen, die heute verdienen, glauben nicht, dass es morgen schlechter werden könnte als heute, zumindest was sie selbst anbetrifft.

Konkurrenz für die reinen Coaches bildet die Vielzahl an Trainern, die „auch" coachen

Fasst man die bislang berichteten Erkenntnisse zusammen, so ergibt sich ein Bild der aktuellen Coaching-Szene, das an eine Kleingärtner-Kolonie erinnert. Die Vielzahl der Coaches teilt sich auf in unzählige kleine und kleinste Parzellen, während nebenan die riesigen Felder der Beratungsunternehmen liegen. Diese Felder werden von wenigen „Großen" dominiert: Nur 40 der insgesamt über 14.000 Beratungsunternehmen in Deutschland erarbeiten allein die Hälfte des Jahresumsatzes in der Beraterbranche von 12,23 Milliarden Euro (BDU, 2004)! Auf der anderen Seite stehen die „Heere" der Trainings- und Weiterbildungsanbieter. Nach Lünendonk sind von den 5.000 bis 10.000 Anbietern 63% Einzelkämpfer (Lünendonk, 2004) und auch eine bereits 1999 durchgeführte Umfrage des Q-Pool 100 (Q-Pool 100, 1999) belegt die Tatsache, dass in Training und Weiterbildung die meisten Aktiven ihr eigener Chef sind (vgl. Abb. 4.7). Doch durch ihre schiere Masse stellen auch die Trainings- und Weiterbildungsanbieter eine eindrucksvolle Bedrohung für die Coaches – die Kleingärtner der Führungsetagen – dar.

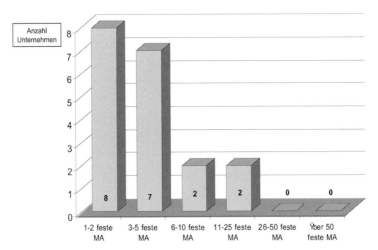

Abb. 4.7: Die Zahl der Mitarbeiter in Trainings- und Coaching-Unternehmen, Umfrage des Q-Pool 100 unter Mitgliedern, 1999

Wenn man zusätzlich die Zahlen der IT-Beratungsbranche berücksichtigt (zweistelliger Milliardenumsatz, jedes der fünf größten Beratungsunternehmen hat mehr Mitarbeiter als es Coaches in Deutschland gibt; Lünendonk, 2004), wird deutlich, welchen bescheidenen Anteil die Coaches an der „bewirtschafteten Gesamtfläche" des Beratungsfelds haben. Merkwürdig muten angesichts dieser Fakten die Machtfantasien einiger Coaches an, dass sie quasi als einzelne humane „Feuerwehrleute" die in den Kundenunternehmen begangenen Schäden der Großberater wie McKinsey, BCG oder Roland Berger beiseite räumen könnten. Hier ersetzt offenbar die Idylle den realistischen Blick oder die strategische Perspektive. Aus der Froschperspektive des Vier-Augen-Gesprächs, so könnte man bedauernd oder aggressiv sagen, erschließt sich schlecht ein globaler Überblick. Uns erinnert das an die Situation der Schmiede, die beim Aufkommen des Automobils felsenfest davon überzeugt waren, dass die Pferdefuhrwerke nie aussterben würden.

Abschnitt 4

Organisation:
Lauter kleine Selbstständige?

Weg von der Spekulation, hin zu konkreten Daten. Vielleicht helfen uns einige handfeste Zahlen zur konkreten wirtschaftlichen Lage der Coaches weiter. Wie arbeiten denn Coaches in der heutigen Zeit? Stehen sie in Lohn und Brot, oder schlagen sie sich als Einzelkämpfer durchs Dickicht der Szene? Oder sind sie letzten Endes selbst Brötchengeber für mehr oder weniger viele Adepten?

Der typische Coach ist Freiberufler

Middendorf hat wie wir in der Tat eindeutige Antworten parat (vgl. Abb. 4.8 und 4.9). Der typische Coach ist selbstständig, entweder alleine freiberuflich tätig oder Inhaber eines eigenen Unternehmens.

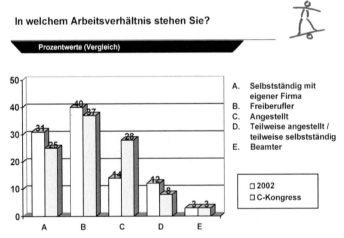

Abb. 4.8: Arbeitsverhältnis der Coaches (Prozentwerte), Middendorf, 2003

In unserer Studie gab es praktisch nur diese beiden Gruppen, bei Middendorf fanden sich zusätzlich immerhin 28% angestellte Coaches. Der Blick auf die Auswahlkriterien von Böning-Consult erklärt diesen

Organisation

Unterschied sehr schnell: Die Gesprächspartner in unserer Studie waren ausnahmslos erfahrene Coaches aus der Datenbank von Christopher Rauen. Daher auch der hohe Anteil von Selbstständigen mit eigener Firma (70%). Bei Middendorf sind es lediglich 25%. Er befragte wie gesagt die Teilnehmer des CoachingKongresses Ende 2003. Eine solche Veranstaltung ist sicherlich gerade für jüngere, für angestellte und für „Nebenerwerbs"-Coaches als Kontakt- und Informationsbörse von Wert. Von daher handelt es sich eindeutig um zwei sehr unterschiedliche Stichproben.

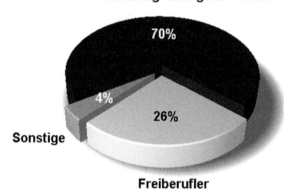

Abb. 4.9: Arbeitsverhältnis der Coaches, BC 2004

Bei der Frage nach den Coaching-Honoraren gaben die meisten Befragten bei Middendorf Stundensätze zwischen 100 und 250 Euro an. Nur wenige Coaches nehmen offensichtlich mehr als 250 Euro für die Stunde. Hier handelt es sich insgesamt gesehen sicherlich um Werte, die im Unteren und Mittleren Management für die Coaching-Stunde ausgegeben werden. Auf den Topebenen sind Tagessätze zwischen 2.500 und 3.500 Euro und darüber hinaus durchaus möglich.

Übliche Stundensätze liegen zwischen 100 und 250 Euro

Insgesamt gesehen dürften diese Honorarsätze in der Regel zu einem Einkommen führen, das demjenigen entspricht, das Führungskräfte normalerweise in Unternehmen verdienen – mit der entsprechenden Spreizung zwischen unteren und oberen Führungskräften, die natürlich wesentlich abhängig ist von der Qualität der Arbeit und dem eigenen Einsatz. Als Haupteinflussfaktoren müssen darüber hinaus die

Größe der Kundenunternehmen und ihre Gehalts- und Honorarpolitik in Rechnung gestellt werden. Auch wenn in der Branche gerne die Erfolge in den Vordergrund gestellt werden und man üblicherweise nicht sehr offen über das eigene Einkommen, sondern bestenfalls über die erzielten Spitzenhonorare spricht (und die gewöhnlich eingeräumten Rabatte einfach vergisst), darf mit Berechtigung angenommen werden, dass die durchschnittlichen Einkommen deutlich unter denen der erfolgreichen großen klassischen Unternehmensberater (Fachberater) liegen, von den Gehältern der Topmanager und ihren Abfindungen völlig abgesehen. Nur Einzelexemplare der Gattung „Coach" dürften den Aufstieg in diese Klasse bisher geschafft haben.

Die durchschnittlichen Einkommen von Coaches liegen deutlich unter denen klassischer Unternehmensberater

Nimmt man diese Antworten zu unseren bisherigen Erkenntnissen hinzu, so merkt man schließlich sehr schnell, dass ein komplexes Gebilde wie der Coaching-Markt nicht mit ein, zwei Sätzen beschrieben werden kann. Die Antworten weisen in unterschiedliche Richtungen; für jede These lassen sich Argumente finden. Worauf also soll man sich vorbereiten, wie die Zukunft planen? Stimmt es etwa jetzt schon, dass sich zu viele Coaches auf einem begrenzten Markt gegenseitig die Kunden streitig machen, oder ist dieser Schluss überzogen?

Gibt es überhaupt echte Konkurrenz zwischen den Coaches? Wir möchten an dieser Stelle noch einmal in Erinnerung rufen, dass nach unserer Auffassung eine Verzahnung mit Organisationsentwicklungsthemen (Change-Management) für den Coaching-Prozess zunehmend von enormer Bedeutung ist. In diesem Sinne scheint es also eher ratsam, vielleicht sogar notwendig, dass die Coaches in ihrem anderen Leben Organisationen auch hinsichtlich weiterer Themen beraten, als nur Einzelpersonen zu beglücken. Vielleicht liegt hier sogar das Coaching-Modell der Zukunft: der coachende Organisationsberater, der Arbeitsprozesse gestalten kann oder bei weiträumigen Veränderungsprozessen der Unternehmen seinen spezifischen Beitrag in einer Projektgruppe leisten kann.

Dass man den Begriff vom letzten Absatz auch umdrehen und vom „Organisationen beratenden Coach" sprechen kann, macht die immer noch vorherrschende Variabilität und Offenheit der Branche deutlich, die sich noch mit einer anderen Entwicklung auseinandersetzen muss: Die große amerikanische Personalberatung Heidrick & Struggles hat bei ihrer strategischen Ausrichtung auf ergänzende Geschäftsfelder auch das Thema Coaching entdeckt und verfolgt nach der Übernahme einer amerikanischen Coaching-Firma, die nach Heidrick & Struggles-

Angaben weit über hundert Coaches unter Vertrag hat, eine klare Zielsetzung. Sie bildet ihre Angestellten nach einem relativ standardisierten Kurzverfahren zu Coaches aus und bietet großen Firmen an, weiträumige Coaching-Programme durch den geballten Einsatz von „Coaching-Truppen" umzusetzen, was immer im Einzelnen auch spezifisch darunter verstanden werden mag. Selbstredend, dass diese an Instant-Verfahren erinnernde Vorgehensweise zu niedrigeren Sätzen erfolgt. Den deutschen Coaches, die eher individualistisch und „taylormade" arbeiten, dürfte diese Vorstellung eher ein Gräuel sein, es sei denn, sie sähen demnächst in der Discounter-Entwicklung eine zukunftsträchtigere Chance für sich als in der „gehobenen Gastronomie".

Abschnitt 5

Gibt es Branchenschwerpunkte?

Wenden wir den Blick einmal weg von den Coaches hin zu ihren Auftraggebern. Vielleicht lässt sich hieraus die eine oder andere Erkenntnis über den Coaching-Markt gewinnen: Woher kommen denn die Aufträge für die Coaches?

Es gibt kaum Spezialisten für bestimmte Branchen

Als erste Antwort erhielten wir in unserer aktuellen Studie von fast allen Coaches, dass sich bislang kaum einer von ihnen auf eine bestimmte Branche beschränkt hat. Auch bei der Unternehmensart wollten sich nur wenige der Gesprächspartner festlegen. Die meisten gaben an, sowohl in großen Konzernen als auch in mittelständischen Unternehmen ihrem Handwerk nachzugehen (s. Abb. 4.10). Wenn jemand konkret verriet, dass er im Finanzbereich, der IT- und Telekommunikationsbranche coacht, dann fühlten wir fast schon den Impuls, von einem Spezialisten zu sprechen.

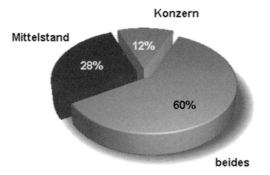

Abb. 4.10: Auftraggeber der Coaches, BC 2004

Bei der Betrachtung der Branchennennungen ergab sich aber ein interessantes Bild: Die Häufigkeit der Branchenangaben zeigte starke Unterschiede. In manchen Branchen scheint fast jeder Coach tätig zu sein, andere Branchen werden kaum erwähnt. Ist es wirklich so, dass trotz des bereits diagnostizierten Siegeszuges Coaching noch immer nicht in allen Branchen angekommen ist?

Abb. 4.11: Tätigkeitsfelder der Coaches nach Branchen, BC 2004

Verbrauchsgüter, Energie sowie Verkehr und Logistik funktionieren anscheinend auch ohne Coaching blendend. Finanzdienstleister und Versicherungen auf der anderen Seite können offensichtlich gar nicht mehr ohne.

Hauptauftraggeber sind Finanzdienstleister und Versicherungen

Sind die Bedarfe oder Bedürfnisse in den Branchen derart verschieden? Ist das Wissen um die segensreichen Wirkungen von Coaching noch nicht bis in alle Winkel der Wirtschaftswelt vorgedrungen, oder haben die Coaches noch nicht die richtige Sprache für die oben erwähnten (an Coaching armen) Branchen gefunden?

Eine auf den ersten Blick plausible Erklärung von Schiede (2004) ist die, dass vor allem Branchen, die einem starken Wandel unterliegen, in der Vergangenheit bereits von Coaching profitiert haben. Diese Tatsache allein kann theoretisch durchaus beträchtliche Unterschiede erklären. Wie wir in unseren Gesprächen aber erfahren haben, spielen praktisch ganz andere Faktoren die Hauptrolle: Die klassischen „Coaching-Branchen" zeichnen sich durch eine deutlich „psychologischere" Ausrichtung aus. Versicherungen und Autos lassen sich nur bei absoluter Kundenorientierung verkaufen. Die Stimmung der Endkunden ist bei diesen Branchen entscheidend für den Erfolg.

Der Handel dagegen mit seinen winzigen Gewinn-Margen, die Transport- oder die unter starkem Konzentrationsdruck stehende Lebensmittelbranche, sind viel stärker auf Kosteneffizienz und Prozessoptimierung ausgerichtet. Außerdem handelt es sich in den genannten Fällen um traditionell mittelständisch und eher „hemdsärmelig" ausgerichtete Branchen. In dieser Tradition ist ähnlich wie in der Baubranche auch weniger Platz für Coaches und ihre sensiblen, reflektierenden Vorgehensweisen. Und schließlich darf man nicht vergessen, dass Coaching auch bezahlt sein will. Die Top-Scorer in der Coaching-Hitliste hatten schlicht und einfach in der Vergangenheit auch das Geld, Coaching-Programme aufzusetzen oder externe Coaches einzukaufen. Die Kombination Erfolg, Geld, hoher Veränderungsdruck, hohe Kundenorientierung oder eine starke Erlebnisorientierung des angebotenen Produkts bzw. der Dienstleistung machte diese Branchen offen für die Coaching-Anwendung, zumal sie traditionell in den vergangenen Jahren relativ viel Geld in die Weiterbildung gesteckt haben.

Praxisbericht von E.ON Energie auf Seite 55

Ob diese Verhältnisse auf alle Zeiten in Zement gegossen sind, das ist eine offene Frage. Wobei wir vermuten, dass die jüngsten Veränderungen, die sich in der starken Wandlungen unterliegenden Energiebranche beobachten lassen, nicht beliebig auf andere Branchen übertragen lassen. In Unternehmen wie dem Großkonzern E.ON lässt sich nämlich feststellen, dass Coaching in den letzten 2-3 Jahren ein immer stärker eingesetztes Instrument zur gezielten Weiterentwicklung des Top- und des oberen Managements geworden ist.

Praxisbericht von SAP auf Seite 195

Was wir dabei in jedem Fall beachten sollten, ist, dass die unterschiedlichen Branchen auch unterschiedliche Wertewelten repräsentieren, ebenso wie unterschiedliche Hierarchie-Ebenen sich in ihren Wertebezügen unterscheiden. Das Beispiel SAP zeigt einen Tatbestand, der sich vielleicht zu einem Trend der Zukunft entwickeln könnte: Auf Topmanagement-Level werden angeblich nur Coaches akzeptiert, die eine ausgewiesene IT-Kompetenz vorweisen können. Unabhängig davon, ob diese Einstellung richtig oder falsch zu sein scheint: Es gibt sie – und vermutlich werden viele weitere Beispiele folgen.

Aktuell entdecken wir auf der anderen Seite nur eine geringe Spezialisierung der Coaches. Als Zukunftsszenario sehen wir aber durchaus eine zunehmende Spezialisierung auf bestimmte Branchen als eine Möglichkeit, mit den gesteigerten Anforderungen der Unternehmen hinsichtlich Qualität, Effizienz und Passung von Unternehmenskultur und Coach umzugehen. Das jeweils spezifische Selbstverständnis und die Arbeitsabläufe, die eine Branche kennzeichnen, machen ein beliebiges Hin- und Herwechseln von einer Branche zur anderen in Zukunft schwieriger und könnten es irgendwann als unprofessionell erscheinen lassen. Kunden verlangen zunehmend Unternehmens-, Führungs-, Branchen- und Hierarchie-Erfahrung von den Coaches, zumindest von den Spitzenvertretern für ihre Spitzenleute. Und Coaches sollten sich im Laufe der Zeit entsprechend spezialisieren. Man darf gespannt bleiben.

Abschnitt 6

Wettbewerb:
Die Entstehung neuer Strukturen

So weit nun unser Blick auf die „Coaching-Zunft". Vor unserem geistigen Auge entsteht das Bild eines bunten orientalischen Basars. Es wimmelt von Anbietern der unterschiedlichsten Produkte. Jeder Händler hat neben Coaching noch andere Produkte zu bieten: Bei manchen muss man sich erst in den Hinterhof einladen lassen, um das Coaching-Angebot in Gänze in Augenschein nehmen zu können. Bei wieder anderen liegt es schön dekoriert in der Auslage. Der angepriesene Nutzen und die Anwendung der Preziosen sind stets verschieden, die Preise oft kaum vergleichbar. Ein Überblick über das Geschehen ist nur schwer möglich. Wer sich nicht auskennt, und wer nicht weiß, was er will, hat es schwer. Glücklich kann sich derjenige schätzen, der von Bekannten einen guten Tipp bekommen hat. Welcher Händler ist vertrauenswürdig, wer liefert gute Ware? Kein Wunder, dass persönliche Empfehlungen und gute Referenzen üblicherweise die Auswahl eines externen Coachs maßgeblich bestimmen.

Konkurrenz durch den Aufbau unternehmensinterner Coaching-Abteilungen?

Das Bild des Basars soll uns auch in den letzten Teil des Kapitels begleiten, in dem wir die Bedrohungen für den Coaching-Markt, die Schiede (2004) identifiziert hat, diskutieren wollen. Die erste Bedrohung lässt sich mit der Binsenweisheit beschreiben „Wer seinen eigenen Garten hat, muss kein Gemüse einkaufen". Getreu diesem Leitspruch haben vor allem größere Unternehmen ihre eigenen Coaching-Abteilungen oder Coach-Pools aufgebaut (z.B. die Adam Opel AG in Rüsselsheim oder die bekannte VW-Coaching GmbH). Das hiermit angerissene Szenario sieht große Unternehmen, die in der Vergangenheit Hauptauftraggeber für Coaching-Prozesse waren, wie sie ihre eigenen Coaches ausbilden oder komplexe Coaching-Dienstleistungsstrukturen größerer Art aufbauen, um sich autark zum Erfolg zu coachen.

Wir sehen bei diesem Szenario neben den Vorteilen für die Unternehmen auch eine Reihe von Nachteilen. Die Vorteile von internen

Coaches liegen in der unmittelbaren Verfügbarkeit und dem Vertrautsein mit der Kultur des eigenen Unternehmens. Sie sind mit den Abläufen und zentralen Fragestellungen ihres Unternehmens vertraut und es lässt sich ein einheitlicher, speziell auf die Bedürfnisse des Kundenunternehmens zugeschnittener Coaching-Ansatz praktizieren. Die „Kennenlernphasen" zwischen dem Coach und seinem Kunden sind deutlich kürzer und es kann sich über Jahre ein sehr enges Vertrauensverhältnis aufbauen. Auch können interne Coaches eher Coaching-Prozesse im Unternehmen anstoßen, weil sie viel näher an den Tagesaktivitäten dran sind (vgl. auch das Praxisbeispiel Ford).

Praxisbericht von Ford auf Seite 112

Zu den Nachteilen zählen einmal die hohen Kosten für die Ausbildung und den Unterhalt eines solchen internen Coach-Pools, sowie zweitens die hier nur begrenzten neuen kreativen Impulse von außerhalb der eigenen Unternehmenskultur. Ein Unternehmen benötigt außerdem neben den hohen Investitionen einen gewissen Vorlauf für die Etablierung eines entsprechenden Systems. Und last but not least ist noch festzuhalten, dass mit den internen Coaches in der Regel nur die unteren und mittleren Führungsebenen oder Fachspezialisten und Projektgruppen erreicht werden können. Für die oberen oder obersten Ebenen werden üblicherweise dann doch wieder die externen Coaches herangezogen.

Deshalb sind z.B. auch die Überlegungen von PwC Deutsche Revision (Mitglied von PricewaterhouseCoopers) interessant, die den Einsatz eines externen Coaching-Anbieters erwägen, der als Generalunternehmer den Einsatz eigener Coaches und den weiterer unabhängiger Kooperationspartner in verschiedenen Orten Deutschlands steuert. Dazu gehören nach den jetzigen Plänen sowohl die Auswahl und Weiterentwicklung der einzusetzenden Coaches, das Qualitätsmanagement, die Evaluation bzw. das Controlling und die gesamte Abrechnung. Hier wird also ein Externer zum langfristigen strategischen Partner, um die Kenntnis der internen Kultur mit externem Know-how und entsprechenden Kostenvorteilen zu verbinden.

Praxisbericht von PwC auf Seite 161

BMW hingegen fährt eher noch einen traditionell kombinierten Ansatz: Aufbau und Weiterentwicklung eines internen Coach-Pools, der primär bei der Betreuung unterer bis mittlerer Führungskräfte, entsprechend positionierter Teams oder Projektgruppen eingesetzt wird und die Zusammenarbeit mit externen Coaches, die in der Regel lange für das Unternehmen tätig sind. Da der Coaching-Einsatz sowohl zentral wie dezentral organisiert wird, finden wir hier eine Fülle ganz unterschiedlicher Ansätze, die zum Teil parallel nebeneinander

Praxisbericht von BMW auf Seite 32

stehen: Klassisches Einzel-Coaching für obere Führungskräfte. Team-Coaching und Projekt-Coaching in wichtigen Projekten. Gelegentliches Einzel-Coaching für Führungskräfte, die sich auf neue Aufgaben vorbereiten, und systematischer Einsatz des Coachings im Rahmen des 100-Tage-Coaching-Programms, in dessen Genuss Führungskräfte bestimmter Bereiche regelmäßig dann kommen, wenn sie eine neue Funktion übernehmen. Externes Einzel-Coaching einer ganzen Gruppe von Topmanagern im Rahmen von Reorganisationsprozessen oder Team-Coaching von Topmanagern im Rahmen von wichtigen Change Management-Prozessen.

Konkurrenz durch „Remote-Coaching" oder „Tele-Coaching"?

Eine weitere Bedrohung der traditionellen Form der Coaching-Arbeit könnte nach Schiede (2004) durch so genanntes „Remote Coaching" oder „Tele-Coaching" entstehen. Bei dieser Coaching-Form findet der Austausch zwischen Coaching-Nehmer und Coach via Internet oder am Telefon statt. Wir wollten bis vor kurzem nicht an die Ernsthaftigkeit dieser Coaching-Variante glauben, bis uns der Anruf einer Journalistin erreichte, die den erstgenannten Autor in seiner Funktion als DBVC-Vorsitzenden zum Thema „E-Mail-Coaching" interviewte. Die Journalistin wusste ernsthaft und nicht bestreitbar zu beschreiben, dass sie mit einer Reihe von Coaches gesprochen habe, die sich neuerdings der Umsetzung dieser Geschäftsidee widmeten.

In dieser an Verrücktheiten reichen Welt lässt sich angesichts des fehlenden rechtlichen Titelschutzes ein solches Vorgehen nicht verhindern. Aber Hand aufs Herz: Würden Sie etwa eine ärztliche Diagnose und Behandlung wirklich über das Internet durchführen lassen? Im Zusammenhang mit technischen Fortbildungen kann das neue Medium unter Umständen interessante Dienste leisten. Als Inhalte eines solchen „Coachings" können wir uns bestenfalls fachlich-konkrete Tipps und Anleitungen vorstellen. Nachfrager sind wohl eher im unteren Management und auch in unterschiedlichen Spezialistenposten im Unternehmen zu finden. Und sicherlich lässt sich auch nicht ausschließen, dass zwei entfernt wohnende Eskimos sich im möglichen Gefahrenfall über den heraufziehenden Wettereinbruch unterhalten und sich gegenseitig darin coachen, wie dieser Gefahr zu begegnen sei. Im Business Coaching dagegen, einem Gewerbe, das Vertraulichkeit und diffizile persönliche Empfehlungen im Rahmen einer komplizierten Führungsthematik verlangt und in dem schon „remote" geführte Telefonate als irgendwie unangemessen empfunden werden, wird diese Form des Coachings als ernsthafte Konkurrenz kaum Anklang finden.

Entstehen neuer Strukturen

Wir möchten aber auf die möglichen Image-Konsequenzen einer dergestaltigen Ausweitung des Coaching-Begriffs hinweisen, die ja schon in unserer Einleitung anklang. Die Verwendung des gleichen Begriffs für so viele unterschiedliche Coaching-Ansätze und -Methoden könnte zu einer Infragestellung des Coachings insgesamt führen. Ohne nähere Bezeichnung des jeweiligen Coaching-Einsatzgebietes (z.B. Business Coaching, Sport-Coaching etc.) und ohne Regelung von Durchführungsvoraussetzungen, Qualitätsstandards usw. wird die ernsthafte Coaching-Szene auf Dauer überhaupt nicht auskommen.

Als eine dritte Bedrohung nennt Schiede (2004) die gegenwärtig wachsende Rivalität, die sich durch höhere Fixkosten und sinkende Auftragsquoten verschärfen wird. Ein Preiswettbewerb könnte die Folge sein. Denn, wer aussteigt, muss mit hohen Opportunitätskosten rechnen, da sich die Szene immer weiter spezialisiert. Wer auf andere Themen, andere Branchen oder Hierarchie-Ebenen umschwenkt, muss zunächst kleinere Brötchen backen und dem Abnehmer der „Ware" Coaching gezwungenermaßen gerne etwas entgegenkommen. Damit setzt man sich aber der unmittelbaren Gefahr eines Preiswettbewerbs aus. Wer diesen verhindern will, muss sein Angebot qualitativ zu steigern suchen bzw. eine Premiumstrategie verfolgen oder aber in kostengünstigen Netzwerkstrukturen nach neuen Prozessen und Produkten suchen, die das Preisniveau auch in Zukunft rechtfertigen können.

Konkurrenz durch erhöhten Preiswettbewerb?

Die steigenden Ansprüche der Coaching-Nehmer – oder vielmehr der Coaching-Bezahler – lassen vermuten, dass in Zukunft nicht nur damit zu rechnen ist, dass sich die Qualitätsansprüche erhöhen werden, sondern dass sich eine Marktsituation ergeben dürfte, die sich von der Situation der Schmiede, der Kleiderboutiquen, der Zulieferer in der Automobilindustrie und der Baubranche kaum unterscheiden wird.

Zum Abschluss ein Ausblick, wo es mit der Coach-Szene hingehen könnte. Der Vergleich mit der Entwicklung des Arztberufes drängt sich uns dabei auf: Am Anfang stand der mittelalterliche Medicus, der noch mit geheimnisvollen Mittelchen und Tränken sowie fragwürdigen und schmerzhaften Techniken wie zum Beispiel dem Aderlass die Kranken von ihren Leiden befreite – oftmals für immer. In der Neuzeit wurde die Heilkunst entzaubert und als Wissenschaft verankert. Auch im Coaching machen die Gurus, die ihr Tun schon immer nur schwer darlegen konnten, langsam Platz für pragmatischer eingestellte Jung-

Coaches, die ihre Tätigkeit an anerkannten Qualitätsmaßstäben messen wollen (Dass es in beiden Gruppen – bei den Ärzten wie bei den Coaches – schon immer Geister gab, die ihrer Zeit weit voraus waren, müssen wir hier nicht extra erwähnen ...). Während noch in den Anfängen des professionellen Arztberufes der Allgemeinarzt für allerlei Wehwehchen zuständig war, differenzierten sich mit der Zeit die unterschiedlichen Disziplinen aus. In der gerade begonnenen Konsolidierungsphase des Coachings werden wir vermutlich etwas Vergleichbares beobachten können, auch wenn das Business Coaching nicht von pathologischen Dingen handelt. Als vorläufigen Abschluss der Entwicklung in der Medizin haben wir heute ein staatlich exakt geregeltes und beaufsichtigtes Ausbildungssystem vom einfachen Assistenzarzt bis zum Facharzt. Die unterschiedlichsten Disziplinen sind genau beschrieben und abgegrenzt.

Die „Roadmap" Wird oder sollte uns dieses Modell trotz aller auch erkennbaren Nachteile nicht als „Roadmap" zu einem allgemein anerkannten Coaching-Beruf mit unterschiedlichen Teildisziplinen führen? Wir meinen ja, zumal das Beispiel den Weg dahin aufzeigt: über allgemein als verbindlich anerkannte Standards und Zulassungsvoraussetzungen, eine starke Standesorganisation und eine enge Verzahnung mit dem wissenschaftlichen Fortschritt.

Pfleiderer

Coaching-Wertmarken

Andreas Steiner, Leiter Human Resources Development, Pfleiderer AG

„Wie werden Führungskräfte eines Unternehmens dazu gebracht, ihre Entwicklung selbst in die Hand zu nehmen – und selbst einen Coach zu finden, der sowohl zu ihrem Unternehmen als auch zu ihnen passt?" – „Wie kann hierbei Vertraulichkeit garantiert werden?" – „Wie kann Coaching in Unternehmen auf eine professionelle Basis gestellt werden?"

Diese drei Fragen stellt Andreas Steiner, Leiter des Bereichs Human Resources Development der Pfleiderer AG, Neumarkt, und beantwortet sie in einem Beitrag in der Zeitschrift „managerSeminare" (Steiner 2004).

Nicht alle Führungsfragen lassen sich mit Hilfe von Führungsseminaren lösen. „Der richtige Umgang mit anderen beginnt beim kritischen Umgang mit sich selbst".

Vor dem Hintergrund dieser Kern-Erkenntnisse und der Erfahrung, dass Coaching bis zu dem Zeitpunkt eher für sehr wenige „bedürftige" Führungskräfte unter dem Mantel der Verschwiegenheit angeboten wurde, führte die Pfleiderer AG 2002 ein unternehmensweites Coaching-Konzept ein.

Der Leitgedanke
Jede Führungskraft ist selbst für ihre eigene Leistungsfähigkeit verantwortlich.

Wie ist dies realisierbar? Das Konzept setzt auf fünf zentrale Komponenten, mit deren Hilfe Führungskräfte sich mit Coaching vertraut machen und ohne Einschalten Dritter eigenständig einen Coaching-Prozess beginnen und durchführen können.

1. Coaching Book
40-seitiges Loseblattwerk, welches alle relevanten Informationen zum Thema Coaching enthält: Was geschieht beim Coaching? Was sind mögliche Themen und Anlässe? Wie nehme ich Kontakt zu einem Coach auf und was ist in der Arbeitsbeziehung zu ihm wichtig?

Pfleiderer

Im Buch sind zwölf vom Unternehmen geprüfte Coaches vorgestellt – ehemals für die Pfleiderer AG tätige Trainer und Berater, die eine entsprechende Reputation genießen, über die nötige Fach- und Feldkompetenz verfügen und absolute Loyalität und Passung zum Unternehmen erwarten lassen. Es finden sich markige Selbstbeschreibungen wie „Kerniger Hesse mit viel Lebenserfahrung. Gebeizt durch die Sonne Italiens und viele unterschiedliche Erfahrungen mit Führungskräften". In Interviews beantworten die Coaches Fragen nach ihrem Motto im Coaching, nach Grenzen und nach ihren Erwartungen an die Coaching-Klienten.

Jede obere Führungskraft (erste und zweite Führungsebene) erhält das Buch erstmals auf einer Veranstaltung, bei der das Konzept eingangs in einer Präsentation vorgestellt wird. Anschließend überreicht jeder Vorstand seinen jeweiligen Führungskräften das Buch mit einer persönlichen Widmung und der Bitte, Coaching beherzt zu nutzen. Der Wunsch nach dem Einsatz der Maßnahme Coaching ist somit deutlich sichtbar.

2. Wertmarken-System
Das Buch enthält ein Jahreskontingent an Wertmarken – 100 Markeneinheiten entsprechen 100 Euro. Der Coaching-Klient bezahlt den Coach mit Hilfe der Wertmarken, die dieser wiederum bei der Personalabteilung in Geld einlöst. Der Klient behält auf diese Weise den Überblick über die Kosten und somit den Invest der Maßnahme. Und niemand außer dem Coach und seinem Kunden erfährt, wer der Coaching-Klient ist – nicht einmal die eigene Personalabteilung.

3. Coaches Meetings (COME)
In vier jeweils dreistündigen Veranstaltungen innerhalb eines Jahres tauschen sich Führungskräfte und Coaches unter Moderation der Personalentwicklung zu bestimmten Themen aus: „Wie viel Macchiavelli braucht die Führung?" oder „Persönlichkeit – Wie viele Essenzen geben ein gutes Rezept?" Alle Beteiligten diskutieren in entspannter Atmosphäre und können sich auf diese Art gegenseitig besser kennen lernen. Die Ergebnisse der Veranstaltungen werden auch an diejenigen oberen Führungskräfte versendet, die nicht teilgenommen haben.

4. Einblicke
Jeweils drei Coaches dokumentieren einen ihrer Coaching-Fälle exemplarisch und versenden ihn per e-Mail an alle Besitzer der Coaching Books. Diese können dann wiederum die Coaches kontaktieren und vertiefende Fragen stellen.

5. Literaturdienst
Um die Führungskräfte auf dem Laufenden zu halten, werden von der Personalabteilung laufend relevante aktuelle Artikel zum Thema Coaching ins Intranet gestellt.

Das Konzept wird laufend optimiert. Dieses Jahr sollen die Coaches Meetings stärker für die Unternehmensentwicklung genutzt werden, indem intensiver als bisher strategisch relevante Themen behandelt werden. So werden zum Beispiel die Erfahrungen der Führungskräfte bei der Umsetzung der neuen Unternehmensleitlinien in ihren Abteilungen diskutiert.

Führungskräfte sollen die Gelegenheit bekommen, ihre Erfahrungen mit Coaching an ihre Kollegen weiterzugeben, in welcher Form auch immer.

Zusätzlich werden Standards zur Qualitätssicherung im Coaching bei der Pfleiderer AG entwickelt. Letztendlich wird es auch eine Evaluation von Coaching in Form einer Umfrage geben: Welchen Nutzen hat Coaching für die Führungskräfte- und die Unternehmensentwicklung geleistet?

Unser Eindruck

Ein offensiver, kreativer und mutiger Angang. Das Vorgehen professionalisiert Coaching und stellt es auf eine breitere öffentliche – und damit eher selbstverständliche – Basis. Coaching wird so im Unternehmen systematisch umgesetzt. Die Tatsache, dass der Vorstand den Einsatz des Führungskräfte-Entwicklungsinstruments „Coaching" aktiv unterstützt, ist sehr wichtig: Coaching wird „entpathologisiert" und als normales Instrument zur Persönlichkeits- und Unternehmensentwicklung eingesetzt.

Pfleiderer

Den möglichen Vorbehalten gegenüber Coaching unter den Führungskräften wird im ersten Schritt voll Rechnung getragen. Die strikte Anonymisierung, auch der Personalabteilung gegenüber, hat uns anfangs etwas verwundert, da sie die Gefahr birgt, das „Geheimnisvolle" und „Verschwiegene" entgegen der Absicht sogar noch zu manifestieren. Wir sehen deshalb das Vorhaben, Coaching-erfahrenen Führungskräften ein Forum zum Schildern ihrer Erfahrungen zu bieten, als interessanten Weg an. Ob es gelingt, den positiven Effekt von Coaching auf diese Weise ins Unternehmen zu tragen?

Die Darstellung der Coaches bei Pfleiderer mit Fragen und Erfahrungen erscheint uns auch als eine sinnvolle Möglichkeit, die Kontaktfläche zwischen Coach und (potenziellen) Kunden zu erhöhen, um so ein verstärktes (erstes) Gefühl für die mögliche wechselseitige Passung zu finden.

Alles in allem zeigt das Beispiel, wie weit Coaching in manchen Unternehmen schon offensiv professionalisiert wird.

In diesem Zusammenhang fällt uns eine konkrete Erfahrung mit einem unserer Kunden ein: Hier brachte der Vorstandsvorsitzende vor ein paar Jahren seinen Coach mit in die Vorstandssitzung und sagte: *„Darf ich vorstellen: Mein Coach!"*.

Allerdings sei nicht verschwiegen, dass dieses Vorgehen bei den anderen Vorstandskollegen eine gewisse Überraschung auslöste, wenn auch nicht Befremden. Man war mit der unkonventionellen Art des Vorsitzenden durchaus vertraut. In anderen Vorstandsgremien hätte dieses Vorgehen vermutlich eine heftige Defensive oder sogar eine Verweigerung ausgelöst. Hier hat es impulsgebend gewirkt.

Diese ausgesprochen offensive Vorgehensweise ist eine andere Möglichkeit, die Akzeptanz von Coaching im Unternehmen deutlich zu erhöhen und dem Instrument den Makel des Geheimnisvollen, Defizitorientierten zu nehmen.

Qualitätsmaßstab:
Wo bleibt der Coaching-Bericht der Stiftung Warentest?

Kapitel 5

Gibt es allgemein anerkannte Qualitätskriterien für die Bewertung der geleisteten Coaching-Arbeit? Ein potenzieller Auftraggeber würde schon gerne im Vorfeld wissen wollen, welche Qualitäten ein Coach mitbringt. Zwar bemühen sich etliche Institutionen um Zertifizierungen, jedoch gibt es noch kein allgemeines Messinstrument für den Coaching-Prozess. Betrachten wir also, welche Anforderungen den Personalmanagern besonders wichtig sind, wenn es um Auswahlkriterien geht und was die Coaches an Anforderungskriterien für wichtig halten. Auf einem Erfolg versprechenden Weg befindet sich jeder, der hier eine möglichst genaue Passung zwischen Coaching-Nehmer und Coach herstellen kann.

Kann man Qualität im Coaching messbar machen? .... S. 147

Außerdem
Praxisbeispiel PricewaterhouseCoopers:
Coaching am Beginn seiner Implementierung .... S. 161

Kann man Qualität im Coaching messbar machen?

Glaubt man seriösen Umfragen neutraler Agenturen, gehört die Stiftung Warentest zu den Instanzen in Deutschland, die die höchste Autorität und Glaubwürdigkeit besitzen. Es soll sogar Katholiken geben, bei denen sie selbst dem Papst den Rang abgelaufen hat – von den Protestanten ganz zu schweigen.

Nun könnte man sich fragen, warum diese Institution nicht auch das Thema Coaching aufgreift und Gütesiegel für besonders gelungene Coaching-Konzepte oder erfolgreiche Coaches verteilt. Müsste nicht auch bei Einzel-, Gruppen- und Projekt-Coaching das möglich sein, was sonst mit Waschmaschinen, Lebensversicherungen und Badeseen funktioniert?

Bei genauerem Hinsehen fällt aber auf, dass die Testberichte der Stiftung alle gleich aufgebaut sind: Eine Bewertung von einzelnen Qualitätskriterien, die die relevanten Eigenschaften der Produkte abprüfen, wird vorgestellt und am Ende zu einem Gesamturteil kombiniert. Und hier fangen die Probleme auch schon an. Welches sind denn die relevanten Eigenschaften des Produkts „Coaching" und wie soll man sie abprüfen? Mit anderen Worten: Gibt es allgemein anerkannte Qualitätskriterien für die Bewertung der Güte der geleisteten Coaching-Arbeit?

Was sind die relevanten Eigenschaften des Produktes „Coaching"?

Man tut sich leichter mit solchen Fragen, wenn man eine Trennung zwischen der Person des Coachs und dem Coaching-Prozess vornimmt. Unterschiedlichste Autoren haben über die Anforderungen an Coaches geschrieben, nicht zuletzt auch Böning-Consult (vgl. Böning, 1989, 2002; Böning-Consult, 2004). In einer Hinsicht sind sich alle einig: Hoch sind sie, die Anforderungen – wie auch immer sie lauten mögen. Anforderungen an einen Menschen, der hoch- und höchstrangige Führungskräfte bei der Bewältigung der Herausforderungen unterstützen soll, vor denen viele Unternehmen heute stehen.

Das Mittelstandsjournal der „hamburger wirtschaft" (Grams, 2003) empfiehlt seinen Lesern, bei der Auswahl von Coaches auf die folgenden Kriterien zu achten: Neutralität, Diskretion, geistige Beweglichkeit und strategische Kompetenz. Darüber hinaus werden ökonomische Grundkenntnisse sowie ein Verständnis für die Komplexität der Business-Welt im Allgemeinen und die sensiblen Hintergründe unternehmerischer Entscheidungen im Besonderen erwartet. Weiter vor wagt sich das Blatt allerdings nicht. Wie der geneigte Leser diese Kompetenzen bei einem möglichen Coach erkennen soll, wird ihm natürlich nicht verraten. Und so wird er wohl auch erst im Laufe des Coaching-Prozesses feststellen können, ob er es mit einer strategischen Koryphäe oder einem unbedarften Gutmenschen aus der heilpädagogischen Werteecke zu tun hat.

Wäre es dann nicht gut, wenn er im Vorfeld schon wüsste, welche Qualitäten ein Coach mitbringt? Sicher, aber wem soll er dabei glauben? Selbst ernannten „unabhängigen" Instituten, mehr oder weniger anerkannten „Experten" oder gar den Coaches selbst?

Von Coaching-Zertifikaten und Aufnahmeprüfungen – die Qualität der Coaches

Um Licht in den Coaching-Dschungel zu bringen, wurden in der letzten Zeit verschiedenste Zertifikate entwickelt und Organisationen gegründet. Die Idee dahinter scheint zu sein, dass ein allgemein anerkanntes Institut nach allgemein anerkannten Maßstäben Coaches bewertet. Dem Urteil dieser „Stiftung Coachingtest" könnte dann der potenzielle Kunde blind vertrauen.

dvct   Wer etwa vom Deutschen Verband für Coaching & Training e.V. (dvct) zertifiziert werden will, muss bestimmte Kriterien erfüllen. So muss er ein bestimmtes Lebensalter erreicht haben (30 Jahre), eine abgeschlossene Coaching- oder Methodenausbildung nachweisen und Erfahrung als Coach oder Führungskraft oder einen akademischen Abschluss mitbringen. In einer Aufnahmeprüfung muss er darüber hinaus ein Live-Coaching durchführen und einen schriftlich dokumentierten Coaching-Fall vorlegen (vgl. Walther, 2004; www.dvct.de).

ProC   Bei der Professional Coaching Association (ProC) werden ebenfalls Coaches aufgenommen und zertifiziert. Neben den schon oben genannten Anforderungen wie Lebensalter, Studium oder Berufserfahrung sowie Coaching- oder Psychotherapieausbildung werden hier noch Erfahrung im Firmenkontext (Training, Führungsarbeit, Personalentwicklung) und ein bereits absolviertes Coaching als Klient verlangt. Außerdem wird erwartet, dass man höchstens 50% seiner Tätigkeit mit Coaching verbringt. Begründung der ProC-Gründerin Martina Schmidt-Tanger: *„Man muss sich auch selbst riskieren und Aufträge ablehnen können."* Der „höfliche Liebkind-Coach" bewirke nichts (vgl. Schwertfeger, 2004; www.proc-association.de).

Andere Wege geht die 3K-Consulting in Stuttgart zusammen mit der Akademie Deutscher Genossenschaften ADG in Montabaur. Sie haben in Zusammenarbeit mit der DIN Certco Gesellschaft für Konformitätsbewertung GmbH in Berlin eine so genannte PAS (Publicly Available Specification) für Coaching entwickelt, eine Vorstufe zur DIN-Norm für Coaching. Auch hier bestehen die Anforderungen aus dem Nachweis von Coaching-Erfahrung in schriftlicher und mündlicher Form sowie von Fachwissen und Handlungskompetenzen (vgl. Engel, 2004; www.din-certco.de).

3K-Consulting/ DIN Certco

So ziemlich genau das Gegenteil davon macht der Hamburger Professor Harald Geißler, der in seiner „Forschungsstelle Coaching-Gutachten" (F.C-G) individuelle Gutachten über Coaches erstellt (vgl. Walther, 2004; www.coach-gutachten.de). Die Kriterien dafür werden immer wieder neu in Einzelgesprächen mit den Anwärtern erarbeitet. Das einzig Beständige ist dabei die Expertise des Gutachters. Dass dieser hoch angesehen ist, zeigt ein Blick auf die Partnerunternehmen der F.C-G. Dort tummeln sich Namen wie DaimlerChrysler, Deutsche Bahn, Deutsche Telekom, Metro, Lufthansa oder TUI. Ist also das Expertenurteil von Herrn Geißler oder seinen Mitarbeitern der Königsweg zur Qualität?

F.C-G

Spätestens an dieser Stelle mag nun dem geneigten Leser der Verdacht kommen, dass hier kein Dschungel gelichtet wird, sondern vielmehr neue Bäume gepflanzt werden – in der Hoffnung, die anderen Gewächse zu übertreffen. Dies ist angesichts des Entwicklungsstandes von Coaching sicher nicht unbegründet. Auf jeden Fall scheint eines klar: Die Branche ist noch weit entfernt von allgemein anerkannten Kriterien für die Bewertung von Coaches. Die gegenwärtigen Bemühungen sind alles Versuche der Evolution, über das Experimentieren mit verschiedenen Qualitätsvarianten zur besten Lösung zu gelangen, die schließlich überlebt.

Auftragsklärung und Zielformulierung – die Qualität des Coaching-Prozesses

Werfen wir doch einen Blick auf die Bewertung des Coaching-Prozesses. Man könnte sich an dieser Stelle in einer endlosen Aufzählung von Coaching-Zielen ergehen und der Überlegung, wie man deren Erreichen messen will. Sucht man aber einen anderen Ansatz, wird man sehr schnell zur Ernüchterung kommen.

Ein allgemeines Messinstrument für den Coaching-Prozess gibt es bis heute nicht. Natürlich sollte man einem Coach, der sich nicht auf einen schriftlichen Vertrag und eine genaue Darlegung seiner Honorarberechnung einlassen möchte, am besten gleich wieder die Tür weisen. Solche Hinweise sind scheinbar trivial, werfen aber auf der anderen Seite ein ganz bestimmtes Licht auf so genannte Coaches, die sich gerade in mittelständischen Unternehmen tummeln. In diesem Segment tut immer noch eine gewisse Aufklärung Not, welche Ziele mit Coaching verfolgt und (das ist nicht so trivial, wie es klingen mag) auch erreicht werden können.

Weiterführende Tipps für den potenziellen Coaching-Nehmer erschöpfen sich in der Regel in dem dringenden Hinweis, eine sorgfältige Auftragsklärung durchzuführen und zu vereinbaren, wie der Erfolg des Coachings später gemessen werden soll. Man sieht, dass die bisherigen Versuche, den Coaching-Prozess zu erfassen und zu bewerten, noch weniger weit gediehen sind, als die Entwicklung von Qualitätsstandards für Coaches.

Die Trendwende ist da – Qualität soll messbar werden

Die Bemühungen um Qualitätsstandards stecken noch in den Kinderschuhen

Die bisher berichteten Bemühungen zur Etablierung von Qualitätsstandards im Coaching scheinen nun nicht gerade Mut zu machen. Doch dieser vordergründige Eindruck täuscht. Denn ein Blick zurück in die Zeit vor fünf bis acht Jahren scheint auch in der Coaching-Szene ein Blick in ein anderes Jahrtausend zu sein. Erst seit den letzten Jahren machen sich Anbieter wie Kunden genauere Gedanken über Qualitätsstandards im Coaching-Geschäft und erst in den allerletzten Jahren beginnt erkennbar die wissenschaftliche Erforschung von Coaching. Der längsschnittliche Blick über unsere drei eigenen Studien von 1989 über 1998 bis 2004 zeigt eine fortschreitende Professionalisierung des Feldes. Besonders in unserer aktuellen Studie wird deutlich: Die Gurus bereiten sich allmählich auf die Rente vor. Die Nachfolger sind jünger, weniger männerdominiert, haben zunehmend eine Coaching-Ausbildung und verfügen über einen systemischen Hintergrund.

Fragt man die Personalmanager, was die Zukunft für das Coaching bringen wird, so hört man, dass sich die höheren Anforderungen an die Führungskräfte und knappere Budgets der Unternehmen auch in höheren Anforderungen an die Coaches niederschlagen werden. Die neue Zeit scheint geprägt von Systemik statt Esoterik und Cash statt Charisma.

Die wichtigsten Anforderungen an externe Coaches

Spätestens hier wird Ihnen – falls Sie Personalverantwortung und/oder Budgetverantwortung für Coaching-Gelder haben – aufgefallen sein, dass die Auftraggeber in den bislang vorgestellten Versuchen einer Bewertung von Coaches kaum vorkommen.

Dabei müsste es eigentlich für viele Coaches nahe liegen, diese im Coaching-Geschäft so wichtige Personengruppe der Unternehmen und Coaching-Kunden mit einzubeziehen. Schließlich coacht die Mehrheit der Coaches nach einem so genannten „systemischen Ansatz". Ein Hauptkriterium für die Bewertung des Coaching-Vorgehens ist dabei die Nützlichkeit desselben. Alles was nützt, ist gut. Vielleicht sollte man einmal die Personalmanager in den Unternehmen nach den wichtigsten – weil nützlichsten – Anforderungen fragen, die sie an externe Coaches stellen ...

Prinzip: Alles was nützt, ist gut

Genau diese Frage haben wir den insgesamt 70 Personalmanagern in unserer diesjährigen Studie gestellt (s. Abb. 5.1). Die Antworten waren breit gestreut und gaben dennoch eine eindeutige Tendenz wieder: Ein Coach braucht Erfahrung, braucht Erfahrung, braucht Erfahrung ...

Kapitel 5

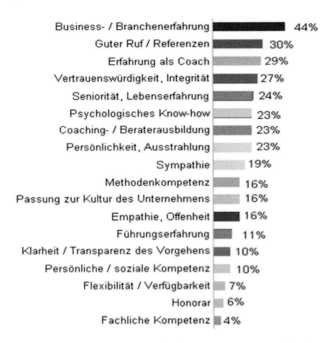

Abb. 5.1: Die wichtigsten Anforderungen an externe Coaches – Die Sicht der Personalmanager, BC 2004

Ein Coach braucht Erfahrung, braucht Erfahrung, braucht Erfahrung

Unter den Top Five der häufigsten Antworten fanden sich nämlich neben „Businesserfahrung", „Erfahrung als Coach" und „Lebenserfahrung" lediglich noch ein „guter Ruf/Referenzen" und „Vertrauenswürdigkeit". Erst beim zweiten Nachdenken fielen den Befragten etwas härtere Kriterien wie eine „Coaching-Ausbildung", „psychologisches Know-how" und „Methodenkompetenz" ein. Persönliche Eigenschaften wie „Ausstrahlung" oder „Empathie/Offenheit" erhielten ebenfalls hohe Punktzahlen.

Was eindeutig weniger wichtig zu sein scheint, ist die „fachliche Kompetenz" (letzter Platz), die wir vielleicht besser als fachbezogene Kompetenz bezeichnen sollten, ist damit doch nicht die Coaching-Kompetenz im engeren Sinne, sondern das fachliche Know-how im Arbeitsfeld der Coaching-Klienten gemeint.

Die zweite Teilstichprobe in unserer Studie – 50 erfahrene Coaches – gab auf den ersten Blick ganz ähnliche Antworten wie die Personalmanager (s. Abb. 5.2). Auch sie betonten die Erfahrung des Coachs und seinen Ruf bzw. seine Referenzen als wichtigste Anforderungen an den Coach, neben Vertrauenswürdigkeit und Integrität.

Qualitätsmaßstab

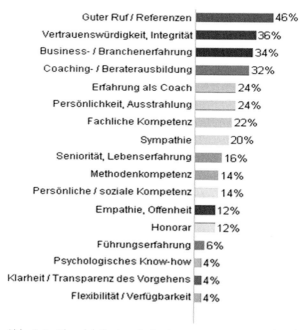

Abb. 5.2: Die wichtigsten Anforderungen an externe Coaches –
Die Sicht der Coaches, BC 2004

Auf den zweiten Blick offenbaren sich aber dennoch einige Unterschiede. Zum Beispiel haben 16% der Personalmanager das Kriterium „Passung zur Kultur des Unternehmens" genannt. Für eine spontane Antwort ist diese Prozentzahl durchaus auffallend. Bei den Coaches sucht man dieses Kriterium vergeblich. Kein einziger der befragten Coaches kam auf dieses Thema. Was ist die Erklärung dafür? Lassen Sie uns unseren Eindruck in eine Frage einbinden: Wird denn von den Coaches eine Ankopplung der Coaching-Arbeit an das Unternehmen und seine Kultur genügend oder überhaupt vorgenommen?

Studienergebnis: Die Passung zur Unternehmenskultur ist kein Thema für den Coach

Wie wir wiederholt festgestellt haben, werden die verwobenen Probleme, an denen die Organisation wie die Person beteiligt sind, von den Coaches offenbar stark individualisiert. Die Lösung scheint fast immer allein bei der Person zu liegen. Die anscheinend mangelnde Unternehmensperspektive der Coaches wurde schon an anderen Stellen im Buch festgestellt, und die Antworten auf die offen gestellte Frage nach den Anforderungen an Coaches belegen dies ein weiteres Mal.

Was an dieser Stelle verschärfend hinzukommt, ist: Die Personalmanager erwarten eine solche Ankopplung an die Kultur des Unternehmens sehr wohl. Muss nicht ein mangelndes Bewusstsein für diese Anforderung auf Seiten der Coaches zu Enttäuschungen und Schwierigkeiten führen?

Auch bei einem zweiten Kriterium gab es vordergründig größere Unterschiede, nämlich bei der „fachlichen Kompetenz". Bevor hier aber ein Missverständnis entsteht, sollte die einfache Aufklärung erfolgen: Die Differenzen scheinen nicht in einer unterschiedlichen Gewichtung der gleichen Anforderung zu liegen, sondern vielmehr darin, dass die beiden Gruppen (Personalmanager und Coaches) ganz Unterschiedliches damit meinen. Ergänzungen und Nebenbemerkungen der Personalmanager zeigten uns, dass diese darunter ganz klar fachspezifisches Wissen im Aufgabengebiet des Coaching-Kandidaten verstanden. Die Coaches dagegen meinten in der Mehrzahl die Kompetenz in ihrem eigenen Fachbereich – also im Coaching. So wird die unterschiedliche Gewichtung dieses Kriteriums bei den beiden Gruppen verständlich. Im Übrigen zeigten die Randbemerkungen der beiden Gruppen, dass sie sich in der Gesamttendenz offenbar darüber einig sind, dass fachliches Können im Aufgabengebiet des Coaching-Kandidaten letztlich eine weniger wichtige Rolle spielt und dass die Coaching-Kompetenz die wichtigere Anforderung bei der Coach-Auswahl darstellt.

Führungserfahrung: Für den Personalmanager ein Kriterium aus der zweiten Reihe

Um das Feld möglicher Kriterien etwas auszuweiten, haben wir in unserer Studie in einer weiteren Frage alle 120 Gesprächspartner ganz gezielt nach der Wichtigkeit bestimmter Anforderungen gefragt. Darunter waren auch das „Beherrschen der politischen Spielregeln im Unternehmen", „Erfahrung im Umgang mit Macht/Unternehmenspolitik" und „Führungserfahrung". „Ja, natürlich ist das auch wichtig", bekamen wir darauf zur Antwort. Eine mittlere bis hohe Wichtigkeit wurde diesen Kriterien jedoch nur bei dieser gestützten Abfrage attestiert, bei der die Anforderungen vorgegeben wurden (s. Abb. 5.3). Und das hat unseren Eindruck bestätigt, dass wir es hier mit Kriterien aus der zweiten Reihe zu tun hatten.

Wenn wir die Abbildungen 5.1 bis 5.3 vergleichen, so sind wir vor allem über die Positionierung der Kategorie „Führungserfahrung" schlicht erstaunt: Bei der gestützten Abfrage (Abb. 5.3) erreicht sie einen Wert zwischen 2 und 3, aber bei der ungestützten Frage (Abb. 5.1 und 5.2) landet „Führungserfahrung" ziemlich weit unten! Wie

Qualitätsmaßstab

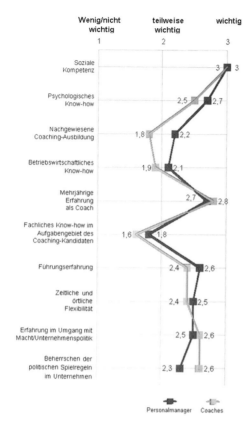

Abb. 5.3: Die Wichtigkeit bestimmter Anforderungen an externe Coaches, BC 2004

das? Sollte eigene Führungserfahrung so wenig wichtig sein für Coaches, die anderen etwas über Führung beibringen wollen – und zwar solchen Leuten, die selbst zum Teil über erhebliche Führungserfahrung (und entsprechendes Training) verfügen? Nun muss zwar nicht jeder Arzt jede Krankheit selbst gehabt haben, die er bei anderen heilen will. Aber was würden Sie von einem Spitzenfußballtrainer halten, der selbst nie Fußball gespielt hat? Oder von einem Fahrlehrer, der selbst kaum jemals ein Auto gefahren hat? Oder von einem Zahnmediziner, der als Professor anderen in der Ausbildung das Zähneziehen beibringt, ohne selbst über eine besondere praktische Erfahrung als Zahnarzt zu verfügen?

Uns ist dieser Sachverhalt schwer verständlich, denn das scheint doch nur zwei wesentliche Erklärungen zuzulassen: Entweder unterschätzen die Personalmanager wie die Coaches die Bedeutung der eigenen Führungserfahrung für die Coaching-Tätigkeit, weil sie Führungskompetenz überwiegend auf Kommunikation und soziale Kompetenz reduzieren, oder sie wissen selbst nicht so genau, was Führung bedeutet. Dieses Vorgehen kann sicherlich noch zu einer Unterstützung von Führungsanfängern beitragen oder auf der mittleren Führungsebene zum Ausgleich sozialer Defizite nutzen. Ob damit aber eine wesentliche Führungsoptimierung gelingen kann, vor allem, wenn sie auf dem Executive- oder Topmanagement-Level stattfindet, das darf zumindest erheblich bezweifelt werden. Oder haben wir etwas missverstanden und es geht in Wahrheit gar nicht um tatsächliche Führungsoptimierung, sondern doch um die verschwiegene kompensative Persönlichkeitsentwicklung unter dem beschönigenden Deckmantel „Führung"?

Im positiven Sinne bemerkenswert war hingegen die Übereinstimmung von Personalmanagern und Coaches hinsichtlich der Kriterien „soziale Kompetenz" und „Erfahrung als Coach", die von beiden Gruppen am höchsten positioniert wurden (vgl. Abb. 5.3). Offenbar gibt es ein gemeinsames Verständnis, was den Führungskräften am meisten fehlt und wofür bestimmte Kompetenzen der Coaches gebraucht werden.

Coaching-Zertifikate und Aufnahmekriterien im Lichte der Empirie – ein Zwischenfazit

Passung: Personalmanager und Coaches haben ähnliche Qualitätsvorstellungen

Was sagen uns nun vor dem Hintergrund der empirischen Ergebnisse die Bemühungen der bereits beschriebenen Initiativen? Zum einen können wir eine Passung feststellen, denn Personalmanager und Coaches scheinen ähnliche Vorstellungen über die wichtigsten Anforderungen an Coaches zu haben, wie die vorgestellten Anforderungsprofile nahe legen. Das heißt, sie leben in derselben Welt und sprechen dieselbe Sprache – auch wenn die Dialekte jeweils etwas anders gefärbt sind. Die von Coaches gegründeten Vereinigungen zielen daher in die richtige Richtung.

Beim Blick auf die beschriebenen Coaching-Zertifikate und Mitgliedsstatuten fällt auf, dass auch sie eine umfangreiche Coaching-Erfahrung fordern. Außerdem legen sie Wert auf eine explizite Coaching- oder eine entsprechende Therapieausbildung. Mit der Therapieausbildung sprechen sie eher die älteren, mit der Coaching-Ausbildung tendenziell eher die jüngeren Coaches an.

Unsere Analyse zeigt klar, dass vor allem die jüngeren Coaches, die wir befragten, eine Coaching-Ausbildung für wichtig halten. Die älteren Coaches setzen vornehmlich auf ihre Erfahrung. Insgesamt können wir also sagen, dass die in den Zertifikaten und Statuten beschriebenen personen- bzw. persönlichkeitsbezogenen Anforderungen an die Coaches die Erwartungen ihrer Auftraggeber treffen.

Der DBVC – ein Mehrperspektivenansatz für ein ganzheitliches Qualitätskonzept

Einen der neu gegründeten Verbände zum Thema wollen wir nochmals ansprechen, den Deutschen Bundesverband Coaching e.V. (DBVC). Das Hauptkennzeichen des Verbandes ist sein ausdrücklicher Mehrperspektivenansatz: Coaching-Praktiker, Ausbilder/Ausbildungsinstitute, Wissenschaft(ler) und Unternehmen/Organisationen finden sich in den Kriterien für die Mitgliedschaft wieder.

Der Mehrperspektivenansatz

Natürlich werden auch hier Anforderungen gestellt, die die anderen Institute ebenfalls formuliert haben: ein abgeschlossenes Studium (in Ausnahmefällen eine Berufsausbildung mit Zusatzqualifikationen im Coaching-Bereich), eine Coaching-Ausbildung (oder ein Äquivalent) und ein schriftliches und mündliches Aufnahmeverfahren. Neben diesen klassischen Anforderungen werden vom Bewerber aber auch Empfehlungen von Kollegen und Auftraggebern gefordert. Das liegt nur allzu nahe, wenn man bedenkt, dass die Befragten unserer Studie Referenzen und Empfehlungen für äußerst wichtig hielten.

An Feldkompetenzen muss der Bewerber auch beim DBVC Berufs- und Coaching-Erfahrung mitbringen. Eigene Beratungserfahrung in der Ausbildung oder der Supervision ergänzt den Katalog. Verlangt wird auch, dass die Mitglieder sich in den Dienst der Weiterentwicklung des Metiers stellen.

Feldkompetenz

Ein weiterer Schwerpunkt liegt für den DBVC auf dem Organisationswissen. Ein guter Coach muss auf Augenhöhe der Führungskräfte agieren können. Am Besten ist es, wenn er selbst einmal auf der anderen Seite des Schreibtisches gesessen hat. Das gilt offenbar umso mehr, je weiter oben in der Hierarchie der Kundenunternehmen der Coach arbeitet. Auch unsere Studie ist hier eindeutig (vgl. auch Abb. 5.4): Auf Topmanagement-Ebene ist die Erfahrung im Bereich Unternehmenspolitik der Faktor, der den Executive Coach vor dem normalen Coach auszeichnet.

Organisationswissen

Kapitel 5

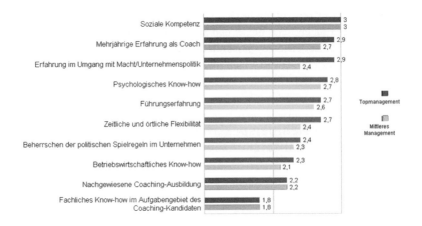

Abb. 5.4: Die Wichtigkeit bestimmter Anforderungen an externe Coaches im Top- und Mittelmanagement – Die Sicht der Personalmanager, BC 2004

Auch wenn die Werte sich nur an diesem Kriterium signifikant unterscheiden, zeigen mehrere andere Werte zumindest tendenziell in die gleiche Richtung. Damit ist eine zentrale „Ungenauigkeit" einiger der angesprochenen Qualitätskataloge spezifiziert. Sie gehen davon aus, dass es nur eine Art von Coach gibt. Wir meinen, es gibt mindestens zwei davon. Der DBVC hat daher zwei Anforderungsprofile formuliert: Für „Coaches" und für „Senior Coaches".

Fachwissen Neben dem Organisationswissen wird für beide Coach-Gruppen ein breites Fachwissen vorausgesetzt. Der Coach (DBVC) hat wenigstens fünf Jahre Berufs- und drei Jahre Coaching-Erfahrung, der Senior Coach (DBVC) kann mindestens sieben Jahre Berufs- und fünf Jahre Coaching-Erfahrung aufweisen. Für beide Gruppen gilt, dass sie sich auf ein integriertes psychologisches Wissen stützen können und Profis in der Auftragsabwicklung sind. Außerdem wenden sie plausible wissenschaftliche Erfolgskriterien an und setzen dabei ein möglichst selbstentwickeltes System zur Erfolgsmessung an bzw. beteiligen sich an Evaluationen im Rahmen wissenschaftlicher Studien oder peer reviews.

Persönliche Kompetenzen Damit sind wir schon beim vierten Grundpfeiler der Mitgliedschaftskriterien: Persönliche Kompetenzen und Professionalität. Schließlich werden von DBVC-Coaches auch solide wirtschaftliche Verhältnisse und eine durchgängige Seriosität im Auftritt erwartet.

Der Senior Coach (DBVC) muss in mancherlei Hinsicht noch etwas mehr bieten können. Zum einen muss er einfach ein bestimmtes Alter haben (mindestens 35 Jahre), das auch mit den erwünschten Segnungen des Alters, sprich einem reichhaltigeren Erfahrungsschatz, einhergehen sollte. Seine Berufserfahrung (mindestens sieben Jahre) muss der Senior Coach in Form von Führungserfahrung, Erfahrung in Unternehmen oder für den Coaching-Markt relevanten Organisationen und als Coach mit alleiniger Auftragsverantwortung (mindestens fünf Jahre) vorweisen können. Da der DBVC mehr sein will als ein selbstreferenzieller Elite-Club, muss der Senior Coach auch Kooperationserfahrungen im Rahmen von Organisationsentwicklungsprojekten mit einbringen können. Man sieht: Hier sind die Leitwölfe der Branche angesprochen.

Fazit – auf dem Weg zu einem allgemein anerkannten Qualitätsmaßstab für Coaching

Wenn wir uns nun zum Abschluss noch einmal unsere Fragen vom Anfang in Erinnerung rufen, dann finden wir, dass allein schon die Literatur über die Anforderungen an die Person des Coachs einige Regalmeter füllen könnte. Die Verschiedenheit der Einsatzgebiete und Coaching-Arten hat eine Vielzahl von Kriterien zur Folge. Im Röntgenlicht der empirischen Ergebnisse beweisen nicht alle die nötige Solidität. Schließlich müssen solche Kriterien auch noch in die Ausbildungsgänge einfließen, ja, sie sollten letzten Endes das Curriculum jeder seriösen Coaching-Ausbildung bestimmen.

Ist die Beurteilung personenbezogener Anforderungen schon nicht leicht, so wird es noch schwieriger, wenn wir die Qualität des Coaching-Prozesses erfassen wollen. Denn die Variabilität von „Coaching" zieht sich wie ein roter Faden durch unser gesamtes Buch; angefangen bei den Definitionen über Zielgruppen und Anlässe bis zu verschiedenen Coach-Typen. Der Weg muss zu formalen wissenschaftlichen Eckpfeilern führen, die nach den Leitwerten der Nützlichkeit für den Kunden und der angemessenen wissenschaftlichen Messbarkeit errichtet werden sollten.

Was sind die Merkmale eines erfolgreichen Coaching-Prozesses – egal welcher Art? Veröffentlichungen wie die von Riedel (2003), Offermanns (2004) oder Bachmann, Jansen & Mäthner (2003) zeigen, dass sich bereits einige auf den Weg gemacht haben. Ihre Wirkmodelle können erste Ansatzpunkte für eine Wirkungsforschung und die Entwicklung allgemeiner Qualitätskriterien sein (vgl. auch Kapitel 11, Das Geheimnis des Erfolges). Wichtig ist, dass in Zukunft der Dialog mit der wissenschaftlichen Forschung verstärkt gesucht und aufrechterhalten wird. Dabei gilt es, die Nutzenbewertungen aller Beteiligten – Coaches, Coaching-Nehmer und Auftraggeber/Kunden – zu integrieren.

Hierbei ist natürlich zu bedenken, dass man komplizierte Sachverhalte so einfach wie möglich machen muss – aber eben auch nicht einfacher. Die Qualitätsmessung eines Prozesses, der so wenig definiert ist wie das Coaching, tut gut daran, erst einmal einzelne Komponenten zu bewerten. Die Formulierung von Anforderungen an Coaches ist ein wichtiger Schritt in diese Richtung. Ein weiterer kann dann die Identifikation allgemeiner Erfolgskennzeichen des Coaching-Prozesses auf jeder Stufe sein. Und hierzu gehört selbstverständlich die Entwicklung geeigneter Messinstrumente.

PwC

Coaching am Beginn seiner Implementierung

Marion Lörler, Strategisches Personalmonitoring, PwC Deutsche Revision AG

Coaching bei PricewaterhouseCoopers (PwC) ist im Aufbau begriffen – zurzeit werden etwa zehn Führungskräfte des Unternehmens gecoacht.

Coaching ist ein besonderes Führungskräfteentwicklungsinstrument, welches ausschließlich Partnern und Senior Managern vorbehalten ist.

Der Bedarf für ein Coaching wird in der Regel über Feedbackprozesse (z.B. Upward Feedback, 360°-Feedback) oder im Rahmen von Zielvereinbarungen erkannt. Anlässe sind z.B. Führungsthemen, die Übernahme einer neuen Funktion oder Rolle, Kommunikation, Konfliktfähigkeit sowie das Auftreten beim Kunden.

Im Rahmen des strategischen Personalmonitorings empfiehlt die Personalabteilung den entsprechenden Führungskräften einen Coach aus einem Coaching-Pool. Ob der Kontakt zustande kommt oder nicht, entscheidet der potenzielle Coaching-Nehmer. Gibt er eine positive Rückmeldung an die Personalentwickler, schließen diese einen Vertrag mit dem Anbieter.

Ein Coaching dauert in der Regel zwischen drei und sechs Sitzungen mit einer Dauer von jeweils zwei bis vier Stunden.

Gegen Ende des Coachings führt die PE Evaluationsgespräche mit den Coaching-Nehmern: Wie lief der Prozess? Wurden die eingangs vereinbarten Ziele erreicht? Das Feedback geht inhaltlich nicht zu tief – der Erfolg des Coachings liegt in der Eigenverantwortung dessen, der gecoacht wird.

Ob ein Coach in den Coaching-Pool aufgenommen wird oder nicht, wird bislang nach individuellen Kriterien durch die Personalentwickler entschieden. Eine Rolle spielen hierbei zum Beispiel die Modelle, nach denen die Anbieter arbeiten sowie die Branchen- und Berufserfahrung. Nicht selten wird auf die Coach-Datenbank von Christopher Rauen (www.coach-datenbank.de) zugegriffen.

PwC

Coaching tritt als neues Entwicklungsinstrument immer mehr in das Bewusstsein der Führungskräfte bei PwC. Viele haben schon andere Entwicklungsmaßnahmen wie beispielsweise Trainings absolviert und sehen nun neue Bedarfe. Coaching bietet eine speziell auf die Einzelperson und die an sie gestellten Anforderungen am Arbeitsplatz zugeschnittene zeitnahe Entwicklungsmöglichkeit. Das Instrument ist bislang allerdings noch im „Testeinsatz", Empfehlungen werden – noch – unter der Hand ausgesprochen.

Die Zufriedenheit mit dem Erfolg von Coaching ist bisher sehr groß, ernsthafte negative Erfahrungen wurden noch nicht gemacht. Nur in einem Fall wurde der Coach gewechselt: Er hatte sich aus Sicht seines Kunden zu sehr in die Tiefe gewagt und den Arbeitskontext zu sehr in Richtung Therapie verlassen.

Coaching steht bei PwC noch ganz am Anfang. Folglich ist eine ganze Reihe von Schritten geplant, das Instrument weiter im Unternehmen zu implementieren:

1. Statt Einzelverträgen sollen zukünftig Rahmenverträge mit den Coaches geschlossen werden. Ähnlich wie bei der Organisation von Trainings werden die Coaches auch in die künftig standardisierte Evaluation des Coaching-Erfolges mit einbezogen.

2. Schon in naher Zukunft wird es standardisierte Kriterien zur Auswahl von Coaches geben.

3. Die Evaluation wird optimiert werden. Hierbei steht auch die Frage im Fokus, inwieweit die Personalabteilung sinnvollerweise über Prozesse des Coachings informiert werden sollte.

Die Suche nach einer guten Coaching-Ausbildung:
Realerfahrung oder Wachtraum?

Kapitel 6

Um Qualität geht es auch in dem nun folgenden Kapitel. Allerdings aus einer etwas anderen Perspektive: Es geht um den Aufbau der Coaching-Kompetenz. Es erwartet Sie ein Erfahrungsbericht über unsere Suche nach einer geeigneten Coaching-Ausbildung.

Auch wenn wir weit davon entfernt sind, ein pauschales Urteil abgeben zu wollen, fiel während des Suchprozesses doch auf, wie weit entfernt so mancher Coach-Ausbilder von einer professionalisierten Vermarktung seiner Beratungsleistung ist. Dieser Zustand ist sicher optimierungswürdig, weil er die Kaufentscheidung für diese doch recht hochpreisige Leistung erheblich erschwert. Wer als Kunde diesbezüglich wenig Vorkenntnisse und Hartnäckigkeit mitbringt, läuft Gefahr, entweder irgendwann im Suchprozess resigniert aufzugeben oder – möglicherweise noch schädlicher für das Image der Szene – an den Falschen zu geraten.

Doch lesen Sie selbst.

Die Suche nach einer guten Coaching-Ausbildung .... S. 165

Die Suche nach einer guten Coaching-Ausbildung

Der Auftrag

Wie optimiert ein Beratungsunternehmen sein Leistungsangebot? Nicht zuletzt über die Qualität und Leistungsfähigkeit seiner Mitarbeiter.

Natürlich unterstützt die Firma ihre Mitarbeiter bei ihrer Entwicklung. So auch Böning-Consult. Wir leisten uns als Unternehmen einen „Wissensmanager" – was bei einer Beratung nicht ganz selbstverständlich ist. Die Großen haben so etwas „natürlich" auch – und auch viel umfangreicher.

Wir haben „ABC" gegründet, die „Academy of Böning-Consult". In einem festen zeitlichen Rhythmus werden unsere Mitarbeiter in den Themenfeldern „Produkte von Böning-Consult", „Methoden", „Verhalten" und „EDV" von internen und externen erfahrenen Kollegen ausgebildet. Mindestens zwei Stunden, manchmal einen Tag und gelegentlich auch länger.

Zielbeschreibung

Im Rahmen dieser internen Mitarbeiterentwicklung haben wir beschlossen, einem Teil unserer Berater eine Coaching-Ausbildung zu ermöglichen. Viele unserer Consultants führen im Rahmen ihrer Tätigkeit bei Kunden vor Ort zwar schon länger strukturierte Einzelgespräche, die von vielen bereits durchaus als Coaching bezeichnet werden würden. Trotzdem war unser Ziel, bei allen beteiligten Mitarbeitern eine vergleichbare methodische Kompetenz aufzubauen, um Coaching noch gezielter als Instrument zur Unterstützung der Umsetzung von Veränderungsprozessen einsetzen zu können.

Von dem für Mitarbeiterentwicklung verantwortlichen Mitglied des Vorstands bekommt ein Mitarbeiter den Auftrag, die Auswahl einer

Coaching-Ausbildung vorzubereiten und die besten Anbieter auszusuchen. Der Mitarbeiter bin ich. Selbstverständlich suchen wir nach der besten Coaching-Ausbildung in Deutschland.

Meine Aufgabe ist in einem ersten Schritt, in Anlehnung an die oben genannten angestrebten Qualifikationen eines Coachs eine Liste mit relevanten Anbietern zusammenzustellen. Hier geht es mir nicht anders als Personalmanagern in Unternehmen.

Die Vorauswahl

Vorauswahl über Fachzeitschriften oder Internet

Ich schaue mich einfach einmal auf dem Markt der Coaching-Ausbildungen um. Aber wo finde ich den? Auf jeden Fall in einschlägigen Zeitschriften für den Weiterbildungsmarkt (vgl. z.B. Pichler 2003). Eventuell in „Psychologie heute". Oder in der „Zeit". Und auf jeden Fall im Internet.

Ich gebe also in „Google" die Suchbegriffe „Coaching" und „Ausbildung" ein – und erhalte 151.000 Angebote!

Babylonische Vielfalt

So kann das nicht gehen. Ich kann mich zwar durch viele gefundene Links durchklicken – aber entgeht mir dabei nicht genau die eine gute Ausbildung, die zu uns passt? Das Auswahlkriterium der Suchmaschine muss nicht unser Auswahlkriterium sein. Gott sei Dank gibt es eine Homepage, die sich in fast beängstigendem Maße mit dem Thema Coaching und somit auch mit Coaching-Ausbildungen auseinandersetzt (www.coaching-index.de). Hier kann ich mir eine Übersicht über verschiedene Ausbildungen ansehen – sortiert nach Orten und Beginn der Ausbildung. Ich suche also alle Anbieter, die im Raum Frankfurt am Main im Laufe der nächsten drei Monate eine Ausbildung anbieten. Das schränkt die Zahl der Institute schon einmal ein – in Verbindung mit der Vorauswahl, die der Anbieter der Homepage schon getroffen hat und auf dessen Auswahlkriterien ich mich nun verlassen muss.

Manche Namen kommen mir bekannt vor – am besten, ich klicke einfach einmal alle an.

„Systemisches Coaching" scheint sehr wichtig zu sein. Fast alle Anbieter bieten Ausbildungen an, in denen systemische Elemente eine wichtige Rolle spielen. Das ist schön, erleichtert die Auswahl aber nicht gerade. Vermittelte Methoden und Techniken müssten sich hier eigentlich schon eher als Auswahlkriterium anbieten. „Gesprächsführung" wird vermittelt – aber auch wieder von fast allen. Ich muss also doch tiefer einsteigen.

Die Ausbildungen bestehen in der Regel aus Bausteinen. Sechs Bausteine à vier Tage zum Beispiel. Die Bausteine beschäftigen sich jeweils mit einem in sich abgeschlossenen Thema wie „Techniken im Coaching".

Techniken. Lerne ich Techniken oder besser die ihnen (hoffentlich) zugrunde liegenden Ansätze?

Techniken oder Ansätze?

Verhaltenstherapie, Humanistische Ansätze, Existenzanalyse, Logotherapie, Philosophie – das Angebot ist groß und lässt sich jeweils in einem Baustein von vier Tagen vermitteln. Das macht mich misstrauisch und scheint mir gar nicht in eine halbwegs angemessene Tiefe gehen zu können. Wahrscheinlich lernt man in erster Linie die Techniken. Über die zugrunde liegenden Ansätze erfährt man nur so viel, wie man unbedingt benötigt.

Hinter jeder Ausbildung steht auch ein Menschenbild. Und oft ein komplexes theoretisches Gebäude. Etwas vereinfachend gefragt: Entwickelt sich der Mensch durch eine emotionale Rückschau, wie es beispielsweise die klassische Psychoanalyse immer noch annimmt? Oder muss er sich einfach „nur" falsch erlernte Reaktionen auf bestimmte Reize abgewöhnen, wie es die klassische Verhaltenstherapie annahm, und hat er sich einfach nur neue Gewohnheiten (Habits) zuzulegen? Muss er als Individuum besser seine subjektiven Theorien rational durchschauen und umstrukturieren, um sein Dasein zu verbessern (kognitiver Ansatz)? Oder ist es im Sinne der systemisch-konstruktivistischen Sichtweise sinnvoller, die Perspektive des individuellen Grundverständnisses zu übersteigen und einen systemischen (familientherapeutischen) Ansatz zu wählen? Reicht die Transaktionsanalyse zum interaktionellen Grundverständnis? Ist der NLP-Approach ein sinnvoller, vielleicht sogar systematisch eklektischer Ansatz? Oder muss man ganz anders vorgehen und sollte keine klinisch-psychologischen Grundmodelle verwenden, sondern ganz pragmatisch vom Führungsverständnis des ja erlebten Führungsalltags ausgehen, den man nach sozialpsychologischem Grundmuster zu verstehen und zu optimieren sucht?

Welches Menschenbild liegt der Ausbildung zugrunde?

Warum erzählen wir das alles? Weil der zugrunde liegende Ansatz immer einen fundamentalen Einfluss auf die Ausbildung hat: Muss ich erst zurückschauen und mich mit mir selbst beschäftigen, um ein guter Coach zu werden? Oder lerne ich Führungsverhaltensweisen und probiere es dann einfach aus? Und wie unterstütze ich später meine Klienten? Konzentriere ich mich auf die rationale Analyse oder die pragmatische Veränderung? Steht die berühmte „Hilfe zur Selbsthilfe" im Vordergrund oder strukturiere ich planmäßig durch und führe meinen Klienten durch die verschiedenen beruflichen (und privaten) Anforderungen hindurch?

Welches Weltbild, Menschenbild oder theoretische Gebäude liegt eigentlich Coaching zugrunde? Coaching selbst befindet sich ja in der ersten Professionalisierungsphase, die Coaching-Ausbildungen aber noch in der Pionierphase ...

Formale Anforderungen

Aber nicht nur die hinter der Ausbildung stehenden Ansätze beeinflussen deren Qualität. Bei der Auswahl schauen wir auch auf formale Aspekte. In Anlehnung an zwei Artikel zu diesem Thema (managerSeminare 2004 und Pichler 2003) lassen sich folgende formale Anforderungen formulieren:

1. Rahmen
- Bestehende Teilnahmevoraussetzungen, die durch die Bewerber erfüllt sein müssen (Berufserfahrung, Psychologiestudium, ...)
- Ausbildungsort
- Zielgruppe
- Größe der Ausbildungsgruppe
- Umfang der Ausbildung (mind. 100 Stunden)
- Zeitrahmen (auch: Genügend Zeit zwischen Ausbildungsblöcken)
- Flexibilität bei der Gestaltung der Ausbildung
- Abschlusszertifikat
- Kompetenz des Kursleiters
- Renomée
- Schnupperkurse/Probeseminare
- Kosten, Nebenkosten

2. Aufbau und Ablauf
- Praxisbezug wichtig, keine theoretische Übung! Bezug zu beruflichem Kontext (Wie gewährleisten?)
- Mischung erfahrene Coaches/Einsteiger (z.B., um Erfahrungen in der Ausbildung auszutauschen. Unterschiedliche Erfahrungen/Kompetenzen der Teilnehmer können wichtig sein)

▶ IST-Analyse am Beginn: Assessments, persönliche Gespräche; „Was treibt mich an, Coach zu werden?"
▶ Evaluation im Anschluss, evtl. schon während der Ausbildung
▶ Supervision während der Ausbildung

Das Thema ist komplex, aber es formt sich für mich ein Rahmen für eine Ausbildung. Theoretisch ist mir vieles klarer, aber wie setzen die Praktiker das um? Fragen wir doch einfach diejenigen, die eine solche Ausbildung anbieten. Die müssten es ja eigentlich wissen.

Der erste Kontakt

Der nächste Schritt kann gewagt werden: Ich nehme per e-Mail Kontakt zu meinen Favoriten auf. Von zehn angeschriebenen Instituten reagieren drei sofort, weitere drei mit deutlicher Verzögerung, und vier gar nicht. Bei letzteren rufe ich an – so schnell gebe ich als potenzieller Kunde nicht auf. Meine Mails sind allesamt angekommen – aber die Angesprochenen haben nicht darauf reagiert.

Erhebliche Angst vor unseriösen Anfragen oder vor neuen Aufträgen?

Die Gründe:

1. *„Wir haben die Befürchtung, dass Sie uns einfach nur ausspionieren wollen. Wir haben in der Vergangenheit erlebt, dass sich vorgebliche Interessenten Informationen zuschicken lassen."*

In was für eine Szene bin ich denn hier hineingeraten? Sind die Ausbildungen so flach, dass man die in ihnen vermittelten Kompetenzen einfach abschreiben kann? Gibt es nicht im Internet genug Informationen zu den Angeboten? Das Misstrauen scheint riesengroß. *„Nein, wir suchen tatsächlich als Unternehmensberatung eine Ausbildung für einige unserer Berater. Ich bin wirklich seriös, und das Unternehmen, für das ich arbeite, ist es auch."* Schließlich bekomme ich meine Informationen.

2. *„Unser zuständiger Herr ist leider extrem beschäftigt. Und oft gehen so Anfragen ja dann einfach auch in der Vielzahl der eingehenden Mails unter. Irgendwann entdeckt er sie dann, und dann hätte er sich mit Sicherheit bei Ihnen gemeldet."*
Oder:
„Unser Chef ist im Moment leider in Singapur, anschließend dann im Urlaub."

Wollen die Anbieter denn kein Geschäft machen? Oder ist die Nachfrage so groß, dass sie es nicht nötig haben? Für letztere Annahme spricht die folgende Äußerung: *„Ich kann Ihnen aber gleich sagen, dass wir die nächsten 2 Jahre ausgebucht sind."*

Zeit mitbringen: Ein halbes Jahr Vorlauf ist Minimum

Donnerwetter! Diese Äußerung haben wir zwar nur einmal gehört, aber ein halbes Jahr Vorlauf war in der Regel das Minimum. Bei zwei sehr bekannten Anbietern habe ich übrigens im Anschluss an die e-Mail zweimal nachgehakt, ehe ich den ersehnten Rückruf bekam.

Wer eine Coaching-Ausbildung machen möchte, braucht Hartnäckigkeit und Zeit. Zumindest, wenn man aus einem nicht ganz unbekannten Haus kommt.

Uns fehlt in dem gesamten Prozess die Verbindlichkeit. Arbeiten die Ausbilder auch als Coaches mit ihren Klienten so? Tolerieren diese das? Wir wollen Verbindlichkeit schaffen und versenden eine Ausschreibung per e-Mail an sieben weitere Anbieter.

Abb. 6.1:
Die Ausschreibung

> **AUSSCHREIBUNG**
>
> Sehr geehrte Damen und Herren,
>
> Böning-Consult sucht eine Coaching-Ausbildung für seine Mitarbeiter.
> Böning-Consult gehört seit 1985 zu den renommierten Anbietern in den Bereichen Managementberatung und -entwicklung, Veränderungsmanagement, Executive Coaching und Entwicklung von Führungskräften. Das Einsatzspektrum reicht von Einzelprojekten bis zu umfassenden Reorganisationen, von der Neuorientierung bei großen Mittelständlern bis zur Fusion großer Unternehmen.
>
> Um die Coaching-Kompetenz im Unternehmen zu verbreitern, werden wir 8-10 unserer Berater zu Coaches ausbilden lassen.
>
> Wir haben folgende Erwartungen an die Ausbildung:
> - Fundierte Vermittlung eines breiten Methodenspektrums
> - Aufzeigen verschiedenartiger theoretischer Hintergründe und Modelle
> - Spiegeln praktischer Erfahrungen/enger Praxisbezug
> - Anwendung des Gelernten, Supervision während der Ausbildung
> - Darstellung der Einsatzmöglichkeiten von Coaching im Rahmen von organisationalen Veränderungsprozessen/Schnittstelle zur Organisationsberatung
> - Methodenmix bei der Vermittlung des Coaching-Wissens
> - Anteile von Selbsterfahrung/Gruppendynamik
> - Evaluierbarkeit des Ausbildungserfolges/Zertifikat
> - Umfang ca. 25 Tage innerhalb eines Jahres
>
> Wichtig sind uns
> - Offenheit, keine Schwerpunktbildung hinsichtlich bestimmter Schulen oder Theorien
> - „Cultural fit" zu unseren Werten und denen unserer Kunden
> - Qualifizierte Ausbilder, Erfahrungsnachweise
> - Flexibilität bei der Gestaltung der Ausbildung: Ein Teil des Curriculums soll von erfahrenen Coaches von Böning-Consult übernommen werden
>
> Fühlen Sie sich angesprochen? Dann bitten wir Sie um einen kurzen Anruf sowie im Anschluss daran um die Zusendung eines konkreten Angebotes nebst Referenzen.
>
> Wir freuen uns auf Ihr Angebot und die mögliche Zusammenarbeit und verbleiben ...

Jetzt tut sich etwas. Am folgenden Tag melden sich drei Anbieter, in der folgenden Woche die restlichen vier. Jeder findet sich in unserer Ausschreibung wieder: *„Wir können an jeden Punkt einen Haken machen!"*

Wunderbar. Ich frage im Telefonat nach: *„Wie könnte aus Ihrer Sicht so eine Ausbildung eigentlich aussehen?"*

„Ich mache etwas ganz anderes als die anderen." – Etwas ganz anderes machen ist also das Verkaufsargument. Ich ahne etwas: Die Anbieter betonen natürlich ihre USP, anstatt Klarheit über Gemeinsamkeiten der Ausbildungen zu schaffen.

Suche nach einer guten Coaching-Ausbildung

Das erhöht die Komplexität in der Sache und meine Verwirrung. *„Ich kann Ihnen aber auch gerne ganz unverbindlich mein Buch zuschicken, da ist mein Ansatz dann gut verständlich erläutert."* Ich fühle mich als Kunde wertgeschätzt – hoffe aber auch, dass nicht noch mehr Anbieter auf die Idee kommen, ich müsse erst ein Buch lesen, ehe ich das Besondere an der Ausbildung verstehen könnte.

In der Regel wird mir das jeweilige Curriculum erklärt, mal völlig unstrukturiert, mal richtig systematisch. Meine Gesprächspartner nehmen sich Zeit.

Und ich sehe meine ersten Erkenntnisse bestätigt: Coaching-Ausbildungen unterscheiden sich danach, wie groß der Anteil an Selbsterfahrung in ihnen ist. Im Extrem gesprochen kann eine Ausbildung „nur" die Vermittlung von Methoden und deren theoretischen Hintergründen enthalten. Selbsterfahrung spielt hier nur in soweit eine Rolle, wie sie zur Vermittlung der Methoden dient. Das Programm der „methodenorientierten" Anbieter ist in der Regel logisch und klar strukturiert und folgt einem roten Faden. *„Sie lernen eine Methode vor ihrem theoretischen Hintergrund und setzen sie ein. Über das Tun entwickeln Sie sich zum Coach."* Aha.

Von der reinen Methodenorientierung bis hin zur puren Selbsterfahrung

Das andere Extrem sind Ausbildungen, die in einem sehr hohen Maße auf Individualität und Selbsterfahrung des Coachs setzen: *„Wir schauen erst einmal, was für ein Typ Sie überhaupt sind. Wie Sie arbeiten, was Ihnen dabei wichtig ist, welche Ziele Sie haben. Und wie Sie überhaupt so ticken. Im Anschluss vermitteln wir Ihnen die Coaching-Kompetenz, die es Ihnen ermöglicht, authentisch als Coach zu arbeiten."* Klingt eigentlich auch überzeugend. Enthält für mich aber auch ein recht hohes Maß an Unsicherheit.

„Was wir genau machen werden, kann ich Ihnen noch gar nicht sagen. Wir fangen einfach mal an. So zwei bis drei Blöcke. Und dann schauen wir, wo wir stehen, was wir machen. Vielleicht machen wir dann weiter, vielleicht hören wir auf, vielleicht machen wir ab da alles anders – das haben Sie in der Hand."

Noch mehr Undefiniertes und noch mehr Unsicherheit.

Nur wenige Gesprächspartner gehen von sich aus auf den Punkt ein, was die Ausbildung mehrerer Mitarbeiter eines Unternehmens an Besonderheiten mit sich bringt. Anbieter einer Coaching-Ausbildung betrachten scheinbar in erster Linie Individuen als ihre Klienten, nicht Unternehmen. Erfahrung mit der Ausbildung mehrerer Coaches aus einem Unternehmen haben die wenigsten Institute.

In der Regel spreche ich das Thema an:
▶ *„Neben der Erfüllung der Ziele der einzelnen Teilnehmer ist für uns ja auch die Realisierung unserer Unternehmensziele sehr wichtig."*
▶ *„Wir haben als Unternehmen ja auch unseren speziellen Stil zu arbeiten. Wie wird dieser denn in die Ausbildung eingebracht?"*
▶ *„Böning-Consult hat ja selbst auch schon eine fundierte Coaching-Kompetenz im Haus. Diese würden wir gerne dadurch in die Veranstaltung einfließen lassen, dass einer unserer Senior-Coaches einen Teil der Ausbildung mit übernimmt."*

Die Reaktion der Anbieter auf diese Fragen ist uns sehr wichtig. In der Regel wird professionell auf unser Anliegen eingegangen. Folgender Vorschlag eines Gesprächspartners ist zum Glück nur ein einmaliges Ereignis: Unser Firmen-Chef, der selbst zu den Pionieren des Coachings in Deutschland gezählt wird, sollte vor der Übernahme einer Funktion als Ausbilder erst einmal selbst die Coaching-Ausbildung des Instituts durchlaufen. Na also!

Bei einem Teil der Anbieter kristallisieren sich im Telefonat Schwerpunktsetzungen heraus, die nicht mit unseren Erwartungen im Einklang sind. Manchmal gibt es eine aus unserer Sicht zu große Fixierung auf eine Methode wie zum Beispiel NLP, in anderen Fällen verfolgen die Anbieter einen sehr individuumszentrierten Ansatz in ihrer Ausbildung. Was heißt, dass hauptsächlich die Persönlichkeit des Einzelnen mit seinen Werten und seiner Arbeitsweise im Mittelpunkt steht – was aus unserer Sicht bis zu einem bestimmten Punkt ja auch richtig ist. Die Folge ist nur, dass auf diese Weise sowohl die Gemeinsamkeit unseres Vorgehens als auch das Vorgehen in gemeinsamen Projekten nicht ausführlich genug behandelt wird. Also bleibt die Frage: Was machen wir?

Die „vertiefenden" Unterlagen bringen keine tieferen Kenntnisse über den Anbieter

Alle Ansprechpartner bieten mir an, uns schriftliche Informationen zuzuschicken. Das nehme ich gerne an.

Als ich die Unterlagen erhalte, bin ich etwas enttäuscht. Die dargestellten Inhalte unterscheiden sich nicht groß von dem, was ich schon aus dem Internet und den Telefonaten kenne. Trotzdem gibt es Kriterien, die mich in meiner weiteren Auswahl beeinflussen. Handelt es sich um ansprechende Hochglanzbroschüren, um Fotokopien oder um Internet-Ausdrucke? Wie persönlich ist die Ansprache, bekomme ich einen Ansprechpartner genannt? Und letztendlich: Wann liegen denn die Termine für die geplanten Ausbildungen?

In der Regel dauert eine – von mir betrachtete – Coaching-Ausbildung insgesamt zwischen 18 und 25 Tage, verteilt auf mehrere Blöcke von drei bis vier Tagen. Manche Anbieter arbeiten lieber an Wochenenden, andere unter der Woche. Die Ausbildungen erstrecken sich über einen längeren Zeitraum, in der Regel zwischen eineinhalb und zwei Jahren. Oft werden mehrere Ausbildungsgruppen angeboten, die sich an verschiedenen Orten in Deutschland und im deutschsprachigen Ausland treffen.

Hinsichtlich der Preise unterscheiden sich die Ausbildungen stark: Zwischen 4.500,- Euro und 14.500,- Euro für eine Coaching-Ausbildung ist alles zu finden. Was macht aber die teuren Anbieter besser? Und warum sind bestimmte Anbieter im billigeren Preissegment stärker ausgebucht? Ich verstehe es nicht. Oder ich will noch nicht ganz verstehen, was ich schon erahne.

Preise

Die Anbieter werden es mir bestimmt erklären.

Die persönlichen Gespräche

Bevor ich sie unserem verantwortlichen Vorstand vorstelle, verabrede ich einen Termin für ein persönliches Gespräch mit den vier Anbietern, die mich im Telefonat überzeugt haben. Zusätzlich treffen wir uns mit zwei interessanten Anbietern, die wir schon vor der Ausschreibung angesprochen hatten.

Die Anbieter treten sehr unterschiedlich im Kundengespräch auf

Ein Anbieter hat leider keine Zeit für ein von uns vorgeschlagenes persönliches Gespräch. Er bietet uns eine Telefonkonferenz an – und verabschiedet sich damit aus dem engeren Kreis der Anbieter.

Die persönlichen Gespräche in unserem Büro sind so unterschiedlich wie die Inhalte der Ausbildungen selbst.

Auftreten 1. Die Anbieter unterscheiden sich von ihrem Auftreten her stark voneinander. Es kommt alles vor, was die Szene zu bieten hat:

- In der Kleidung von „official" bis „casual"
- Von einer gepflegt-sachlichen Ausdrucksweise, die Distanz zulässt und über die Sache trotzdem Nähe herstellt, bis zum vertrauten „Du"
- Von speziell auf uns zugeschnittenen Unterlagen bis zu Papieren, die eigentlich für einen anderen potenziellen Kunden erstellt wurden (im jetzigen Stadium sollte noch nicht zu viel Zeit investiert werden)
- Mit oder ohne Visitenkarte
- Von der „Einweg"-Frontalpräsentation bis zur gemeinsamen Erarbeitung eines Curriculums (hier beeindruckte uns nicht nur das Ergebnis, sondern auch die abgelieferte Arbeitsprobe)
- Mit offener zugewandter Kommunikation oder ohne Blickkontakt zum Verhandlungsführer fast über das gesamte Gespräch hinweg

Inhalte 2. Die Inhalte der Ausbildungen sind trotz der getroffenen Vorauswahl recht unterschiedlich:

- Vom eher starren Curriculum, das die Herkunft des Anbieters (überwiegend aus dem klinischen Bereich, manchmal aus der Wirtschaft) deutlich erkennen lässt, bis zum vollkommen offenen Vorgehen, bei dem uns am Ende des Gesprächs immer noch nicht klar ist, was uns eigentlich erwartet. Im klassischen Sinne müssen wir uns „blind" auf die Kompetenz unseres Ausbilders verlassen – wobei es uns also nicht anders geht als vielen Führungskräften beim ersten Mal ihrem Coach gegenüber ...

Rahmenbedingungen 3. Die Rahmenbedingungen der Ausbildungen weichen voneinander ab:

- Von der reinen Anmeldung bis zum strukturierten Bewerbungsprozess mit schriftlichem Lebenslauf und Auswahlgespräch (Dass ein Bewerber abgelehnt wurde, haben wir allerdings nur in einem Fall gehört: Dort sollte die Ausbildung eher der Lösung individueller Probleme des Bewerbers dienen)
- Vom „einfachen" Abschlusszertifikat bis zur Abschlussprüfung in Zusammenarbeit mit der IHK. Manche Institute möchten ihrem Zertifikat dadurch mehr Gewicht verleihen, dass sie ihre Mitgliedschaft in bestimmten Verbänden thematisieren

▸ Von der isolierten „reinen" Coaching-Ausbildung bis zur Ausbildung als Spezialisierung im Rahmen einer Beraterausbildung (was besonders auch dann attraktiv ist, wenn man als Berater eine Coaching-Ausbildung machen möchte und an den Schnittstellen interessiert ist)
▸ Vom relativ neuen Institut bis zu vielen Jahren Markterfahrung auf Grund der Ausbildung von hunderten von Coaches – für uns ein Qualitätskriterium!

In diesem Zusammenhang fällt uns ein weiterer Anbieter auf, der von unserer Ausschreibung gehört hatte. Er nahm telefonisch Kontakt mit uns auf. Er hatte zwar noch nie Coaches ausgebildet, war aber Berater mit Coaching-Erfahrung, und dachte sich, für ein erstes Mal würde das doch ganz gut passen ...

Nach den Gesprächen

Der angesprochene unterschiedliche Stil der Anbieter zeigt sich übrigens auch in der „Nachsorge" nach den Gesprächen. Einige Coaches rufen nochmals an und bedanken sich für das gute Gespräch. Andere schreiben uns freundliche Briefe und greifen das Gesagte noch einmal auf.

Unterschiedlicher Stil auch in der Nachbereitung des Kundengesprächs

Alle Anbieter schicken uns wie verabredet ein schriftliches Angebot. Die Form ist unterschiedlich. Teilweise erhalten wir Dokumente per Post auf Firmenpapier, in einem Fall eine unformatierte e-Mail.

Diejenigen Anbieter, die wir nach unserem Telefonat nicht zu einem persönlichen Gespräch eingeladen haben, setzen sich ihrerseits fast alle noch einmal telefonisch mit uns in Verbindung. Wir freuen uns darüber. Wenigstens keine Kränkung.

Ein Anbieter hat mir – nachdem wir nach der Zusendung eines unverbindlichen Angebots nichts mehr von einander gehört haben – sogar einen Brief geschrieben, allerdings in anderer Form, als wir es erwartet hatten: Wieder wurde die Angst vor Spionage an uns herangetragen – diesmal aber als schriftlicher Vorwurf, verbunden mit massiver persönlicher Infragestellung.

Als Coaches reagieren wir auf diese vorschnelle Infragestellung und Verurteilung kritisch. Hoffentlich passiert uns das nicht selbst im

Coaching. Als Unternehmer wundern wir uns über die mangelnde Kundenorientierung einiger unserer Gesprächspartner. Als potenzielle Kunden reagieren wir nicht auf solche Attacken. Der Anbieter hat sich ja selbst von seinem Ausbildungsangebot zurückgezogen.

Die Learnings – und die Entscheidung

Wir suchen also nach den besten Coaching-Ausbildungen in Deutschland. Der Kreis der von uns favorisierten Ausbildungsinstitute hat sich nun auf drei Anbieter reduziert. Mit diesen haben wir jeweils noch ein bzw. zwei Gespräche geführt. Ein Aufwand, der auch auf Seiten der Anbieter nicht gering war. Sie haben wirklich viel Zeit in den Akquisitionsprozess investiert!

Was haben wir in diesem Prozess gelernt, bevor wir nun Coaching lernen?

Wer den passenden Ausbilder sucht, sollte über Vorkenntnisse verfügen

Trotz einiger recht guter vorstrukturierender Artikel und Websites muss jemand, der eine Coaching-Ausbildung sucht, am besten selbst über ein gewisses Maß an Vorkenntnissen über Coaching verfügen. Man muss viel über Coaching wissen, bevor man Coaching lernen kann.

Das Feld der Anbieter von Coaching-Ausbildungen ist offenbar sehr groß, 200 sollen es im deutschsprachigen Raum zurzeit etwa sein. Ihre Zahl nimmt ständig zu.

Thematisch und inhaltlich wird fast alles geboten. Komplettausbildung oder Vertiefung einzelner Methoden. Strukturiert oder unstrukturiert. Klinisch ausgerichtet oder non-klinisch ausgerichtet. Methodenpluralistisch oder methodensingulär. In Bausteinen und lose verknüpft oder in Form von systematischen Curricula. Wertorientiert oder pragmatisch. Selbsterfahrungsorientiert oder führungsrollenorientiert. Zimperlich oder tough. Professionell oder laienspielmäßig.

Man braucht Zeit, ein dickes Fell und Hartnäckigkeit. Es kostet viel Vorarbeit. Die Szene der Coaching-Ausbilder ist mindestens so bunt wie die Coaching-Szene selbst. Es wäre ja auch verwunderlich, wenn dem nicht so wäre. Und man darf den Glauben an das Gute im Menschen nicht verlieren. Man muss sich immer sagen: *„Es sind ja nur Einzelfälle. Die Allerbesten haben sich vielleicht nicht gemeldet …"*

Manches, was wir in unserem Suchprozess erlebt haben, war kritisch. Trotzdem gibt es natürlich auch sehr gute Coaching-Ausbildungen. Unseren Favoriten haben wir gefunden, auch wenn die Auswahl nicht leicht war.

Wir freuen uns auf unsere Coaching-Ausbildung!

Rahmen, Werte, Grundvorstellungen:
Sag mir, welchen Coach Du hast – und ich sag Dir, wie Du führst

Kapitel 7

Wie kommt ein Business Coach überhaupt mit dem Business zurecht? Wie sieht dabei sein Rollenverständnis aus? Und welche theoretischen Ansätze helfen ihm bei der Ausübung seiner Arbeit?

Wir skizzieren in diesem Kapitel drei unterschiedliche Typen (den Denker, den Prozessor und den Macher), in der Absicht, das personenbezogene Spannungsfeld zu beschreiben, in dem sich Coaching im Unternehmen bewegt.

Von Revoluzzern und Blütentraumbewegten .... S. 181
Der Tanz mit dem Teufel: Coaches und die Ökonomie .... S. 187
Wanderer zwischen den Welten: Die Rolle des Coachs im Unternehmen .... S. 190
Der Thrill der Komplexität: Die notwendige Systemsicht der Coaches .... S. 193

Außerdem
Praxisbeispiel SAP: Die Personalabteilung als Wegbereiter .... S. 195

Abschnitt 1

Von Revoluzzern und Blütentraumbewegten

Szene
Neulich auf einer Coaching-Veranstaltung: Der Vortragende berichtet gerade aus seiner Coaching-Praxis im Topmanagement von Großkonzernen und den politischen Spielen, mit denen man sich auseinander setzen müsse. Er spricht von den Leistungsanforderungen und den effizienzorientierten Zielsetzungen der Unternehmensleitung. Da kommt aus dem Publikum der Zwischenruf: *„Machen Sie sich hier nicht zum Erfüllungsgehilfen der Wirtschaft?"*

Szenenwechsel
Ein Telefongespräch mit einem erfolgreichen Business Coach. Er beantwortet uns Fragen zu seiner Coaching-Arbeit. O-Ton: *„Manchmal muss der Coach auch quer zum Strom schwimmen. Ich bin ein Revoluzzer, ich bringe die Leute dazu, sich zu ändern."*

Szenenwechsel
Informelle Gesprächsrunde, Coaches unter sich.
Coach 1: *„Da oben in den Führungsetagen geht es zu, wie im Märchen von des Kaisers neuen Kleidern."*
Coach 2: *„Also ich halte mich aus der Unternehmenspolitik heraus, ich lasse mich nicht instrumentalisieren. Ich gebe Reflexionsanstöße, die Entscheidungen und die Umsetzungsverantwortung liegen bei den Führungskräften. Und ohne Authentizität läuft doch kein richtiger Coaching-Prozess."*
Coach 3: *„Meine Eindrücke aus den oberen Führungsetagen sind da anders. Ich arbeite auf verschiedenen Führungsebenen. Ich arbeite auch mit der Geschäftsführung, habe aber kein Problem, mit Abteilungsleitern oder mit Meistern zusammen zu arbeiten. Die sind in den mittelständischen Firmen noch ganz nah an den Mitarbeitern dran!"*

Szenenwechsel
Auf der Homepage eines Coaching-Unternehmens kann man lesen: *„... glauben wir an die Potenziale, die in jedem verborgen sind, und helfen, sie zur Blüte und zur Entfaltung zu bringen ...".*

Ein Klick, eine weitere Homepage: *„... nur eine fokussierte Lösungsorientierung führt zum Erfolg ..."; „... strikte Orientierung an Qualitätsmaßstäben und eine wissenschaftliche Fundierung eines jeden Coaching-Prozesses sind selbstverständlich ...".*

Diese Liste von Impressionen könnte man noch seitenweise fortsetzen. Aber wir denken, dass auch schon mit unseren wenigen Beispielen deutlich wird, was uns als Nächstes beschäftigen soll. Wenn wir von DEN Coaches sprechen und von DEM Coaching, so wird dabei schnell vergessen: Die Branche ist bunt schillernd und voll gepackt mit einer Unmenge von „Wahrheiten", Realitätsauffassungen und Coaching-Bezeichnungen für höchst unterschiedliche Maßnahmen. Bei der Frage, woher diese Vielfalt kommt, stoßen wir zwangsläufig auf die verschiedenen Grundannahmen und Konzepte, die das Coaching beeinflussen. Die Frage ist, wie denken Coaches über die Menschen, die sie beraten, über die Unternehmen, in denen sie arbeiten und nicht zuletzt: Wie denken sie über sich selbst?

Letzten Endes sind die meisten Coaches auch nur Menschen „wie du und ich". Was auf uns zutrifft, können wir stereotyp auch erst einmal für die Coaches annehmen. Wir bekommen die Annahmen über uns und die Welt bekanntermaßen schon durch unsere Erziehung vom frühesten Kindheitsalter an vermittelt. Unsere Eltern erklären uns die Welt, unsere Lehrer versuchen zu retten, was noch zu retten ist und machen dabei noch vieles schlimmer, und wir selbst finden und erfinden uns immer wieder neu in der Auseinandersetzung mit dem, was wir Wirklichkeit nennen.

Kein Coach wird als Coach geboren

In gleicher Weise wird auch kein Coach als Coach geboren – auch wenn das bei manchen Vertretern kaum anders vorstellbar erscheint. Vielleicht hilft uns ja ein Blick in die „Kinderstube" der Coaches weiter. Die „Kinderstube": Das sind die Familie und die eigene Lebensgeschichte. Das sind die Studienfächer, die Arbeitsstellen, die sie vor ihrer Coaching-Tätigkeit innehatten sowie die Therapie-, Coaching- oder sonstigen Ausbildungen, die sie auf dem Weg zum Coaching-Olymp durchlaufen. Viele der Vorstellungen dieser Berufsgruppe lassen sich grob den großen Denkrichtungen in der Psychotherapie zuordnen. Das liegt daran, dass eine große Zahl von ihnen mindestens eine Therapieausbildung absolviert hat und aus diesem methodischen Wissen auch in der Coaching-Praxis schöpft. Des Weiteren kommen Menschenbilder und Modelle aus der Philosophie, Politik, Soziologie und eher technologische Auffassungen dazu. Vermischt werden sie zuweilen mit den knallharten Erfahrungen mancher Coaches in Fach- und Führungspositionen in einem Unternehmen.

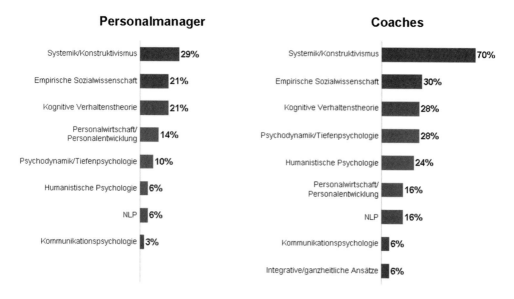

Abb. 7.1: Denkschulen, die im Coaching wirksam werden, BC 2004

Unsere Grafik (vgl. Abb. 7.1) zeigt, dass sich fast alle Coaches den theoretischen Ansätzen einer der großen psychologischen/psychotherapeutischen Denkschulen zuordnen lassen. Diese Tatsache, dass sich viele Modellvorstellungen und/oder Interventionstechniken im Coaching mehr oder weniger direkt aus dem therapeutischen Arsenal übertragen oder ableiten ließen, macht verständlich, warum sich immer noch hartnäckig die spöttische Bemerkung hält: „Aha! Coaching gleich Couching?!?"

Denkschulen

Als tragender Grundton erscheint ein humanistisches Menschenbild, wie es in den 50er-Jahren zum Beispiel von Maslow (1954) und Rogers (1959) entwickelt und später von so verschiedenen Praktikern wie Fritz Pearls und Virginia Satir modifiziert und popularisiert wurde. Aus den einschlägigen Coaching-Websites heraus spricht uns eine warme, einfühlsame Stimme an, die an das Gute im Menschen glaubt,

Typisch: Ein humanistisches Menschenbild

an seine Potenziale und Ressourcen. Alle Lösungen für unsere Probleme – persönlich wie beruflich – liegen schon in uns selbst verborgen. Es geht lediglich darum, sie zu entdecken und zu entwickeln. Dass wir selbst überhaupt ein Interesse an einer Weiterentwicklung, einer Selbstverwirklichung haben, nimmt man implizit oder explizit, jedenfalls zweifelsfrei an. Auf unserer Reise zu uns selbst und wieder zurück begleitet uns der humanistische Touring-Guide, der Coach.

Psychoanalytische Ansätze

Traditionell haben wir da die psychoanalytisch geprägten Menschenkundler in mehr oder weniger direkter Nachfolge von Freud, Adler, Jung und Reich, die in tiefenpsychologischen Coaching-Sitzungen Widerstände abbauen, komplexe Komplikationen bewusst machen, „Körperpanzer" abbauen, in Regressions-Sessions die frühkindlichen Ursachen für die Kommunikationsprobleme mit dem Team ergründen und dabei eine Verschiebung der Über-Ich-Problematik von den Eltern auf den strengen Vorstand verhindern müssen.

Kognitiv-verhaltenstherapeutische Ansätze

In deutlicher methodischer Abgrenzung befinden sich daneben die kognitiv-verhaltenstherapeutischen Ansätze, die sich auf die Beeinflussung des Verhaltens konzentrieren und keine totale Runderneuerung der Persönlichkeit anstreben. Sie kommen den auf Verhalten fokussierten Führungskräften natürlich näher und bieten mit ihren auf Einstellungen und Emotionen erweiterten kognitiven Konzepten hilfreiche Ansatzpunkte. Gerade das auf dem Individuum und seiner Selbstverantwortung basierende Konzept der „subjektiven Theorien" ist für Führungskräfte gut annehmbar.

Häufig vertreten: Systemiker

Ganz im Vordergrund aber stehen die Systemiker oder systemischen Konstruktivisten, die die größte „Kirchengemeinde" darstellen. Für manchen ihrer Vertreter scheint schon allein die Aussprache des Begriffs alles Denken und Handeln zu rechtfertigen, das in diesem Namen vollzogen wird. Die Hinweise auf einige der alten „Kirchenväter" aus den 60er-Jahren des letzten Jahrhunderts wie Gregory Bateson, von Foerster, J. Haley, D.D. Jackson oder N. Ackerman lässt Augen funkeln und Gedanken schwerer werden. Paul Watzlawick, den großen „Popularisator" kennt fast jeder, Minuchin oder Mara Selvini Palazzoli allerdings nur noch die Spezialisten. Helm Stierlin in Heidelberg gehört bekanntermaßen zu den Gründerpersönlichkeiten, die in Deutschland immer noch stark nachwirken.

In dem systemischen Paradigma steht das Gesamtsystem mit seinen offenen oder verdeckten Spielregeln im Vordergrund. Personen als Individuen sind prinzipiell austauschbar und erfüllen bestimmte

Funktionen im „System" Unternehmen (vgl. Luhmann, 1984). Egal, wo man eingreift, man verändert damit schon die Wirklichkeit, selbst wenn man nur Fragen stellt, systemische selbstverständlich – oder besser gesagt zirkuläre. Und überhaupt: Was ist denn „die Wirklichkeit"?

Schließlich finden wir noch die strikten Empiriker oder allgemeinen Sozialwissenschaftler, die die Coaching-Kandidaten mit mehrfach validierten Persönlichkeitstests oder Team-Checklisten beglücken, die offenbar schon General Electric, Toyota oder die NASA eingesetzt haben. Mit ihrem eher nüchternen Zugriff auf empirische Ergebnisse suchen sie den schnelleren Überzeugungsweg zu den an Daten, Zahlen und Fakten ausgerichteten Führungskräften.

Anscheinend gibt es ja in der bunten Coaching-Branche tatsächlich einige Anhänger der reinen Lehre, die unserer persiflierenden Beschreibung schon sehr nahe kommen. Aber, um ehrlich zu sein, wir mussten feststellen (was erfahrene Praktiker natürlich schon wissen), dass die Praxis der meisten Coaches aus ganz verschiedenen theoretischen Ansätzen gespeist wird. Das ressourcenorientierte Bild eines selbstverantwortlichen Individuums aus der humanistischen Perspektive wird sicherlich von fast allen Coaches mehr oder weniger überzeugend propagiert. Auch behaupten viele Coaches in unserer Untersuchung, dass sie – ganz in der systemischen Tradition – den Menschen eingebettet in sein Umfeld sehen und systembezogen begleiten.

Die Praxis der meisten Coaches wird aus unterschiedlichen Ansätzen gespeist

Warum dann aber immer noch überwiegend am Vier-Augen-Gespräch als Hauptmodell vieler Coaching-Aktivitäten festgehalten wird, das erstaunt uns dann doch. Dieser Widerspruch verweist nach unserer Auffassung nicht nur auf den allgemeinen Theorie-und-Wirklichkeit-Widerspruch, sondern zeigt klar noch einzelne Großwurzeln aus der Vergangenheit des Coachings. Die Wirklichkeit der Wirtschaft und die Rahmenbedingung „Unternehmen" haben nicht alle Bezüge zur Therapie verdrängen können. Wieso auch? Was Coaching ja dennoch klar vom „Couching" unterscheidet, ist ja nicht nur der veränderte Einsatzort der Gespräche, sondern es sind natürlich auch die anderen Ziele, die wesentlich anderen Arbeitsthemen und Rahmenbedingungen der Beziehung sowie ein explosionsartig erweitertes Interventionsspektrum.

Wir merken an dieser Stelle, dass die theoretischen Ansätze, nicht immer ganz befriedigend, dazu taugen, den praktizierten Alltag tatsächlich hinreichend zu erklären. Die Szene scheint voll von

Praktikern, die zwar kein fundiertes, integriertes Gesamtkonzept von Coaching haben, dafür aber umso überzeugter sind, dass nur ein eklektizistisches Konzept ihrer eigenen fundierten Praxis am nächsten kommt. Wobei ja in vielen Führungs- und Verhaltens-Trainings, Beratungsgesprächen und Projektarbeiten das „Coaching" irgendwie fast überall drin zu sein scheint, so die Einschätzung mancher Praktiker – oder sollte man eher sagen Praktikanten?

Abschnitt 2

Der Tanz mit dem Teufel: Coaches und die Ökonomie

Die in unserer Studie befragten Personalmanager erwarten eine Passung der Coaches zur jeweiligen Unternehmenskultur. Man könnte denken: Coaches sind Dienstleister für das Unternehmen. Sie werden von den Unternehmen bezahlt und von ihnen ausgesucht. Dass sie daher auch im Dienste des Unternehmens und mit Perspektive auf das Unternehmen agieren müssen, könnte/sollte eigentlich selbstverständlich sein.

Die zu Kapitelbeginn vorgestellten Szenen sprechen aber eine andere Sprache. Hier grenzen sich Coaches teilweise deutlich von ihren Auftraggebern ab. Des Öfteren hört man von Coaches, dass sie höchstens 50% ihrer Arbeitszeit für die Coaching-Tätigkeit verwenden und auch nur die Hälfte ihres Einkommens damit erwirtschaften, um sich „eine gewisse Unabhängigkeit" zu bewahren und auch Coaching-Aufträge ablehnen zu können. Beim neu gegründeten Coaching-Verband ProC spricht sich Martina Schmidt-Tanger sogar explizit für diese Selbstbeschränkung der Coaches aus (Schwertfeger, 2004). Na gut, mag da mancher sagen, vielleicht ist es für viele Coaches auch nur auf diese Weise möglich, eine unabhängige und neutrale Position gegenüber ihren Auftraggebern und Coaching-Kandidaten zu behalten. Vielleicht gibt ihre Arbeitsauslastung mit Coaching auch nicht viel mehr her – könnte ein anderer sagen. Die Frage ist erlaubt, was das über die Professionalität in einer Branche in einer Zeit aussagt, die High-End-Ansprüche an Arbeit, Leistung und Qualität stellt, aber auch an Einkommen und Bedeutung.

Tendenz zur Selbstbeschränkung: Viele Coaches belegen höchstens die Hälfte ihrer Arbeitszeit mit Coaching

Wie groß wären Glaubwürdigkeit und Professionalität eines Fußballspielers in der Bundesliga, wenn er darauf bestehen würde, sich nur ein Drittel oder äußerstenfalls die Hälfte seiner Zeit mit Fußball zu beschäftigen, weil sonst seine Leistungsfähigkeit leiden würde? Und was würden wir von Managern, Architekten, Ärzten, Stadtplanern, Steuerbeamten oder Priestern halten, die darauf bestünden, aus

Work-Life-Balance-Gründen nicht zu erschöpfend zu arbeiten, damit sie ihren vielfältigen Interessen nachgehen könnten, was ja aber ohnehin nicht so schlimm sei, weil Stadtplanung und Spritzengeben, Reflexion und Hauszeichnungen und die Umsetzung der Steuergesetzgebung ohnehin in allen anderen Tätigkeiten des täglichen Lebens drin seien, die man ausübe?

Aus den realistisch-fiktiven Coach-Worten vom Anfang spricht noch etwas anderes, etwas Schärferes: Ein zu starkes Verbünden mit der Wirtschaft wird als unethisch gebrandmarkt. Man sollte sich nicht zu gemein machen mit den Bossen, ist die Devise. Dazu passt auch, dass einige Coaches in unseren Interviews zum Beispiel resolut äußerten: *„Nein, Outplacement mache ich nicht"*. Und für uns klang es wie *„Nein, ich beteilige mich nicht an unethischen Massenentlas-sungen, die ich mit dem Deckmäntelchen der unternehmerischen Sorge für die Mitarbeiter versehen soll."* Oder es gehört der Versuch dazu, den großen und kleinen Managern immer wieder klar zu machen, dass sie über die Widersprüche des Systems nachdenken sollten, das ständig höhere Leistung und ein verantwortungsvolles Führen fordere und gleichzeitig Coaching bezahle, um gewisse Reparaturleistungen und Ausgleichsmaßnahmen zu installieren, die das System ja überhaupt erst hervorgebracht habe. Ob es nicht besser wäre, die grundsätzlichen Widersprüche aufzulösen, als permanent Reparaturen durchzuführen?!

Kennzeichen: Furcht der Coaches, politisch missbraucht zu werden

In der Gesamtsicht prägen zwei Hauptkennzeichen das Bild der Coaches von ihren Auftraggebern und ihrer eigenen Rolle in den Kundenunternehmen. Zum einen die Furcht, zu stark gebunden und damit politisch missbraucht zu werden. Missbraucht zu Machtspielchen der Bosse und als Instrument, um unangenehme Entscheidungen jeglicher Art durchzusetzen. Sie hat unter anderem die Maxime zur Folge: Nur ein unabhängiger und kritischer Coach ist ein guter Coach! *„Einverstanden"*, werden hier die meisten sagen, *„Das sehen wir ja ähnlich"*. Aber heißt Unabhängigkeit auch, sich immer und immer wieder kritisch abzugrenzen von den angeblich einseitigen Leistungs- und Erfolgsspielen der Unternehmen oder sich aus wirtschaftlichen, technischen oder politischen Unternehmensbelangen einfach herauszuhalten, sie in der Coaching-Praxis womöglich zu ignorieren? Oder anders formuliert: Wann wird aus sinnvoller Unabhängigkeit faktische Ignoranz oder Abwertung der Andersdenkenden?

Zum anderen herrscht bei vielen Coaches als zweites Kennzeichen die Gewissheit vor, selbst Dinge zu sehen, die anderen verborgen bleiben – und dadurch zu einer tieferen Erkenntnis über das richtige Handeln oder die richtigen Werte zu gelangen. Man kann sich des Eindrucks nicht erwehren, dass Coaches die Deutungshoheit beanspruchen über das, was gut und böse ist. Zumindest haben wir häufig Aussagen gehört, die dem Topmanagement „Blindheit" für Probleme vorwerfen, oder „puren Narzissmus" und eine „Sozialkompetenz, die die Bodentemperatur nicht überschreitet". Das wahre Wesen der Dinge liege sozusagen hinter Strategien und Führungsspannen, im System oder im Menschen überhaupt. Wollen die Coaches Probleme lösen, von denen die Manager noch gar nicht wissen, dass sie sie haben? Um es auf den Punkt zu bringen: Sind Coaches nach ihrem Selbstverständnis Berater mit Dienstleistungsfunktion oder sind sie verkappte Priester, die sich an der Tränke der Ökonomie laben, um sich umso leichter ihrer Verachtung für das System hinzugeben, von dem sie letztlich leben? Oder sind sie quasi-objektive soziale Spiegel, die in neutraler Natürlichkeit lediglich Feedback geben, damit die Führungskräfte ganz autark ihre Klärungsprozesse durchführen und Entscheidungen treffen? Fragt eigentlich mal jemand, wie lange ein solcher Prozess denn dauert?

Kennzeichen:
Die Gewissheit der Coaches, Dinge wahrzunehmen, die anderen verborgen bleiben

Abgesehen davon, dass disqualifizierende Urteile in manchen Fällen auch die Urteilenden disqualifizieren, besteht hier schlichtweg die Gefahr von Missverständnissen, weil sich die Perspektiven von Coaches und Personalmanagern als Unternehmensvertreter deutlich unterscheiden: Coaches sehen gerne „Hidden Agendas", die dunkle Seite der Organisation und persönliche Probleme im Zentrum ihrer Coaching-Arbeit. Personalmanager/Unternehmen aber kaufen sie primär ein, um Leistungssport zu treiben, das heißt, um Führungs- und Kommunikations-Veränderungen im Unternehmen oder einzelner Personen voran zu bringen.

Abschnitt 3

Wanderer zwischen den Welten:
Die Rolle des Coaches im Unternehmen

Die Coaches sind Wanderer zwischen den Welten. Sie pflegen Reflexion unter Pragmatikern, sprechen mit Machern über Emotionen und erklären den Realisten das Visionäre. Das heißt, wir haben als wichtige Sozialisationsanker zum einen die Universität, geprägt durch ein wissenschaftlich-forscherisches Vorgehen, zum anderen das weite Feld der sozialwissenschaftlichen Berufe, inklusive des psychotherapeutischen Bereiches, welches die zwischenmenschliche Beziehung in den Mittelpunkt stellt, und schließlich das Management, das primär sachlich-ergebnisorientiert wirtschaften muss.

Folglich schälen sich vor unserem geistigen Auge drei unterschiedliche Typen heraus, die die Bühne im großen Theater namens „Coaching" bevölkern: Der Denker, der Prozessor und der Macher.

Der Denker   Der Denker repräsentiert das Universitätsmilieu. Ihm geht es um Kognition – um analytisches Erkennen und Erkenntnis der Zusammenhänge und Ursachen. Er ist Wahrheit und Wissenschaft als (absoluten) Werten verpflichtet und bedient sich bei der Verfolgung derselben der Logik, seiner Ratio, seines Verstandes. Komplexität schreckt ihn nicht, im Gegenteil. Er baut sie sogar selbst erst konstruktivistisch auf, um sie möglichst in ihrer detailreichen Gänze zu beschreiben.

Der Prozessor   Der Prozessor dagegen steht für die sozialwissenschaftlichen Berufe. Für ihn stehen Emotionen und zwischenmenschliche Beziehungen wie Prozesse im Mittelpunkt. Wahrheit bedeutet für ihn eher personale Wahrhaftigkeit, also Authentizität. Diese wie alles andere erfasst er primär mit der Methode der Reflexion und der Empathie. Folglich versucht er, Komplexität eher intuitiv-ganzheitlich zu erfassen und zu verstehen, was sie für die verschiedenen Beteiligten persönlich bedeutet.

Der Macher schließlich steht für das Managementmilieu. Aktion und Entscheiden sind seine Hauptkennzeichen. Er glaubt nicht an eine einzige Wahrheit, sondern sucht nach dem pragmatisch Machbaren, zielt auf den herstellbaren Effekt und will den Erfolg. Wichtig ist ihm die tatsächliche Wirkung, die sein Handeln erzeugt. Deshalb ist er bemüht, Komplexität zu reduzieren und Erfolge zu überprüfen.

Der Macher

Der Denker	**Der Macher**	**Der Prozessor**
▶ Logische Rationalität	▶ Handlungsorientierung	▶ Empathische Reflexion
▶ Analysieren	▶ Organisieren	▶ Dialog
▶ Überprüfen	▶ Entscheiden	▶ Verstehen
▶ Aufdecken von Widersprüchen	▶ Durchsetzen	▶ Beziehungen
▶ Theorie	▶ Sachergebnisse	▶ Prozess
▶ Konstruktion von Komplexität	▶ Reduktion von Komplexität	▶ Umgang mit Komplexität
▶ Betrachten	▶ Beschleunigen	▶ Entschleunigen

Tab: Die Protagonisten auf der Coaching-Bühne

Natürlich tauchen die hier skizzierten Typen selten in Reinform auf. Vielmehr beschreiben sie die Extreme des personenbezogenen Spannungsfeldes, in dem sich Coaches bewegen. Dass sie sich dabei hin und wieder schwer tun, scheint nur allzu verständlich. Sie selbst haben eine spezifische Persönlichkeitsstruktur und müssen sich in allen Milieus bewegen – und gleichzeitig eine glaubwürdige Rolle verkörpern. Aus Universität und Wissenschaft stammen viele konkrete Verfahren und Perspektiven, die sie einsetzen. Die sozialwissenschaftliche Herkunft spiegelt sich in den Ausbildungen in Therapie oder Supervision wider, die sie vorweisen. Ihr Tätigkeitsfeld dagegen liegt meist in der Wirtschaft, und dort müssen sie die Spielregeln beherrschen, um Leistung zu bringen und Erfolge produzieren zu können.

Kapitel 7

Unser Eindruck ist, dass die Coaches weniger Schwierigkeiten haben, die Merkmale und Anforderungen aus Wissenschaft und klassischer Beziehungsarbeit zu vereinen. Der Management- oder Wirtschaftsbereich jedoch scheint schwieriger zu integrieren und nicht ohne Widersprüche handhabbar zu sein. Das aus den offensichtlichen Unterschieden der Extremtypen resultierende Spannungspotenzial hat uns zu der obigen Darstellung inspiriert, die die Merkmale dieser drei Grundtypen noch einmal auf den Punkt bringt (vgl. Tabelle).

Das Aufeinanderprallen unterschiedlicher Protagonisten

Im realen Leben könnte die Begegnung mit dem einen oder anderen idealtypischen Protagonisten dann folgendermaßen aussehen:

„Wir sollten das Ganze noch einmal gründlich durchdenken. Was sind die Vorteile des Vorgehens? Und was hat in der Vergangenheit dazu geführt, dass ein vergleichbares Vorhaben nicht funktioniert hat? Ich würde das gerne mit Ihnen einmal durchdiskutieren. Nur so können wir für zukünftige Projekte etwas daraus lernen und Fehler durch ein überhastetes Vorgehen verhindern. Vielleicht können Sie bis zu unserem nächsten Treffen etwas dazu vorbereiten."

„Ich muss bis morgen Mittag eine Entscheidung getroffen haben – dann ist Aufsichtsratssitzung. Wir müssen die Herren von der Entscheidung überzeugen. Dazu brauchen wir Fakten, Fakten, Fakten. Denken Sie positiv – und lassen Sie sich nicht durch irgendwelche Nebenkriegsschauplätze aufhalten! Nur die Kernaussagen, bitte! Wir haben noch viele andere Dinge zu tun!"

Während die ersten Aussagen von einem Coach sein könnten, spiegelt das zweite Statement eher die Worte eines Managers wider. Sie können sich vorstellen, was passiert, wenn der eben zitierte Manager mit dem genannten Coach zusammentrifft. Coaches würden das Ganze vermutlich „Reflektieren" oder „Entschleunigen" nennen, Manager eher „wirklichkeitsfremdes Handeln".

Wir wollen an dieser Stelle noch einmal betonen, dass wir hier bewusst mit Prototypen, das heißt mit überzeichneten – eben „idealtypischen" – Beschreibungen arbeiten. Coaches unterscheiden sich untereinander natürlich sehr stark, Manager ebenso. Dennoch glauben wir, hiermit eine sinnvolle grundlegende Charakterisierung der beiden Gruppen vorgenommen zu haben, die wiederum auf die Gretchenfrage abzielt: „Wie hältst du's mit dem Kapital?"

Abschnitt 4

Der Thrill der Komplexität:
Die notwendige Systemsicht der Coaches

Die Ursachen für die teilweise strikte Abgrenzung vieler Coaches vom Management könnten teilweise darin liegen, dass sie den Eindruck haben, dass genau dies von ihren Auftraggebern erwartet wird. Dass sie eine Gegenrolle vertreten, ungewöhnliche Gedankengänge und Methoden einbringen oder die Rolle des Advocatus Diaboli spielen sollen. Die Antworten der Personalmanager wie auch der Coaches in unserer Studie von 2004 deuten tatsächlich in diese Richtung. Der Coach als Sparringspartner und sozialer Spiegel wird durchaus geschätzt. Aber oft herrscht die Sichtweise vor, dass diese Rolle ausgefüllt werden kann, ohne mit dem System direkt oder zu stark in Kontakt zu geraten. Dabei wird vergessen, dass der Coach nur dann ein kompetenter Ansprechpartner sein kann, wenn er das System akzeptiert, wenn er den Unternehmenskontext berücksichtigt und zur Kultur des Unternehmens passt. Zumindest ist das unsere Auffassung und auch Erfahrung.

Auch in anderen Veröffentlichungen wird die Einbettung des Coachs in den Organisationskontext immer wieder – von verschiedenen Seiten – propagiert (vgl. Limpächer, 2003; Schmid, 2004). Und das zu Recht. Schmid (2004) zum Beispiel attestiert einer entsprechenden „multiperspektivischen Konzeption" von Coaching, dass sie noch in den Kinderschuhen stecke und dass von beiden Seiten – von Coaches wie PE-Verantwortlichen – bislang wenig dafür getan wird. „*Das Management von Coaching, die stimmige Ankoppelung von Organisationsbelangen und Beraterphilosophien [...] und die Finanzierung von Coaching durch eine Organisation, die Herstellung sinnvoller Kontakte mit allen für den Gesamtprozess, dem Coaching dienen soll,*" ist jedoch nach Schmid für Qualität und Nutzen von Coaching gleichermaßen wichtig.

Gewünscht: die Einbindung des Coaches in den Organisationskontext

Wir meinen daher, dass der Coach den Menschen nie losgelöst von seinem organisatorischen Kontext betrachten sollte. Im wahren systemischen Sinne wird er mit seinem Eingreifen bei der Führungskraft auch auf das Unternehmen einwirken. Es dauert nur ein bisschen. Die legitimen Interessen und den Erfolg für das Unternehmen muss er daher ebenfalls immer im Fokus haben.

Die Forderung an die Coaches nach Authentizität und Ehrlichkeit steht für uns dazu nicht im Widerspruch. Sie bilden die Grundlage für ein funktionierendes Verhältnis zwischen allen beteiligten Parteien. Dem Coach als Experten wird Vertrauen übertragen, mit dem er gleichzeitig auch eine gewisse Verantwortung übernimmt. Eine Verantwortung gegenüber seinem Coaching-Klienten. Aber auch eine Verantwortung gegenüber dem Kunden, in dessen Auftrag und in dessen Sinn eine Coaching-Maßnahme durchgeführt wird.

Coaches werden auch in Zukunft zwischen allen Stühlen sitzen

Wir denken daher, dass auch in der Zukunft die Coaches zwischen allen Stühlen sitzen werden. Und es ist sicher etwas dran an der Auffassung, dass gerade diese Mittlerrolle für die Führungskräfte so befruchtend wirkt, dass die Methode Coaching einen solchen Boom erlebt. Für sehr viele Coaches besteht der Reiz ihres Berufs ja gerade darin, dieses Spannungsfeld zu bearbeiten. Die Herausforderungen, denen sie sich stellen, sind von einer Vielfalt, wie sie in keinem einzelnen Unternehmen gegeben ist. Klare Arbeitsprozesse, Automatismen, das wäre ja viel zu langweilig.

Natürlich wissen auch wir, dass Bescheidenheit höchstens eine Zier ist, ohne die man es angeblich weiter bringen soll. Aber Vorsicht: Man sollte keineswegs denken, dies öffne einer egozentrisch-selbstdarstellerischen Arbeitsweise die Pforten, die über jede Kritik erhaben ist. Hier mögen ein paar Zutaten aus dem empirisch-wissenschaftlichen Menschenbild ganz gut tun und eine objektive Evaluation sehr hilfreich sein. Nur ein Coach, der seine eigene Arbeit ständig überprüft, der sich dabei auch selbst zu hinterfragen vermag, wird in einer Business-Welt, die immer höhere Anforderungen an ihre Hauptprotagonisten stellt, bestehen können und erfolgreich sein.

SAP

Coaching: Die Personalabteilung als Wegbereiter

Stefan Stenzel, SAP University Deutschland

Obwohl in der über 30-jährigen Geschichte der SAP AG immer schon vereinzelt Coaches vermittelt wurden, besteht ein klar definiertes Dienstleistungsangebot „Coaching" seitens der deutschen Personalentwicklungsabteilung der SAP (SAP University Germany) erst seit ca. zwei Jahren.

Seither nimmt die Nachfrage nach Coaching kontinuierlich zu. Die Führungskräfte sind neugierig geworden – kritische oder gar negative Stimmen im Zusammenhang mit dem Instrument waren bis dato noch nicht zu hören. Es herrscht ein positives Klima für Coaching im Unternehmen.

Die Personalentwicklungsabteilung sieht sich selbst als Wegbereiter für Coaching bzw. in einer Beratungs- und Brokerfunktion für Coaching.

Es gibt kein aktives Marketing für Coaching – Coaching ist eine Spezialmaßnahme in Spezialfällen. So werden potenzielle Coaching-Nehmer in individuellen Weiterbildungsgesprächen auf die Möglichkeit eines Coachings durch die Vorgesetzten der Führungskräfte oder einen Mitarbeiter der Personalentwicklungsabteilung hingewiesen. Manchmal kommen auch Führungskräfte von sich aus auf die Personalabteilung mit dem Wunsch zu, sich coachen zu lassen. Vornehmliche Zielgruppen des Coachings sind Top Manager und Führungskräfte aus dem Mittleren Management. Zunehmend stehen auch Team-Manager im Coaching-Focus, da auch sie frühzeitig für diese Entwicklungsunterstützung sensibilisiert und eine Coaching-Kultur auf dieser Ebene etabliert werden soll.

Die Palette der im Coaching behandelten Themen ist breit: Performance, Führung, Karriere, Work-Life-Balance. Im Executive-Bereich kommt noch das Thema Strategie hinzu.

Die Interessenten erhalten die Einladung zu einem einstündigen sondierenden Informationsgespräch, der ein Coaching-Reader beiliegt. In der Broschüre werden vorab grundlegende Informationen zu „Coaching@ SAP" gegeben.

SAP

Bei einer Entscheidung für Coaching bekommt der Coaching-Nehmer die Profile von drei Coaches zugemailt. Es handelt sich hierbei um „handverlesene" Anbieter aus einem Coaching-Pool, dessen Coaches unter anderem nach den folgenden Kriterien ausgewählt sind:
- ▶ Allgemeiner persönlicher Hintergrund: Länge der Berufserfahrung, Alter, Berufsstatus (Freelancer, Geschäftsführer oder Mitarbeiter eines Beratungsunternehmens etc.), Fremdsprachenkenntnisse
- ▶ Professioneller Background: Studium, Ausbildung, Zertifikate, früher wahrgenommene Funktionen in Unternehmen (Führungskraft, Personalentwickler etc.)
- ▶ Coaching-Erfahrung: Portfolio, Branchenerfahrungen
- ▶ Coaching-Schwerpunkte: Bevorzugte Themen, wirtschaftliche und/oder klinische Ausrichtung, Arbeit eher mit Einzelpersonen und/oder Gruppen

Die auf den Profilen befindlichen Kontaktdaten der Coaches ermöglichen dem Coaching-Nehmer, die empfohlenen Coaches zu einem Kennenlerngespräch einzuladen. Wenn der Klient schon mit dem ersten Anbieter so zufrieden ist, dass er mit ihm arbeiten möchte, empfiehlt ihm die Personalentwicklungsabteilung trotzdem noch, die beiden weiteren Gespräche zu führen – der erste Eindruck kann täuschen. Passt keiner der drei Coaches, erhält der Klient drei weitere Profile. Da Coaching eine sehr teure Maßnahme für das Unternehmen ist, lohnt sich auch diese etwas höhere zeitliche Investition im Vorfeld. Die ersten Kontaktgespräche zwischen Coach und Coaching-Nehmer sind deshalb so wichtig, weil Coaching sehr stark über die „Chemie" zwischen Coach und Coaching-Nehmer läuft.

Hat sich der Kunde für einen Coach entschieden, teilt er dies der Personalentwicklungsabteilung mit. Die sendet dem Coaching-Nehmer einen Coaching-Guide mit Evaluation Sheets und Check ups zu, der dem Klienten hilft, bei Bedarf geleitet reflektieren und bewerten zu können. Dass er jederzeit auch den zuständigen Personalentwickler ansprechen kann, versteht sich von selbst. Ansonsten zieht sich dieser weitgehend aus der aktiven Betreuung der Maßnahme zurück.

In der Regel dauert eine Coaching-Maßnahme zwischen vier und sechs Sitzungen. Sind zu diesem Zeitpunkt die Ziele nicht erreicht, stellt sich die Frage, ob der passende Coach ausgewählt wurde.

Der Coaching-Nehmer bewertet den Erfolg der Maßnahme im Evaluation Sheet und schickt dieses am Ende der Maßnahme wieder an die für Coaching zuständige Person zurück. Wichtig bei der Erfolgsbewertung sind u.a. die folgenden Punkte:

- Der Coach geht auf den Klienten ein
- Es werden realistische Erwartungen vermittelt
- Die Lernbereiche und Ziele sind klar definiert
- Die Erwartungen des Klienten werden geklärt
- Die Problemlösefähigkeit des Coaching-Nehmers muss gestärkt werden
- Feedback wird konstruktiv geäußert
- Der Klient entdeckt neue Aspekte seiner Persönlichkeit und Entwicklung
- Insgesamt wird die Beziehung als positiv und hilfreich erlebt
- Der Kunde würde den Coach seinem besten Freund empfehlen

Bei der geschilderten Version handelt es sich um eine Kurzform des Evaluation Sheet. Eine längere Version existiert zwar, sie wird aber nur selten eingesetzt.

Die für das Coaching zuständigen Personalentwickler führen nach drei bis fünf Coaching-Fällen auf Grund der Rückmeldungen ein Feedback-Gespräch mit dem jeweiligen Coach. Dies sichert die Qualität und den persönlichen Kontakt zu einem meist sehr geschätzten Geschäftspartner. Ohne natürlich von einzelnen Coachings zu berichten, kommt es überdies meist zu einem sehr interessanten Austausch eines Internen und eines Externen über die „Psyche", die aktuelle Befindlichkeit des Unternehmens.

Die Einführung des Instruments Coaching bei SAP verläuft bislang sehr positiv. Das zukünftige Ziel der Personalabteilung ist es, Coaching im Unternehmen noch mehr zu etablieren. Wichtig ist hierbei, Coaching sich entwickeln zu lassen, dem Prozess Zeit zu geben und Sorgfalt walten zu lassen – denn die Chance, Coaching ein gutes Image im Unternehmen zu geben, hat man nur einmal.

Manager und Coaches:
Annäherungen an ein ungleiches Paar

Kapitel 8

Sind Manager und Coaches so verschieden, wie es auf den ersten Blick aussieht? In diesem Kapitel gehen wir den Unterschieden auf den Grund.

Im ersten Teil fragen wir uns, ob Manager „anders ticken" als Coaches und ob diese Unterschiede auch auf der neuronalen Ebene – also im Gehirn der beiden Protagonisten – erkennbar sind. Anschließend setzen wir die gefundenen Unterschiede in Beziehung zu typischen Verhaltensweisen und zeigen auf, wie hilfreich die Beschreibung von unterschiedlichen Prototypen für das Verständnis der Coaching-Beziehung sein kann.

Schließlich gehen wir im dritten Teil noch einmal zurück in die Köpfe der Coaches und Manager und stellen die Frage, welche Begabungen bzw. Intelligenzen schwerpunktmäßig unterscheidbar sind und wie sie bestimmtes Verhalten fördern oder erschweren.

Bei unseren Nachforschungen leitet uns dabei immer die Frage, welchen Einfluss das Wissen um die Verschiedenheit der Akteure auf den Coaching-Prozess hat und wie dieses Wissen sinnvoll genutzt werden kann. Daher werden wir im vierten Teil des Kapitels eine Integration der gewonnenen Erkenntnisse vornehmen und Wege aufzeigen, wie diese in der alltäglichen Coaching-Praxis ihre Wirkung entfalten können.

Das Gehirn: Auf der Suche nach dem Coaching-Areal .... S. 201
Das Verhalten: Gegensätze in Hülle und Fülle .... S. 214
Die Begabung: Emotionale und multiple Intelligenzen .... S. 220
Manager meets Coach – Wie funktioniert das? .... S. 230

Abschnitt 1

Das Gehirn: Auf der Suche nach dem Coaching-Areal

Gehirn, Geschlecht und Verhalten – Wer steuert hier eigentlich was?

Im Jahr 1925 schrieb John B. Watson, einer der Mitbegründer des so genannten Behaviorismus: *„Geben Sie mir zwölf gesunde, körperlich wohlgestaltete Säuglinge und lassen Sie mich die Umwelt, in der sie aufwachsen sollen, selbst gestalten, dann garantiere ich Ihnen, dass ich, wenn ich ein Kind zufällig auswähle, es zu einem Spezialisten meiner Wahl ausbilden kann – einem Arzt, Rechtsanwalt, Künstler, Geschäftsführer, ja sogar zu einem Bettler oder Dieb, ohne Rücksicht auf Talente, Neigungen, Vorlieben, Fähigkeiten oder seine rassische Herkunft."*

Mit dieser Aussage hat er die Grundidee des Behaviorismus auf den Punkt gebracht, nach der sämtliches Verhalten, das wir Menschen zeigen, erlernt und nicht angeboren ist.

Eine ganz andere Grundidee steckte dahinter, als am 25. Juli 1989 US-Präsident Bush mit der Resolution 174 das letzte Jahrzehnt des vorigen Jahrtausends als „Jahrzehnt des Gehirns" (the decade of the brain) ausrufen ließ. Milliardenschwere Programme wurden gestartet, die 90er-Jahre übertrafen sich immer wieder selbst in Aufsehen erregenden Entdeckungen der Neurobiologen und -physiologen. Offensichtlich werden wir weit mehr von unserer Biologie – unserem Gehirn und unseren Genen – gesteuert, als wir bislang angenommen hatten. Gerade durch die Erkenntnisse der genetischen und neurobiologischen Forschung ist die Bedeutung des Gehirns für das menschliche Verhalten und Erleben und damit für die gesamte Gesellschaft in diesen letzten 15 Jahren enorm gewachsen (vgl. Gehirn&Geist Dossier 2003).

Wir werden weit mehr von Gehirn und Genen gesteuert, als wir bislang annahmen

Zwischen diesen beiden blitzlichtartigen Statements zu der Frage „erlernt oder ererbt?" liegen über 60 Jahre, in denen die wissenschaftliche Lehrmeinung zu diesem Thema immer mal wieder in die eine oder die andere Richtung ausschlug. In den 60er- und 70er-Jahren galt beispielsweise als Erkenntnis, dass das menschliche Verhalten fast vollständig anerzogen und gelernt ist. Eine biologische Determinierung des späteren Verhaltens galt den revolutionär egalitären 68ern als nicht akzeptabel und hatte den Ruch von Rassenlehre und Eugenik. Diese Vorstellung vom Individuum, das als Tabula rasa auf die Welt kommt, hatten sie natürlich nicht erfunden, wie Sie unschwer an Watsons Zitat von 1925 sehen können.

Zwar waren die Beweggründe der 68er eher sozialrevolutionärer Art und keinesfalls naturwissenschaftlicher, wie bei Watson. Auch hätten sie die Menschen verachtende Haltung in seinem provokativen Aufruf vermutlich als Menschenexperiment verurteilt. Die Quintessenz jedoch wäre ihnen sicher willkommen gewesen: Niemand wird für eine bestimmte Aufgabe geboren. Alle Menschen sind gleich und werden geformt durch ihre Umwelt – im Positiven wie im Negativen. Auch ein Anspruch auf bestimmte Positionen oder Funktionen besteht nicht, vielmehr sollten alle die gleichen Chancen und Möglichkeiten bekommen.

Diese „Sozialisierung" des Verhaltens wurde durch verschiedene neurobiologische Entdeckungen inzwischen wieder relativiert. Im Zuge der Erforschung des menschlichen Gehirns mittels neuer bildgebender Verfahren und des menschlichen Genoms mit immer schnelleren Rechnern und „Sequenzern" fanden sich immer mehr Hinweise auf genetisch vorbestimmtes menschliches Verhalten. Bei vielen psychischen Störungen geht man schon seit längerem von einem Zwei-Faktoren-Modell aus (vgl. Rösler et al., 1996, oder Davison, Neale und Hautzinger, 2002), nach dem die Krankheit nur dann ausbricht, wenn eine gewisse genetische Veranlagung und eine belastende Lebenssituation zusammenkommen. In ähnlicher Weise scheinen die Veranlagung zu Übergewicht oder bestimmte Charaktereigenschaften vererbt zu werden. Bücher wie „Warum Männer nicht zuhören und Frauen schlecht einparken" von Alan und Barbara Pease (2004) haben diese wissenschaftlich fundierten Erkenntnisse aufgegriffen und boulevardesk für Otto-Normal-Denker aufbereitet.

Wir lernen dort, dass wir nur einem Millionen Jahre alten Habitus folgen, der den erfolgreichen Höhlenmann als Jäger im weiten Raum und die erfolgreiche Höhlenfrau als sozial kompetente Horden- und

Herd-Chefin belohnte. Und schließlich haben „wir" mehr Zeit in kalten, feuchten Höhlen verbracht als in fußbodenbeheizten Einfamilienhäusern. Aber, was heißt hier eigentlich „wir"? Mal ehrlich: Wer von uns allen hat denn bis heute auch nur eine Minute in einer kalten, zugigen Höhle verbracht – außer vielleicht beim Klassenausflug auf die Schwäbische Alb?

Doch verlassen wir einmal diese Scheingefechte auf niedrigem Niveau: Eine seriösere und zurückhaltendere Analyse der grundlegenden Unterschiede zwischen Mann und Frau gelang Claudia Quaiser-Pohl und Kirsten Jordan (2004) in ihrem Buch „Warum Frauen glauben, sie könnten schlecht einparken … und Männer ihnen Recht geben". Die biologischen Unterschiede sind faktisch nicht groß, was wir aber daraus machen, umso mehr. Wir erfahren dort, dass eine konsequent unterschiedliche Erziehungspraxis bei Jungen und Mädchen den Vorteil von Männern bei der räumlichen Wahrnehmung erklären kann. Denn der öffentliche Raum wird immer noch beherrscht von Jungen und Männern. Jungen sind häufiger alleine unterwegs als Mädchen, konstatieren die Autorinnen und belegen es anschließend mit empirischen Untersuchungen. Und nicht zuletzt sehen sie diese „Erziehungshypothese der Geschlechterunterschiede" dadurch gestützt, dass eben diese Unterschiede in der Leistung bei Jungen und Mädchen in Tests zum räumlichen Vorstellungsvermögen in den letzten Jahrzehnten deutlich abgenommen haben: *„Diese Entwicklung ist mit größerer Wahrscheinlichkeit auf die Angleichung der Sozialisationsbedingungen von Mädchen und Jungen zurückzuführen als beispielsweise auf genetische Veränderungen"* (ebd.).

Biologische Unterschiede zwischen den Geschlechtern sind nicht groß, was wir daraus machen, umso mehr

Faktisch vorhandene Unterschiede zwischen „weiblichen" und „männlichen" Gehirnen gibt es durchaus. Zum Beispiel wurde erst vor kurzem veröffentlicht, dass Frauen deutlich kleinere Gehirne haben als Männer (vgl. z.B. Albrecht 2004). Dafür zeigte sich, dass die Gehirne von Frauen eine höhere Dichte an Nervenzellen haben. Außerdem sind die Verbindungen der beiden Hirnhälften bei Frauen deutlich stärker ausgeprägt als bei Männern. Die Forschung sieht darin eine mögliche Ursache dafür, dass Frauen den Männern meist kommunikativ überlegen sind. Eine effizientere Nutzung beider Hirnhälften könnte den Frauen hier den beobachteten Vorteil verschaffen. Doch auch hier müssen die Forscher fairerweise den Konjunktiv verwenden. Einen Kausalbeweis kann zurzeit niemand liefern.

Und selbst diesen faktisch vorhandenen Unterschieden zwischen „weiblichen" und „männlichen" Gehirnen wird ihre Durchschlagskraft als Beweise der „Jäger-und-Sammlerinnen-Theorie" genommen. Quaiser-Pohl und Jordan schreiben:

„Bestimmte Verhaltensweisen werden als geschlechtstypisch durch positive gesellschaftliche Anerkennung bestärkt, andere werden ‚bestraft'. Jungen werden gelobt, wenn sie eigenständig ihre Umgebung erkundet haben, Mädchen dürfen dies häufig erst gar nicht. Dadurch lernen wir bestimmte Handlungen durchzuführen und andere zu unterlassen. Wir haben aufgezeigt, dass diese ausgeführten Handlungen den Aufbau und die Funktion unseres Gehirns beeinflussen. Sie verkörpern sich gewissermaßen im Laufe unseres Lebens in unserem Gehirn. [...] Es ist also keineswegs so, dass wir nur sagen können: Unser Gehirn und unser Körper ist Ursache unseres Handelns, unserer Strategien und unserer Fähigkeiten. Vielmehr ist dieses biologische, körperliche Material des Gehirns auch Resultat unserer Strategien und Handlungen. Damit werden aber auch all jene Argumente fraglich, die Geschlechterunterschiede als gegeben und durch die Evolution festgelegt hinstellen, nur weil sie sich im Gehirn zeigen."

Wer sich und andere verändern will, muss für sein Verhalten Verantwortung übernehmen

Wenn wir also nach anatomischen, genetischen oder sonstigen angeborenen Ursachen für offensichtlich vorhandene Unterschiede im Verhalten von Männern und Frauen oder auch jeder beliebigen anderen sozialen Gruppe suchen, dann nehmen wir uns auch aus der Verantwortung. Motto: Was biologisch festgelegt ist, kann man auch nicht verändern. Unterschiede und vor allem auch Ungerechtigkeiten werden so legitimiert und das Verhalten wird statisch. Wer sich und andere verändern will – und da sind wir wieder ganz nah beim Thema dieses Buches – der muss für sein Verhalten Verantwortung übernehmen. In diesem Sinne können wir also für den Schluss dieses ersten Exkurses den Werbeslogan für eine bekannte „In"-Brause für unsere Zwecke abändern und ausrufen: *„Entwicklung ist, was du draus machst!"* Das gilt natürlich auch für Coaches und Manager!

Das Gehirn

Woher weiß ich, wer ich bin? – Und wer kann das bestätigen?

„Cogito ergo sum." [Ich denke, also bin ich.]
René Descartes (1641)

Seit über 250 Jahren steht der ebenso lakonisch kurze wie herausfordernd dogmatische Ausspruch von René Descartes wie ein Torwächter vor jeder Diskussion um das menschliche Selbst-Bewusstsein, das uns dazu in die Lage versetzt, „ICH" zu sagen.

Mit seinem „Beweis" eines nichtkörperlichen Ichs, das sich durch pure Ratio seiner Existenz versichern kann, würde Descartes heutzutage angesichts der modernen Hirnforschung schlechte Karten haben. Der Dualismus zwischen Körper und Geist, der früher als „Leib-Seele-Problem" bezeichnet wurde, scheint unter den Strahlen moderner Magnet-Resonanz-Tomographen geradezu dahin zu schmelzen. Die boomende neurobiologische Forschung entdeckt immer neue und verblüffendere Zusammenhänge zwischen menschlichem Identitätserleben und konkreten physiologischen Vorgängen im Gehirn.

Moderne Hirnforscher zerteilen das Ich in im Wesentlichen fünf unterschiedliche Bewusstseinsarten (Roth, 2003). Sie kennen erstens das so genannte Hintergrundbewusstsein. Es beinhaltet länger andauernde Gefühlserfahrungen wie das Körperbewusstsein (Der Körper, in dem ich stehe, ist mein Körper), zweitens die Identität (Ich besitze eine eigene Identität), drittens das Kontrollbewusstsein (Ich verursache und kontrolliere meine eigenen körperlichen und geistigen Handlungen) und viertens das Lokalisationsbewusstsein (Mein Selbst und mein Körper nehmen in Raum und Zeit einen bestimmten Ort ein). Zweitens sprechen sie vom Aktualbewusstsein, das bewusste Sinneswahrnehmungen in der Umwelt und im eigenen Körper, geistige Tätigkeiten wie Denken, Vorstellen, Erinnern, dazu Emotionen, Affekte und Bedürfnisse sowie Wünsche, Absichten und Willensakte umfasst.

Fünf unterschiedliche Bewusstseinsarten

Das ist eine ganze Menge und so können Sie sich sicherlich leicht vorstellen, was es bedeutet, wenn Hirnforscher von einem „schemenhaften Mosaik" sprechen, das wir in der Bemühung um Selbst-Bewusstsein zusammensetzen (Vilayanur Ramachandran im Interview mit Steve Klimchak, 2003). So scheint es kein „Ich aus einem Guss" zu geben. Vielmehr bedarf es einer ständigen Neuorganisation von

Ich-Wahrnehmungen. Die Rolle des freien Willens und des einheitlichen Ich-Erlebens wird damit nach Ramachandran zur „Illusion"!

Noch eingeschränkter wird das Bild vom freien, selbstbestimmten Ich, wenn wir neuere Erkenntnisse der Neurophysiologie berücksichtigen, die feststellte, dass nur das bewusst wahrgenommen wird, was in den so genannten „assoziativen Arealen" der Großhirnrinde zu einer Aktivität führt. In Abbildung 8.1 sind die Areale der Großhirnrinde dargestellt sowie ihre Hauptfunktionen. Alle anderen Prozesse in anderen Bereichen des Gehirns und auch im so genannten sensorischen Cortex – einem Teil der Großhirnrinde – bleiben dem Bewusstsein unzugänglich.

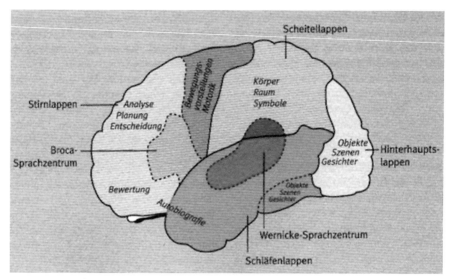

Abb. 8.1: Die Großhirnrinde – Sitz des Bewusstseins
(aus Gehirn&Geist Dossier 2003)

Die Verarbeitung von Sinnesreizen

Um dem Ganzen jetzt noch die Krone aufzusetzen, muss man nur erwähnen, dass die Impulse, die in unserem Großhirn ankommen, bereits einen „weiten" Weg durch niedere Hirnschichten genommen haben. Der direkte Sinneseindruck von Augen, Ohren oder Geschmacksnerven nimmt mehr oder weniger große Umwege, bevor er im Neocortex, wie die Großhirnrinde auch genannt wird, „bewusst" wahrgenommen wird. So genannte subcorticale Strukturen nehmen die Sinnesreize auf und leiten sie weiter. Die Hauptrolle als „Tor zum Bewusstsein" spielen dabei der Thalamus und der Hippocampus (siehe Abb. 8.2). Sie funktionieren als Umschaltstationen auf dem Weg der Reize in den Cortex.

Das Gehirn

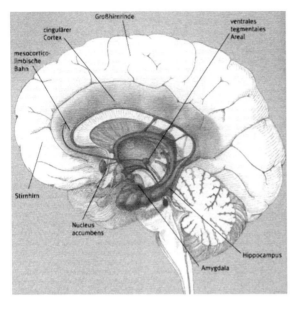

Abb. 8.2: Subcorticale Strukturen – Sitz der Emotionen (aus Gehirn&Geist Dossier 2003)

Nun gut, könnte man sich sagen, dann dauert es eben ein wenig länger, bis wir bemerken, dass uns ein wildes Raubtier gegenüber steht, und wir besser flüchten sollten. (Dieses Beispiel wird in der Wahrnehmungsforschung immer wieder gerne verwendet, weil unterschiedliche Stufen der „Bewusstheit" sehr plastisch dargestellt werden können.) So einfach ist die Verarbeitung von Sinnesreizen aber nicht: Kein Sinnesreiz wird ausschließlich an den „rational" bewertenden Cortex weitergeleitet (vgl. Le Doux, 2003, 2004; Saum-Aldehoff, 2004).

Wenn zum Beispiel ein optischer Reiz im Thalamus eintrifft, wird er im selben Moment sowohl an den Neocortex – das „denkende Gehirn" – als auch direkt an die Amygdala und den Hippocampus weitergeleitet. Beide Hirnregionen sind von ihrer Entstehungsgeschichte her gesehen sehr alt und spielen beim Erinnern und Lernen eine zentrale Rolle. Im Hippocampus sind Wahrnehmungsmuster gespeichert: Befindet sich der Löwe vor mir in freier Wildbahn oder im Zoo? Die Amygdala, auf Deutsch „Mandelkern" genannt, gilt als Speicher der emotionalen Erinnerungen, durch sie erhalten unsere Emotionen einen Sinn. Warum haben wir Angst beim Überholen? Weil wir über den Hippocampus registrieren, dass wir uns auf der linken Fahrspur befinden, das Gaspedal durchtreten etc., und weil in unserem Mandelkern gespeichert ist, dass wir in der Vergangenheit in einer entsprechenden Situation zu Tode erschrocken mit unserem Wagen von der Straße geflogen sind.

Der „Mandelkern"

Der im Mandelkern registrierte Reiz löst eine emotionale Reaktion auf eine bestimmte Situation in uns aus – in der Regel noch bevor uns die Bedrohung bewusst ist. Die Amygdala spielt somit auch bei der Initiierung von Angstreaktionen eine wichtige Rolle. Diese können genetisch bestimmt oder erlernt sein. So fürchten sich zum Beispiel die meisten Menschen vor Schlangen, weil sich diese Furcht wahrscheinlich über die Jahrzehntausende hinweg in den menschlichen Genpool eingenistet hat. Die Furcht vor schnell fahrenden Automobilen dagegen muss wohl erlernt sein; so schnell reagieren unsere Gene nicht. Die Furcht auslösende Funktion der Amygdala sorgt schließlich dafür, dass wir in bestimmten Situationen fluchtbereit sind, mit angespannten Muskeln und kräftig Adrenalin im Blut, bevor wir überhaupt erst bewusst wahrnehmen, dass ein Bär vor uns steht oder uns ein Auto zu überfahren droht.

Bevor wir einen Sachverhalt bewusst wahrnehmen, wurde er bereits emotional eingefärbt

Auch positive Gefühle werden mit der Amygdala verknüpft (Roth, 2001). Immer deutlicher wird daher ein wichtiger Fakt: Bevor wir einen Sachverhalt bewusst wahrnehmen, wurde er von unserem nicht bewussten Teil des Gehirns bereits emotional bewertet und eingefärbt.

Dem bewussten Geist erschließt sich daher die Wirklichkeit nie, wie sie objektiv ist, sondern immer nur so, wie sie im Licht der Erfahrungen und Veranlagungen des Menschen erscheint (vgl. dazu z.B. Roth, 2001). Eine enttäuschende Nachricht dürfte das für diejenigen unter uns sein, die gerne den „objektiven Fakten" vertrauen möchten. Letzten Endes bedeutet dies, dass wir selbst bei scheinbar unumstößlichen Wahrheiten (das Unternehmen ist in den roten Zahlen, wir haben eine negative Presse, der Kunde hat den Präsentationstermin zum dritten Mal verschoben etc.) nie genau wissen können, wie diese Informationen von einem anderen wahrgenommen und in seinem Kopf verarbeitet werden.

Ein Coach, der diese hochwissenschaftlichen und abstrakten Erkenntnisse auf seine Coaching-Beziehung anwenden kann, versteht, warum Einsichten so schwer zu vermitteln sind. Der lakonische Kommentar von Roth (2000) an dieser Stelle ist der folgende: *„Was für mich einsichtig ist, ist es für den anderen noch lange nicht."* Es sei ein *„Irrtum"*, schreibt er, zu glauben, *„allein schon mit unseren Worten könnten wir bestimmte Bedeutungen und Zielsetzungen vermitteln."*

Der wahre Menschenkenner bekomme durch Versuch und Irrtum heraus, nach welcher Denk- und Handlungslogik der andere agiert. *„Wenig Sinn hat es, ihn danach zu fragen."* Vielmehr solle man auf das Handeln des anderen schauen.

Wichtig ist, in diesem Zusammenhang auch, darauf zu verweisen, warum Einsichten so schwer zu befolgen sind. Durch die oben beschriebene Vorbewertung und Vorsteuerung von logischen Einsichten durch emotionale Gehirn-Areale, die diese Einsichten mit Emotionen und Erinnerungen würzen, verwässern, verbiegen, aufbereiten, ist unser *„bewusstes Ich nicht der große Boss, sondern ein Instrument, ein Hilfsprogramm unseres Gehirns zum Problemlösen und zur Handlungssteuerung." „Die letzten Entscheidungen"*, so wagt Roth (2000) gar zu behaupten, *„besorgen andere Instanzen in unserem Gehirn."*

Anweisungen finden selten durch ihre Rationalität alleine Akzeptanz

Im dagegen sehr profan erscheinenden Managementalltag bedeutet dies, dass Anweisungen selten durch ihre Rationalität allein Akzeptanz finden. Sie müssen im Einklang stehen mit den bisherigen Erfahrungen der Mitarbeiter, mit ihren daraus sich ergebenden Erwartungen und dem, was man „Mikrokultur" oder „Stimmung" nennen könnte. Passt eine entsprechende Anweisung nicht zur Kultur, zum Beispiel die Übertragung von Verantwortung auf ein Team in einer Firma, die bislang nur Einzelverantwortung kannte, hat sie schlechte Chancen, umgesetzt zu werden. Nicht zuletzt bedarf es auch einer bestimmten Motivation, solche Anweisungen zu befolgen. Die Herstellung einer motivierenden Umgebung als Anforderung an die moderne Führungskraft macht den Balanceakt deutlich: „Umgebungsvariablen" wie die Firmen-Atmosphäre, entscheiden mit über eine erfolgreiche Zusammenarbeit im Unternehmen und müssen daher vom Manager berücksichtigt werden. Andererseits werden diese Variablen wiederum in starkem Maße vom Vorbildverhalten der Führungskraft beeinflusst.

Führungsaufgabe: Die Herstellung einer motivierenden Umgebung

Wer bin ich? Und wenn ja, wie viele?

„Warum sind manche Menschen gleichzeitig so klug und so dumm, so fähig, gewisse geistige Aktivitäten zu meistern und so unfähig, andere zu bewältigen? Wie kommt es, dass einige der kreativsten Köpfe keine Bilanz verstehen können, während einige Buchhalter kein Gefühl für Produktdesign haben? Warum sind einige brillante Managementwissenschaftler unfähig, Firmenpolitik zu behandeln, während einige der politisch befähigtsten Menschen die einfachsten Elemente der Managementwissenschaft nicht verstehen können?"
Henry Mintzberg

Dualismus: Rechte und linke Gehirnhälfte

Wahrscheinlich haben Sie sich alle schon des Öfteren einige dieser Fragen gestellt, die wir auf einer Internetseite gefunden haben (www.denkzeichnen.de) und die dem Management-Guru Henry Mintzberg zugeschrieben werden. Manche Personen scheinen zwei völlig verschiedene Persönlichkeiten in sich zu tragen, je nachdem, mit welchen Aufgaben sie konfrontiert werden. Neben den seltenen „Universalgenies" finden sich viele Zeitgenossen, die in einem Aufgabengebiet als „Experte" gelten dürfen, bei anderen Aufgaben aber „Laien" sind. Wir begegnen diesem Dualismus zwischen den Extremen auf allen Ebenen. Bereits in unserem eigenen Kopf finden sich Anzeichen dafür, dass wir nicht so aus einem Guss sind, wie es oft scheint oder wie wir uns selbst oder andere gerne hätten. Denn immer wieder schimmert durch, dass das menschliche Verhalten ein „Gemeinschaftsprojekt" zweier mehr oder weniger spezialisierter Gehirnhälften ist.

Die linke Hälfte „denkt" sozusagen sequenziell und analytisch. Ihr *„gefällt es"*, wie Hans-Jürgen Walter (1997) anschaulich formuliert, *„außerordentlich, einen Budgetplan zu erstellen, eine Gleichung mit mehreren Unbekannten zu berechnen oder Schach zu spielen."*

Die rechte Hemisphäre dagegen „denkt" eher ganzheitlich und in Bildern oder Analogien. Walter attestiert ihr, dass sie *„darauf aus"* ist, *„den Wald vor lauter Bäumen zu sehen, d.h. sie will den Überblick bewahren. Sie ist am großen Ganzen interessiert und weniger an den Details."* Außerdem geht sie *„mehr intuitiv und spontan an die Aufgaben heran."*

Hinweise auf diese so genannte „funktionelle Asymmetrie" wurden bereits 1836 zum ersten Mal von dem bald darauf wieder vergessenen

Das Gehirn

französischen Landarzt Marc Dax berichtet. Es vergingen aber weit mehr als 100 Jahre bis sich eine moderne kognitive Neuropsychologie etabliert hatte, die die einzelnen Kognitionen – also Wahrnehmen, Fühlen, Denken und Handeln – bestimmten Hirnregionen zuordnen kann (vgl. Springer und Deutsch, 1995).

Die meisten Erkenntnisse machte man bei Personen, die eine Schädigung des Gehirns erlitten hatten und bei denen je nach dem Ort der Schädigung bestimmte Fertigkeiten verschwanden. Personen mit rechtsseitigen Hirnverletzungen zeigen häufig einen Verlust des räumlichen Orientierungsvermögens. Die räumliche Wahrnehmung und die räumliche Abstraktionsfähigkeit, die zum Beispiel für die Orientierung in einer fremden Stadt notwendig ist, werden durch trickreiche Experimente eindeutig in der rechten Hirnhälfte nachgewiesen (Springer und Deutsch, 1995). Personen mit linksseitigen Hirnverletzungen können sich dagegen zum Beispiel oft nicht mehr sprachlich ausdrücken. In zwei relativ eng umgrenzten Arealen der linken Hirnhälfte lokalisieren die Neurophysiologen heutzutage auch tatsächlich das „Sprachzentrum" des Menschen (vgl. z.B. Schmidt und Schaible, 2001).

Die Entdeckung solcher Dualismen im eigenen oder fremden Kopf macht nachdenklich und gibt Erklärungsansätze in eine Richtung, die in unserer Vorbemerkung zu diesem Themenkomplex schon angeklungen ist. Die Frage, ob ein Zusammenhang zwischen verschiedenen Menschentypen und den beiden unterschiedlichen Gehirnhälften existiert. Springer und Deutsch (1995) schreiben zu den Hemisphärenunterschieden im menschlichen Gehirn Folgendes:

„[...] Manche [sahen] darin eine Widerspiegelung der traditionell angenommenen Dualismen von Intellekt und Intuition, Wissenschaft und Kunst sowie Logik und Mystik. Der Psychologe Robert Ornstein meint, die Hirnforschung beweise, dass diese Unterscheidungen nicht nur Produkte der Kultur oder der Philosophie sind. Seiner Ansicht nach hat die Trennung zwischen einer östlichen und einer andersartigen westlichen Form des Bewusstseins durch die Unterschiede zwischen den Gehirnhälften eine physiologische Grundlage erhalten. Darüber hinaus wurde die Hypothese aufgestellt, dass etwa Rechtsanwälte und Künstler bei ihrer Arbeit verschiedene Hemisphären ihres Gehirns einsetzen und dass sich die Unterschiede auch in Aktivitäten außerhalb ihres Berufes zeigen. Andere haben diese Idee weiter verallgemeinert und glauben, dass sich jeder Mensch entweder als rechtshemisphärisch oder als

linkshemisphärisch klassifizieren lasse, je nachdem, welche der beiden Gehirnhälften den größeren Teil des Verhaltens bestimmt."

In ihrem Buch führen uns die beiden Autoren direkt auf einige für uns hoch interessante Fragen hin, die wir folgendermaßen formulieren möchten:

Ticken Coaches vielleicht anders als normale Menschen? Gibt es vielleicht wichtige hirnphysiologische Unterschiede zwischen Coaches und ihren Coaching-Partnern, den Managern? Und wenn ja, welche könnten dies sein? Welchen Sinn ergibt überhaupt jene uns gewohnte Vorstellung über die menschliche Persönlichkeit, die als Einheit, gleichförmig und monolithisch gefestigt gedacht wird und von der man erwartet, dass sie sich in verschiedenen Situationen durchgängig ähnlich verhält und sich als sozial berechenbar darstellt?

Das Gehirn

Ticken Coaches anders? – Von Coaches und Managern

Aus unseren neurophysiologischen Abstechern wissen wir jetzt, dass manche Forscher davon ausgehen, dass die Menschen ihre Hirnhälften unterschiedlich stark benutzen. So kann man sich vorstellen, dass es „Rechts-Denker" gibt, die vor allem kreative oder künstlerische Berufe ergreifen, und „Links-Denker", die wissenschaftliche Berufe ergreifen oder solche, die den Umgang mit Zahlen und Fakten erfordern. Wo würden Sie sich einordnen? Und sind Manager folglich vielleicht eher Links-Denker und Coaches eher Rechts-Denker? Gibt es Anzeichen im Gehirn der beiden Berufsgruppen, die uns anzeigen, „wofür" jemand geboren wurde oder wie er primär ausgerichtet ist?

Dualismus: Rechts- oder Links-Denker?

Nun ist es den Neuroanatomen bislang höchst selten vergönnt gewesen, in das Gehirn eines Coachs schauen zu können. Dazu hätte einen Vertreter dieser noch relativ jungen Branche nämlich das Zeitliche segnen müssen. Wir wissen also noch nicht, ob „Coach-Hirne" anders aussehen als „Manager-Hirne" und ob es ein Coaching-Areal im Kopf gibt, welches bei den Coaches durch größere Furchung oder mehr Nervenzellen pro Quadratzentimeter auffiele.

Ehrlich gesagt, brauchen wir uns aber an dieser Stelle auch keine großen Hoffnungen zu machen. Man hat bis heute weder ein Rechtsanwalts- noch ein Hausmeister-Areal im menschlichen Gehirn nachgewiesen. Coaches mögen zwar unbestreitbar eine besondere Sorte Mensch sein, was ihre Gehirnanatomie angeht, dürfen wir aber vermutlich Dr. Watson glauben: Sie wird sich nicht dramatisch von derjenigen des Rests der Menschheit unterscheiden.

Das bedeutet nun nicht, dass Sie sofort enttäuscht dieses Buch zuschlagen sollten. Denn auch eine Analyse der Denkweisen und Denkgewohnheiten sowie des Verhaltens von Coaches und Managern bringt deutliche Unterschiede zu Tage, wie die folgenden Teilkapitel zeigen werden.

Abschnitt 2

Das Verhalten:
Gegensätze in Hülle und Fülle

Erst denken, dann sprechen – oder umgekehrt?

Dualismus: Ergebnissprecher oder Sprechdenker

Wir sind im vorigen Kapitel bereits auf die verschiedenen Welt- und Menschenbilder der Coaches – auch im Vergleich zu denen der Manager – eingegangen. Dort haben wir klare Unterschiede herausgearbeitet, wenn auch in einer etwas überzeichneten, prototypenhaften Form.

Wir haben Gegensätze aufgebaut. Coaches wurden als emotional orientierte Reflektierer dargestellt, Manager als extravertierte Macher. Man kann die Folge dieser Gegenüberstellungen fortsetzen. Denn an Dualismen fehlt es uns selten, wenn wir etwas beschreiben sollen. Eine Beschreibung wird oft erst durch die Abgrenzung von einem Gegenteil richtig plastisch. Wir wollen daher in diesem Teilkapitel solche Verhaltensdualismen näher beleuchten und dabei immer wieder einen Blick darauf werfen, was wohl die Neurophysiologen dazu sagen würden.

Stellen Sie sich doch einmal vor, ein (solchermaßen beschriebener) Manager trifft auf einen (ebenso prototypischen) Coach. Was passiert?

„Der redet die ganze Zeit unausgegorenes Zeug und kommt nicht auf den Punkt. Wie sollen wir da zusammenarbeiten? Erst denken, dann sprechen!"

„Wie soll ich das wissen? Ich muss mir das erst im Gespräch entwickeln. Aber irgendwie hört mir hier keiner zu ..."

Treffender lässt sich der Unterschied zwischen zwei völlig unterschiedlichen Kommunikations- und Denkstilen nicht beschreiben: der zwischen Ergebnissprechern und Sprechdenkern.

Ergebnissprecher handeln nach der Maxime „*Erst denken, dann reden.*" Sie lösen Probleme üblicherweise, indem sie still nachdenken und über das innerlich Gefundene ein (fast) abgeschlossenes Statement veröffentlichen und bevorzugen ein überlegendes (wenn auch nicht immer überlegtes oder gar überlegenes) Vorgehen. Sie hassen es, wenn jemand nicht bei der Sache bleibt. Sie sind sach- und ergebnisorientiert und effizienzbezogen. Ergebnissprecher brauchen Resultate.

Sprechdenker hingegen praktizieren das „In-den-Raum-hineinsprechen." Sie probieren aus, liefern spontane Redebeiträge und finden Zugang zu Problemen über den Dialog mit Kollegen. Sie laden sich sozusagen in der dialogischen Situation emotional so auf, dass sie besser, schneller und klarer denken und so zu ihren Schlussfolgerungen kommen – besser, als wenn sie alleine sind. Sprechdenker sind beziehungs- und gefühlsorientiert und emotional.

Die Zusammenarbeit von Extremformen dieser beiden Typen kann äußerst schwierig werden – egal, ob die beiden Kollegen, Vorgesetzter und Mitarbeiter oder Coach und Klient sind.

Übrigens, Sie merken schon: Auch hier fällt es leicht, eine „corticale Entsprechung" zu finden. Ergebnissprecher denken eher links- und Sprechdenker eher rechtshemisphärisch. Zumindest in der Anfangsphase eines Denkprozesses oder Dialogs scheint diese Tendenz vorhanden zu sein.

Tempus fugit –
oder: Warum haben Sie es so eilig?

*Dualismus:
Monochroner oder
polychroner Zeittyp*

Nehmen wir eine andere Begriffspaarung, die ursprünglich aus der Kulturanthropologie stammt und sich leicht und sinnvoll auf die polare Unterscheidung von Individuen übertragen lässt (wobei natürlich nicht vergessen werden darf, dass es sich bei dieser Unterscheidung um eine schematische Darstellung von Extremtypen handelt): Die Unterscheidung zwischen monochronen und polychronen Zeittypen.

Jeder von uns hat sein eigenes Profil, das sich an manchen Stellen eher der einen, an anderen Stellen mehr der anderen Seite nähert. Für monochrone Typen stellt Zeit einen kontinuierlichen Strahl dar: Ein Ereignis folgt dem anderen, das Geschehen stellt ein in der Regel planbares Nacheinander verschiedener Ereignisse dar. Polychrone Zeittypen leben mit dauernd wechselnden Zeitstrukturen: Beginnt das Meeting nicht gleich, beginnt es eben später. Mal leben, mal sehen. Geografisch gesehen entsprechen Nord- und Mitteleuropäer eher dem monochronen Zeittypus, Südeuropäer und Südamerikaner eher dem polychronen.

Das unterschiedliche Zeitempfinden an sich kann schon zu Schwierigkeiten im Umgang miteinander führen. Diese Erfahrung hat jeder gemacht, der schon einmal mit Angehörigen fremder Kulturen zusammengearbeitet hat (vgl. z.B. Böning 2000). An Brisanz gewinnt das Thema aber durch die Tatsache, dass das unterschiedliche Zeitempfinden auch zu einer ganz unterschiedlichen Arbeitsweise führt (vgl. nebenstehende Tabelle).

Vereinfacht gesagt: Monochrone Typen arbeiten ordentlich und sie arbeiten ihre Themen nacheinander ab. Sie sind pünktlich und auch ansonsten eher verlässlich und erwarten das entsprechend auch von anderen. Sie halten Ordnung und treffen klare Vereinbarungen, auf denen sie bestehen. Polychrone Typen dagegen lieben es, mehrere Dinge gleichzeitig zu tun. Sie kommen mit Unordnung zurecht und lieben das Chaos geradezu, weil sie es dauernd ordnen können, betonen ihre Flexibilität und die Unkalkulierbarkeit von Prozessen. Außerdem sind sie selten pünktlich (haben aber natürlich immer eine zwingende Erklärung für ihre Verspätung!).

Das Verhalten

Monochrone und polychrone Zeittypen

Monochron	Polychron
▸ Stellen eine starke/klare Zeitstrukturierung her ▸ Zeigen eine hohe Sachorientierung	▸ Haben dauernd wechselnde/unklare Zeitstrukturen ▸ Vermitteln eine hohe Beziehungsorientierung
▸ Betonen Logik und Vernunft ▸ Zerlegen analytisch und systematisch ▸ Denken zuerst und handeln danach	▸ Betonen Emotionen und Erleben ▸ Handeln intuitiv und ganzheitlich ▸ Fangen einfach an und systematisieren danach
▸ Suchen nach Ordnung und Struktur	▸ Lieben das Chaos, das sie permanent ordnen können
▸ Bestehen auf Planung und Agenda	▸ Planen wenig oder stoßen die Planung fortlaufend um
▸ Wollen saubere Organisationsstrukturen	▸ Gehen auf Prozesse und wollen die Organisation lebendig haben
▸ Bleiben bei Gewohntem und Bewährtem	▸ Sind neugierig und suchen dauernd nach neuen Erfahrungen
▸ Treffen klare Vereinbarungen und bestehen auf eindeutigem Einhalten	▸ Treffen klare Vereinbarungen, die sie selbstverständlich sinngemäß interpretieren
▸ Sind pünktlich und bestehen darauf	▸ Kommen regelmäßig zu spät, haben immer eine Erklärung, für die sie auf Verständnis hoffen
▸ Arbeiten ordentlich und nacheinander (sequenzieller Modus) ▸ Wollen Durchschaubarkeit und Berechenbarkeit von Situationen und Aufgaben ▸ Haben einen sauberen Schreibtisch, Klarsichthüllen und eine nachvollziehbare Ordnung ▸ Denken und verkünden dann ihr Ergebnis (Ergebnissprecher)	▸ Lieben es, mehrere Dinge gleichzeitig zu machen (paralleler Modus) ▸ Verweisen auf die Unkalkulierbarkeit von Abläufen und die Notwendigkeit eines flexiblen Reagierens ▸ Belagern Schreibtisch, Boden und Fensterbank mit Papierbergen ▸ Reden gern, laden sich im Dialog auf und springen von Punkt zu Punkt (Sprechdenker)

Das monochrone Gehirn denkt offenbar eher linkslastig – das polychrone eher rechtslastig

Übrigens, fällt Ihnen etwas auf? Ja richtig, schon wieder links und rechts. Das monochrone Gehirn denkt offenbar eher linkslastig, das polychrone eher rechtslastig. Diese scheinbar so passende Entsprechung von Verhaltenstypen und Gehirnhälften kann sehr illustrierend sein. Fatal wird diese Unterscheidung in rechts und links allerdings, wenn sie mit einer Bewertung verknüpft wird. Wenn rechts (oder polychron oder sprechdenken) gut und links (oder monochron oder ergebnissprechen) schlecht ist (oder umgekehrt) und die Menschen angehalten werden, nur ihre rechte (oder linke) Hemisphäre und deren Segnungen für ihr tägliches Handeln zu erschließen, schießt man über das Ziel hinaus. Doch sicherlich erzählen wir Ihnen damit keine Neuigkeiten. Bereits vor über 25 Jahren schrieb Howard Gardner, der „Entdecker" der multiplen Intelligenzen, zum Stichwort „Dichotomanie" die folgenden Zeilen:

„Man gewöhnt sich langsam an den Anblick: eine künstlerische Wiedergabe der beiden Gehirnhälften springt dem Leser – häufig vom Titelblatt einer Illustrierten - direkt ins Auge. Quer über die linke Hemisphäre sind (wahrscheinlich ganz in schwarz und grau) Begriffe wie „logisch", „analytisch" und „westliche Vernunft" gedruckt. Über der rechten Gehirnhälfte finden sich in helleren Tönen (in einem kräftigen Orange oder in Königspurpur) die Wörter „intuitiv", „künstlerisch" oder „östliches Bewusstsein". Bedauerlicherweise sagen die Bilder mehr über die derzeit gängige populärwissenschaftliche Mode als über das Gehirn aus."
Gardner, H. (1978): What we know (and don't know) about the two halves of the brain. Harvard Magazine, 80, 24-27, zitiert in Springer und Deutsch (1995)

Wenn wir unseren Blick an dieser Stelle noch einmal für einen kurzen Augenblick weiten, dann werden wir feststellen, dass unsere gesamte westliche Gesellschaft durch solche Dualismen geprägt ist. Wir denken einfach immer in Gegensätzen. Die Figur ist nichts ohne den Hintergrund, vor dem sie sich abhebt. Gut-Böse, Richtig-Falsch, Tag-Nacht, Mann-Frau, linkes Gehirn-rechtes Gehirn – und eben auch Manager-Coach. Gegensätze helfen uns, unsere Welt zu strukturieren und zu verstehen.

Was unser Thema – die Beziehung zwischen Coaches und Managern – angeht, so haben wir die unterschiedlichen Handlungstypen nicht dargestellt, weil wir uns in die jahrzehntealte Tradition der psychologischen Typologisierungstheorien einreihen wollen, sondern weil das

Erkennen möglicher „Typen" oder Verhaltenstendenzen ein wichtiger Faktor für das Gelingen eines Coaching-Prozesses ist.

Wer zum Beispiel mit einem eher polychron orientierten Sprechdenker arbeitet, wird den Coaching-Prozess sehr offen gestalten. Diese Offenheit wäre aber für einen monochron ausgerichteten Ergebnissprecher womöglich eine totale Überforderung. Darüber hinaus bestimmt die Handlungs- und Zeit-Orientierung nicht nur unser Verhalten, sondern sie beeinflusst in starkem Maße auch, wie wir andere wahrnehmen.

Damit nützen solche Dichotomien neben der Tatsache, dass man mit ihrer Hilfe die Welt ordnen und beschreiben kann, im Coaching auch dafür, eventuelle Matching-Probleme rechtzeitig zu entdecken. Doch darauf wollen wir am Ende des Kapitels noch einmal genauer eingehen. Zunächst bemühen wir uns um eine dritte Annäherung an unser „ungleiches Paar".

Das Erkennen von Verhaltenstendenzen ist ein wichtiger Erfolgsfaktor für den Coaching-Prozess

Abschnitt 3

Die Begabung:
Emotionale und multiple Intelligenzen

EQ oder IQ – die emotionale Intelligenz

Die rationale Intelligenz genießt in unserer (Business-)Welt einen hohen Stellenwert. An Führungskräfte wird die Erwartung gestellt, logisch denken zu können, sachlich wahrzunehmen und zu analysieren. Dazu gehören auch eine rasche Auffassungsgabe und eine schnelle „Verarbeitungsgeschwindigkeit". Das alles sind Aspekte rationaler Intelligenz. An den Erfolg durch Emotionen und ein konsequentes Gefühlsmanagement denken wir erst viel später. Wie wichtig ein Zusammenspiel dieser beiden Arten für die Aufnahme sozialer Beziehungen zu anderen Menschen und das Erreichen von sozialem Erfolg und Anerkennung ist, machen erst Extrembeispiele so richtig deutlich. Ein Autist zum Beispiel, wie er von Dustin Hoffman im Film „Rain Man" (Metro Goldwyn Mayer, 1988) meisterhaft verkörpert wird, kann durchaus rational hoch intelligent sein, doch seine völlig fehlende Fähigkeit zu sozialen Beziehungen macht ihn zum Behinderten und Ausgegrenzten.

EQ und IQ – das Zusammenspiel dieser beiden Arten ist wichtig für die Beziehungsaufahme zu anderen

Doch auch in unserem Alltag gibt es Situationen, denen man nicht nur mit rationaler Intelligenz beikommen kann. Ein Beispiel ist das Außenseiter-Team, das sich auf Teamlernen (vgl. Senge, 1997) einlässt und das Selbstvertrauen und Selbstmotivation daraus zieht, um zum Gewinner zu werden. Dazu brauchen wir emotionale Intelligenz.

Emotionale Intelligenz ist ein Konzept des Yale-Professors Peter Salovey (Salovey und Mayer, 1990), das in den 90er-Jahren von David Goleman (vgl. Goleman, 1996, 2000) popularisiert wurde. Man versteht darunter, verkürzt gesagt, die Fähigkeit, eigene und fremde Emotionen zur Kommunikation oder insbesondere Motivation für das Erreichen anstehender Ziele zu nutzen. Das fängt zwar bei der eigenen Person an, funktioniert jedoch ebenso gut bei anderen Personen oder

Teams. Kurzum: Es geht dabei um das richtige Managen von Gefühlen und Beziehungen. Goethe sprach dereinst von „Herzensbildung", Goleman nennt es emotionale Intelligenz.

Die fünf Komponenten der emotionalen Intelligenz

Faktor		führt zu ...
Selbstreflexion	→	Selbstüberprüfung des eigenen inneren und äußeren Tuns/ Verhaltens (Selbstbild–Fremdbild)
	→	Lernen/ Umsteuern
Empathie	→	gedanklichem und gefühlsmäßigem Hineinversetzen in andere (Perspektivenwechsel)
	→	realistischer innerer Vorwegnahme des Verhaltens anderer
Selbstmotivation + Frustverarbeitung	→	der Fähigkeit, Belastungen zu ertragen und zu überwinden
	→	Aktivität und Dynamik
	→	(selbst) Herbeiführen von Lösungen
Eigeninitiative	→	Einfluss und Gestaltung
	→	richtigem Timing von Maßnahmen und Aktionen
Pflege des Sozialen	→	Beziehungspflege als emotionale Basis eines Netzwerkes
	→	Netzwerken, die zur Einflussnahme bei Aktionen notwendig sind

Abb. 8.3 Faktoren der emotionalen Intelligenz nach Goleman, 1996 (Überarbeitung durch Böning)

In Golemans Vorstellung besteht die emotionale Intelligenz aus insgesamt fünf Komponenten, wie sie in Abb. 8.3 dargestellt sind. Die Konsequenzen und die Möglichkeiten, die sich für das emotional intelligente Individuum ergeben, haben wir auf der rechten Seite der Grafik hinzugefügt. Es wird unschwer deutlich, wie gravierend der Einfluss dieser fünf Faktoren auf ein erfolgreiches Führungsverhalten im Unternehmenskontext ist.

Es ist natürlich trivial zu erwähnen, dass es viele Dinge im täglichen Leben gibt, die man besser mit rationaler Intelligenz als auf anderen Wegen angeht. Zum Beispiel Einparken, denn das hat mit räumlichem Vorstellungsvermögen zu tun. Oder das erfolgreiche Erinnern, was man alles einkaufen wollte, wenn man vor dem Supermarkt-Regal steht. An der Kasse rechnet man dann mit rationaler Intelligenz richtiger und schneller ab als durch den bloßen Einsatz von emotionaler Intelligenz. Die Urlaubsorganisation wird auch nicht so chaotisch, wenn sie ein rationaler Denker in die Hand nimmt. Möglicherweise hilft etwas rationale Intelligenz auch bei der richtigen Auswahl des

Versicherungsvertreters. Die persönliche Zukunfts- und Vermögensplanung sollte man auch nicht gänzlich ohne logisches und schlussfolgerndes Denken machen.

Und wenn man in den Unternehmensbereich hineingeht, sind die Beispiele noch einleuchtender. Technische Probleme geht man am besten mit technischen Fähigkeiten an. Bei der Reparatur einer Einspritzpumpe oder eines Computers helfen technische Fähigkeiten meistens mehr als Motivation oder Empathie. Es erscheint auch zweckmäßig, den Kühlkreislauf eines Kernkraftwerkes mehr mit Ingenieursfähigkeiten als mit sozialer Wahrnehmungsfähigkeit zu planen und zu installieren. Das Gleiche gilt für jede Menge betriebswirtschaftlicher, steuerrechtlicher oder strategischer Fragestellungen, die zum Alltag von Unternehmen gehören.

Die rationale Intelligenz ist dort begrenzt, wo es nicht um rationale Themen geht

Allerdings findet die Macht der rationalen Intelligenz dort ihre Grenzen, wo es überhaupt nicht um rationale Themenstellungen geht. Wer kennt nicht die (nur bedingt berechtigte) Annahme, dass gute Schüler auf jeden Fall viel Erfolg im späteren Leben haben würden. Oder die irrige Erwartung, dass gute Fachleute (Techniker, Kaufleute oder Juristen) auch gute Führungskräfte sein müssten. Oder die oft erklärte Erwartung, dass Führungskräfte/Manager, die einen technischen Arbeitsprozess hervorragend organisieren können, genauso sicher und erfolgreich einen Veränderungsprozess im Unternehmen durchführen können. Was soll Juristen einfach so befähigen, die unternehmensinterne Kommunikation nach der Bekanntgabe einer Fusion gegenüber Mitarbeitern richtig durchzuführen, die echte Angst um ihren Arbeitsplatz haben?

Wenn man die Praxis vieler Fälle in den vergangenen Jahren ansieht, kommt sofort die Frage auf: Werden solche Fragen in der Praxis überhaupt berücksichtigt? Woher kommt die hohe Zahl von 50 – 70% Fehlschläge bei Fusionen, obwohl diese von vielen intelligenten Managern und noch intelligenteren Strategieberatern oder Investmentbankern geplant und durchgeführt wurden? Woher kommt die begrenzte und langsame Umsetzung von Strategiekonzepten, die von jungen MBA-Absolventen aus Harvard, London oder dem Rheingau entworfen und rhetorisch brillant gemeinsam mit älteren Beratern den Unternehmen in folienintensiven Präsentationen verkauft wurden? Wer hat als Coach noch nicht an jenen berüchtigten Meetings teilgenommen, in denen sich andere Berater über die begrenzte Intelligenz von Vorständen mokierten, denen sie gerade eine Umorganisation empfehlen wollten, in der eindeutigen Gewissheit, dass die von ihnen ausgebildeten und oft promovierten Physikern, Biologen, Mathematikern, Betriebswirtschaftlern und Chemikern entworfene Konzeption unschlagbar sei und nur an dem mangelnden Verständnis der Entscheider und ihrer zögerlichen Umsetzung scheitere?

Womit wir am (Ergebnissprecher und rationaler Intelligenzler könnten sagen: labyrinthisch erreichten) Punkt wären: Viele Themen, die in den täglichen Arbeitsprozessen eines Unternehmens gelöst werden müssen, verlangen sehr heterogene Fähigkeiten. Die Zeit der Erfolge der reinen körperlichen Geschicklichkeit und Überlegenheit ist seit ein paar Jahrhunderten vorbei. Aber der Siegeszug der Naturwissenschaften, der Technik und der Industrialisierung hatte für lange Zeit eine andere Illusion aufgebaut, den Glauben nämlich, mit rationaler Intelligenz, Logik und vernünftiger Bewusstheit die wesentlichen Fragen der Menschen, ihrer Bestrebungen und ihrer Organisationen lösen zu können. Unbestreitbare Fortschritte von ungeheuren Ausmaßen in vielen Lebensbereichen sind dabei zustande gekommen.

Viele Themen des Arbeitsprozesses verlangen sehr heterogene Fähigkeiten

Gerade in der westlichen Welt haben die Menschen in der Vergangenheit stark auf Werte und Stärken zurückgegriffen, die man der linken Hirnhälfte „zuschreiben" könnte. So sei uns an dieser Stelle daher die Frage erlaubt, ob nicht gerade eine ausgewogenere Nutzung von Denkweisen und Lösungsstrategien angebracht wäre, um scheinbar übermächtige Probleme in Wirtschaft und Gesellschaft – national wie international – erfolgreich anzugehen.

Allerdings wollen wir auch nicht so tun, als ob Psychologen für alle Themen eine Lösung hätten und Coaches ihre Kunden immer zum Erfolg bringen könnten, und damit unsere Gedanken auf unser bescheideneres Thema zurückführen.

Gerade Coaches brauchen eine gehörige Portion emotionaler Intelligenz, wenn sie mit den eher rational denkenden und argumentierenden Managern zusammensitzen. Um sein Gegenüber zu verstehen, benötigt ein Coach durchaus entsprechende rationale Intelligenz, keine Frage. Er muss dem Diskurs seines Gesprächspartners aus der Wirtschaft folgen können, gewissermaßen „seine Sprache sprechen". Als Coach muss man also fast zum „Allesversteher" mutieren. Controller und Personaler, Finanzer und Visionäre, politisch Denkende und Ingenieure, Mathematiker oder Juristen usw. wollen verstanden werden. Natürlich kann ein Coach nicht alle Fachbegriffe, Unter-

Der Coach als „Allesversteher"

nehmensslangs oder Marketing- und F&E-Terminologien kennen. Das ist auch nicht die Forderung an ihn. Aber er muss das, was die im wirtschaftlichen Kontext stehenden Kunden bewegt, auch nachvollziehen können. Das ist Teil seiner fachlichen Kompetenz. Auf die Anforderung, dass er grundsätzlich über eine analytische Herangehensweise verfügt und logische Schlussfolgerungen aus Aussagen seines Klienten ziehen kann, müssen wir hier nicht gesondert eingehen.

Gespür für „weiche Faktoren"

Soziale Phänomene und „weiche Faktoren" (z.B. Führung, Kommunikation), die sich unter der Wasseroberfläche des rationalen Diskurses abspielen und sich der rein analytischen Betrachtung entziehen, kann der Coach jedoch nur wahrnehmen, wenn er über beides verfügt: eine rationale wie eine hohe emotionale Intelligenz. Die Persönlichkeit des Klienten zu erfassen, seine angespannte Gefühlslage, zum Beispiel in diffizilen Veränderungsprozessen, wahrzunehmen und all dies in einen Gruppen- oder Organisationskontext zu setzen, das geht nicht ohne eine Menge beider Intelligenzen.

Viele der Anforderungen an externe Coaches, die wir in vorigen Kapiteln bereits beschrieben haben, beziehen sich genau auf dieses Thema. Ob es um Empathie geht, also die Wahrnehmungsfähigkeit und Sensibilität für die Gefühlswelten des Kunden, oder die Fähigkeit des Coachs, seine Kunden über Emotionen zu motivieren. Im Prinzip jedoch muss man sogar noch elementarer werden und konsequenterweise die Fähigkeit, eine erfolgreiche und konstruktive Beziehung zum Kunden aufzubauen, bereits als eine Leistung ansehen, die ein gerüttelt Maß an emotionaler Intelligenz und emotionalem Aufwand erfordert. Die hohen Werte für Anforderungen wie Vertrauenswürdigkeit, Integrität und soziale Kompetenz, wie wir sie in unserer aktuellen Studie gemessen haben, belegen dies eindrücklich.

Emotionale Intelligenz oder auch soziale Kompetenz, (die zwar eine hohe Überlappung haben, aber lange nicht dasselbe sind) scheinen Kernanforderungen an den Business Coach zu sein. Folglich stellt der Coach in einem gewissen Sinn einen ergänzenden Part zum rational agierenden Manager dar.

Darf's auch ein bisschen mehr sein? – Multiple Intelligenzen

Die im vorigen Teilkapitel beschriebene polare Unterscheidung in zwei Intelligenzformen stellt, wie man leicht erkennen kann, nur einen Schritt auf dem langen Weg zu einem angemessen komplexen Modell der vielfältigen Wirklichkeit dar, die das Leben in seinen unterschiedlichen Erscheinungsformen bereithält.

Einen weiteren Schritt könnte das Konzept der multiplen Intelligenzen von Howard Gardner bedeuten. Er ist bereits im vorigen Kapitel zu Wort gekommen, wo wir ihn als Kritiker der „Dichotomanie" genannten Dualisierungswut in den einschlägigen Kreisen von Training und Weiterbildung kennen gelernt haben.

Konsequenterweise hat er deshalb auch in seinen Büchern nicht nur ein oder zwei Formen der menschlichen Intelligenz postuliert, sondern gleich ein ganzes Bündel von verschiedenen Intelligenzen, die uns zu jenen so unterschiedlich funktionierenden Menschen machen, die bei aller Gleichheit doch so verschieden sind.

Ein ganzes Bündel verschiedener Intelligenzen

In seinem Buch „Intelligenzen – die Vielfalt des menschlichen Geistes" (Gardner, 2002) fügte er neben der sprachlichen und logisch-mathematischen Intelligenz die musikalische, die körperlich-kinästhetische, die räumliche, die interpersonale und die intrapersonale Intelligenz hinzu. Im gleichen Buch spekuliert er noch über weitere Intelligenzen und über die Möglichkeit einer Erweiterung der bisherigen (bekannten) Intelligenzen. Unter mehr oder weniger großen Einschränkungen postuliert er etwas vorsichtig eine so genannte naturkundliche und eine Lebensintelligenz.

Dass er diese Intelligenzen nicht willkürlich zusammengestellt hat, belegt er durch die unterschiedlichsten Hinweise auf die Unabhängigkeit dieser Komponenten, die eine Differenzierung geradezu zwingend und natürlich macht. So sind die verschiedenen Fähigkeiten bei verschiedenen Menschen oft sehr unterschiedlich entwickelt.

Um sich dem Vorwurf der Beliebigkeit entgegenzustellen und zu begründen, dass es eher sieben bis acht Intelligenzen sind und nicht 20 bis 30, legt er die Existenz von Grundfunktionen oder „Kernfunktionen" nahe, die nach seiner Spekulation womöglich auch neuronale Entsprechungen haben.

Die verschiedenen Intelligenzen reifen nach Gardners Auffassung auch in unterschiedlichen Abschnitten der persönlichen Entwicklung heran, genauso wie sie sich stammesgeschichtlich in unterschiedlichen Entwicklungsperioden verankern lassen.

- **Bewegung und Körper**
  (Charlie Chaplin, Marlene Dietrich, Michael Jordan, Jesse Owens)

- **Musik**
  (Johann Sebastian Bach, Wolfgang Amadeus Mozart, Ludwig van Beethoven)

- **Logik und Mathematik**
  (Aristoteles, Euklid, Blaise Pascal, Gottfried Wilhelm Leibnitz)

- **Sehen und Raumdenken**
  (Leonardo da Vinci, Michelangelo, Raffael, Vincent van Gogh, Pablo Picasso)

- **Sprache**
  (Homer, William Shakespeare, Johann Wolfgang von Goethe)

- **Leben**
  (Albert Schweitzer, Martin Luther King)

- **Personale und soziale Intelligenz**
  (Mahatma Gandhi, Mutter Theresa, Nelson Mandela, Kofi Annan)

- **Naturerkenntnis**
  (Isaac Newton, Charles Darwin, Albert Einstein)

Abb. 8.4 : Die 8 Intelligenzen nach Gardner (2002) und „idealtypische" Repräsentanten

Die interpersonale Intelligenz

Besonders die inter- und die intrapersonale Intelligenz wollen wir hier nochmals aufgreifen. Die interpersonale Intelligenz entspricht in weiten Teilen der sozialen Kompetenz bzw. emotionalen Intelligenz. Gardner versteht darunter *„die Fähigkeit [...], Absichten, Motive und Wünsche anderer Menschen zu verstehen und dementsprechend in der Lage zu sein, erfolgreich mit ihnen zu kooperieren"*. Wie wir bereits mehrfach herausgestellt haben, halten wir dieses Fähigkeiten- und Einstellungsbündel für einen Coach für besonders wichtig.

Aber auch die davon unterschiedene intrapersonale Intelligenz darf nicht übersehen werden. Nach Gardner hat gerade die *„Fähigkeit, sich selbst zu verstehen, ein lebensgerechtes Bild der eigenen Persönlichkeit – mitsamt ihren Wünschen, Ängsten und Fähigkeiten – zu entwickeln und dieses Wissen im Alltag zu nutzen"*, eine enorme Bedeutung für das gerade angefangene Jahrtausend.

Die intrapersonale Intelligenz

Wenn wir eines von diesen unterschiedlichen Theorien zu den menschlichen Intelligenzen lernen können – seien es nun zwei, sieben oder siebenundvierzig – dann dies, dass eine Beschränkung auf wenige Dimensionen den Menschen, ihren Beziehungen, Anforderungen und Fähigkeiten nicht gerecht wird. Jedes Coaching, das zusätzliche Dimensionen einbringt, sei es im Verhalten, Denken oder Erleben der Führungskräfte, hat einen Nutzen. Und gerade solche Dimensionen, die lange vernachlässigt wurden, treten durch die Coaching-Arbeit ins Blickfeld der Führungskräfte und in das Scheinwerferlicht der Unternehmensöffentlichkeit.

Seitenblicke

Auf der Suche nach Kundengruppen

Was können wir als Coaches von der PKW-Marktforschung lernen?

Die Automobilbranche kennt ihre Kunden ganz genau: BMW-Fahrer nehmen das Heft gerne selbst in die Hand und sind extravertiert, Mercedes-Fahrer sind vernunftorientiert und introvertiert. Mittelklassewagen werden vor allem von der Mittelklasse gekauft und Coupés vermitteln ihren Fahrern den Traum vom Leben auf der Überholspur.

Was auf den ersten Blick wie ein ganz, ganz billiges Klischee erscheint, hat sich allerdings in den Marketingabteilungen der Automobilhersteller und -verkäufer als die Realität herausgestellt. Seriöse Studien haben für verschiedene Fahrzeugmarken oder auch -typen klare Hauptkundengruppen und damit auch Hauptzielgruppen identifiziert (vgl. Abb.).

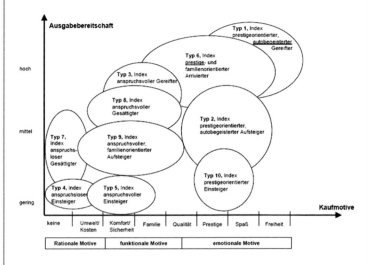

Abb.: Unterschiedliche Typen von Autokäufern, Franzen und Rabe 2003

Seitenblicke

Entsprechend laufen seit vielen Jahren zielgruppenspezifische Werbespots und neue Modelle werden sehr spezifisch den jeweiligen Kundenbedürfnissen angepasst.

Marketing in der Automobilbranche wird sehr systematisch, fokussiert und aufwändig betrieben – mit dem Ziel, das „Matching" zwischen dem Produkt und dem Kunden optimal zu gestalten.

Die Beschreibung unterschiedlicher Coach-Typen im vorliegenden Kapitel löste ganz selbstverständlich die naheliegende Frage aus: Gibt es auch bei den Coaches klare Hauptkundengruppen? Gilt auch bei den Coaches der Spruch „Sage mir, welchen Coach du hast, und ich sage dir, wie du führst?" Und lässt sich das Marketing für Coaching spezifisch auf unterschiedliche Kundengruppen ausrichten?

Abschnitt 4

Manager meets Coach – wie funktioniert das?

Der Aufbau von Kausalzusammenhängen zwischen neuronalen Strukturen und dem Verhalten („weil wir im Gehirn zwei Hälften haben, gibt es zwei Typen von Menschen") wird von Neurobiologen in einem gewissen Sinne bereits als ein existenzielles Unterfangen betrieben. Zum Beispiel fordert der Ulmer Psychiater Manfred Spitzer (Koch, 2004) eine „evidenz-basierte Pädagogik", die die Erkenntnisse seiner aktuellen Studien zu den neuronalen Vorgängen, die in Kinderköpfen ablaufen, wenn sie lernen, berücksichtigt. Er fand zum Beispiel heraus, dass Wörter, die in einem positiven emotionalen Kontext gelernt werden, in einem anderen Bereich des Gehirns abgespeichert werden als Wörter, die unter Leistungsangst oder Druck gelernt werden. Daraus folgert er, dass auch beim Abrufen der negativ besetzten Wörter wieder negative Gefühle auftreten – *„was einen kreativen Umgang mit dem Material verhindert"*. Aus dieser Schlussfolgerung könne nun weiter gefolgert werden, dass ein positiver emotionaler Kontext, ein Lernen ohne Angst oder Druck, die Kreativität und Lernleistung fördert.

Nun mal ehrlich, hätten Sie etwas anderes erwartet? Etwa, dass Kinder nur unter hohem Stress und Leistungsangst erfolgreich lernen und kreativ sein können? Viele seiner Kritiker werfen Spitzer daher auch vor, dass er zwar interessante Ergebnisse präsentiert, aber seine Schlussfolgerungen letztlich nichts Neues für die Pädagogik bringen (Koch, 2004). Für unsere Frage nach der neuronalen Basis der Coach-Klient-Beziehung sollte uns das zu denken geben: Nur ein Zugewinn an Wissen oder eine vertiefte Einsicht in das Wesen dieser Beziehung würde eine neuronale Betrachtung unseres „ungleichen Paares" rechtfertigen.

Coaches denken offensichtlich anders als Manager. Sie verhalten sich auch anders. Sie fühlen sich auch anders und sie haben meist auch andere Leitbilder und Wertvorstellungen. Das können und wollen wir nicht leugnen. Es mögen sogar andere neuronale Prozesse in ihren Köpfen ablaufen, das können wir nicht ausschließen. Die Frage ist aber, ob wir über ein erstauntes *„Da schau her"* und ein anerkennendes Kopfnicken angesichts dieser Forscherleistung hinausgelangen würden. Denn: Welche Schlüsse für die Praxis könnten wir dann daraus ziehen, die wir nicht schon längst auf Grund des beobachteten Verhaltens und der erfragten Werte und Einstellungen gezogen haben? Die Praxis möchte Antworten von uns hören und kann mit neurologischen Erklärungen per se wenig anfangen.

Was wir daher ansprechen wollen, ist die Möglichkeit, über die Kenntnis der Gehirnstruktur und der Gehirnprozesse ein tieferes Verständnis für viele soziale Abläufe zu gewinnen, die uns sonst verwunderlich erscheinen oder unverständlich bleiben. Als Fazit kann dann folglich nur herauskommen, dass wir die Fähigkeiten beider Gehirnhälften entsprechend verknüpfen und nutzen sollten.

*Fazit:
die Fähigkeiten beider Gehirnhälften verknüpfen und nutzen*

Und was die vorgestellten Dichotomien angeht, so erzählen die bislang gemachten praktischen Erfahrungen eine klare Geschichte: Im Lichte des praktischen Nutzens für unseren Alltag lösen sich neurologische, kognitive und wahrscheinlich auch kosmische Dichotomien als unwesentlich auf. Die reflexive, eher ganzheitliche Haltung der Coaches ergänzt sich offensichtlich ganz praktisch mit der nach außen orientierten „Macher"-Haltung der Manager in idealer und sehr fruchtbarer Weise.

Der Nutzen dieser Verbindung wird von beiden Seiten bestätigt (Böning-Consult, 2004). Manager schätzen die durch Coaching geleistete Unterstützung bei handfesten Führungsfragen, bei beruflichen Veränderungen und auch bei Konflikten oder Problemen. Hier erleben sie eine Erweiterung ihres Handlungsspektrums, lernen also neue Verhaltensweisen und können sich erfolgreicher behaupten. Ein Sachverhalt, der völlig verständlich ist, denn die herkömmlichen Fähigkeitsschwerpunkte von Managern sahen sachlich-fachliche Kompetenzen vor, weniger den Erfolgsschwerpunkt der sozialen Kompetenz. Hier haben viele Führungskräfte nach modernem Verständnis eine große Lücke, die von Coaches oder durch das Coaching ausgeglichen werden kann.

Eine wichtige Schlussfolgerung scheint uns daher zu sein, eine ganzheitliche Perspektive einzunehmen, die in den oben genannten Gegensätzen lediglich zwei Seiten einer Medaille sieht.

Fazit: eine ganzheitliche Perspektive einnehmen

Auf diesem Wege kommen wir zu einer angemesseneren Betrachtung dieser so allgegenwärtigen Gegensatzpaare: Nicht als zwei unvereinbare Prinzipien, nicht als ein „Entweder-oder", sondern als ein „Sowohl-als-auch." Dass die Biologie ebenfalls nicht nur auf eine Hälfte baut, sondern immer den Ausgleich und die Komplementarität bevorzugt, haben auch Hirnforscher erkannt. Springer und Deutsch (1995) berichten: *„Allgemein lässt sich sagen, dass es keinen Beweis dafür gibt, dass bei irgendeiner kognitiven Aufgabe lediglich eine der Hemisphären beteiligt ist, und das gilt auch für die Sprache, von der wir wissen, dass sie stark lateralisiert ist."*

Und auch Hans-Jürgen Walter (1997) beschreibt die Teamarbeit der beiden Hirnhälften: *„Denn für Teamwork sind sie vorgesehen. Ansonsten gäbe es zwischen den beiden Abteilungen nicht den Corpus Callosum, einen bleistiftdicken Nervenstrang, der für die direkte Kommunikation zwischen den beiden Gehirnhälften zuständig ist, quasi eine Standleitung, die dauernd online ist."*

Und so sind uns die vorgestellten Dualismen nützlich, wenn wir Personen und ihr Verhalten beschreiben. Die Frage, ob im Coaching-Prozess eher zwei gleiche Typen oder eine komplementäre Ergänzung das Richtige sind, wird natürlich damit noch nicht beantwortet – und das ist auch gut so. Denn für beide Varianten gibt es Argumente, und beide haben sie in bestimmten Situationen ihre Berechtigung. Oft nützt ein monochroner Coach einem polychronen Manager bei der Strukturierung seiner Aufgaben. Ein „ergebnissprechender" Manager kann sich durch einen „sprechdenkenden" Coach zu einer höheren Qualität bei Diskussionen und Verhandlungen führen lassen. Und die reflexive Haltung des Coachs ist hilfreich für Macher, die hin und wieder zu schnell ihre Entscheidungen treffen oder „zu einfach" ein Problem verstehen.

Die Kenntnis der eigenen Stärken und Schwächen kann einem helfen, nicht nur sich selbst besser kennen zu lernen, sondern auch zu erkennen, welche Personen einen unterstützen und weiter bringen können in einem komplizierten Projekt oder einem unaufgelösten Konflikt. Oder wie sich eine gewählte und gut gemeinte Kommunikationsform gegenüber Mitarbeitern in der Realität tatsächlich auswirkt. Andererseits sollten wir nicht übersehen, dass sich zwei gleiche Typen oftmals schneller und besser verstehen. Zwei Sprechdenker etwa können sich euphorisch aufladen durch ein reflexives Gespräch, in dem sie immer weiter in stimulierende Tiefen dringen, während zwei Ergebnissprecher erfreut sind, wie schnell ein Thema strukturiert und in saubere Handlungsketten zerlegt wird, die eine ordentliche Abarbeitung und Lösung ermöglichen. Die Frage lautet also nicht: Welches ist allgemein die bessere Lösung? Sondern: Wer versteht sich unter welchen Umständen besser und was ist in der jeweiligen Situation erfolgreicher oder bloß angenehmer?

Und noch einmal zum Abschluss: Es ging uns in diesem Kapitel nicht darum, hochwissenschaftliche Theorien zu wälzen oder die Weltgeschichte auf neuronale Strukturen zurückzuführen. Vielmehr kann das Wissen um gehirnphysiologische Abläufe dem Coach ein tiefer gehendes Verständnis für beobachtbares Verhalten im Coaching-Gespräch ermöglichen. Hier wollten wir auch den Coaches und anderen in der Beratung Tätigen die Möglichkeit zur Reflexion ihrer eigenen Praxis und ihres Verhaltens geben. Die beschriebenen Dichotomien können Entscheidungen erleichtern, die vor oder während des Coaching-Prozesses getroffen werden, und liefern Hinweise für eine erfolgreiche Zusammenarbeit. In diesem Zusammenhang sind auch die multiplen Intelligenzen eine hilfreiche Beschreibungsdimension.

Die Kenntnis der Dichotomien hilft bei der Reflexion der eigenen Praxis

In diesem Sinne kann letztlich die Coaching-Arbeit durch diese Komponenten vertieft und erweitert werden, und wir können dazu beitragen, sie auf ein stabiles Fundament zu stellen und Professionalität – auch und gerade in der Zukunft – zu sichern.

Seitenblicke

Bei Marken schaltet der Verstand aus

Warum entscheiden sich Menschen für den Kauf von Coca-Cola, obwohl ihnen im Blindtest Pepsi besser schmeckt?

Dieser Frage widmen sich neuerdings Neuroökonomen und Neuromarketing-Experten (vgl. Kutter 2004). Mit Hilfe der funktionellen Kernspintomografie (fMRI) beobachten sie, welche Gehirnregionen im Moment der Wahrnehmung bestimmter Reize am stärksten durchblutet sind. Bei der Wahrnehmung bekannter Marken sind dies solche, die den Emotionen zugeordnet sind. Der Käufer entscheidet sich nicht rational für ein bestimmtes Produkt – ihn leitet seine Intuition.

Der Vorgang ist hier etwas vereinfacht dargestellt: In der Regel spielen zusätzlich weitere Faktoren wie die Reizleitung und Verschaltung in Nervenbahnen sowie die Konzentration des hirneigenen Stoffes Dopamin eine wichtige Rolle. Trotzdem zeigt dieser Prozess sehr gut, wie intensiv der Einfluss emotionsbezogener Gehirnregionen ist.

Auch das Unbewusste im beschriebenen Prozess wurde übrigens durch die Forscher nachgewiesen. Gibt man zum Beispiel männlichen Beobachtern Bilder von Männern und Frauen vor, reagieren bei der Betrachtung der Frauen vorwiegend Areale in der rechten Hirnhemisphäre und im limbischen System – beides Bereiche, die eng mit Emotionen verknüpft sind.

Schauen sich Männer jedoch Fotos von Männern an, ist die linke Hemisphäre aktiv, das Zentrum des Rationalen und der Sprachbearbeitung. Was dies für den Einsatz eines weiblichen Coachs bedeuten könnte, kann jeder selbst ableiten: Ermöglichen weibliche Coaches den männlichen Führungskräften einen direkteren Zugang zu den eigenen Gefühlen – oder stiften sie hier eher Verwirrung?

Executive Coaching:
Herrschen andere Regeln für das Topmanagement?

Kapitel 9

In diesem Kapitel greifen wir ein Thema auf, das sich als eine der inhaltlichen Trendlinien in der Coaching-Entwicklung abzeichnet: zielgruppenspezifische und strategiebezogene Fragestellungen.

Die Coaching-Szene bietet heute weit mehr als nur Vier-Augen-Gespräche auf mittleren Management-Ebenen. Eine Begriffsklärung, was man sich unter den einzelnen Zielgruppen – Unternehmer, Führungskräfte, Executives oder Topmanager – vorstellen muss, scheint uns daher überfällig.

Neben zielgruppenspezifischen spielen auch strategische Fragestellungen im Coaching eine wachsende Rolle. Kombiniert und konzentriert trifft dies auf das Executive Coaching zu. Dieses liegt daher im zweiten Teil des Kapitels im Fokus unserer Betrachtung. Wir gehen nicht zuletzt deshalb verstärkt auf dieses Thema ein, weil es ein zentraler Teil unserer Arbeit in den letzten 18 Jahren war, in denen wir eine Reihe von Beobachtungen zusammengetragen haben, die die Grundlage unserer folgenden Ausführungen bilden.

Zwei Szenen aus realen Coaching-Sitzungen .... S. 237
Ist Führungskraft gleich Manager gleich Unternehmer? .... S. 245
Der kleine Unterschied .... S. 256

Außerdem
Praxisbeispiel Sick: Coaching nach Werten .... S. 262

Abschnitt 1

Zwei Szenen aus realen Coaching-Sitzungen

Gibt es systematische Unterschiede zwischen dem Coaching im Topmanagement-Bereich und der Beratung auf mittlerem Führungslevel, in den Vorgehensweisen während des Coaching-Prozesses und in den so einfach genannten „Rahmenbedingungen"? Wir behaupten, ja – und werden nun die wesentlichen Situationslinien herausarbeiten, die die markanten Unterscheidungen kennzeichnen.

Dafür beginnen wir jedoch weder mit einer Statistik, noch mit einer soziologischen Analyse, sondern starten mit zwei Gesprächsauszügen, die aus Gedächtnisprotokollen realer Coaching-Sitzungen entstanden sind. In ihnen soll etwas von der typischen Atmosphäre, dem Kommunikationsstil, den Themen, der Interventionsstrategie und den Rahmenbedingungen spürbar werden, die aus der Arbeit mit den verschiedenen Zielgruppen resultieren.

Szene 1:
„Wir bekommen alle eine Note."

Er saß mir gegenüber und rauchte. Stieß langsam die kleinen Rauchwölkchen seines Zigarillos in die Luft und schaute ihnen hinterher. Schweigend. Nach einem kurzen Moment knurrte er mich freundlich lächelnd an: *„Na? Wie geht es Ihnen denn? Normalerweise fragen Sie mich ja das zu Beginn jeder Sitzung!"* Ich lächelte ihn an: *„Am liebsten gut!"*, entgegnete ich und nahm mir etwas Obst von der Schale. *„Und Ihnen?"*

„Ich komme gerade von einer Führungskräfteveranstaltung. Das ist schon interessant, wie die Leute mit unserer Vision umgehen! Wirklich interessant! Manche unserer Techniker können damit gar nichts anfangen, wirklich gar nichts!" Er lachte.

„Aber andere sind ganz offen, diskutieren mit, geben sich Mühe und verstehen auch, was wir wollen!" Er nickte sinnend vor sich hin. „Wissen Sie, es ist gar nicht so einfach für mich, alle Leute zu erreichen. Und dann noch in Englisch! Und die anderen Vorstände sind auch alle dabei, sitzen in der ersten Reihe und beobachten die Szene. Sie glauben doch nicht, dass es nur um die Vision und unsere neue Strategie geht. Der Redner soll alle begeistern, die da mit verschränkten Armen im Plenum sitzen und stumm zuhören. Jeder achtet auf jeden. Natürlich sind die Inhalte nicht unwichtig, aber die meisten Themen sind doch weitgehend bekannt, sind in den Arbeitsgruppen x-mal besprochen und vorbereitet worden. Wir sprechen doch nicht fortwährend über unbekannte Sachen." Er machte eine kleine Pause. „Es ist ein Schaulaufen des Redners vor allen Leuten. Niemand kommt daran vorbei. Es ist einfach so, als ob unter den Zuhörern unzählige Punkterichter säßen, die alle fortwährend ihre imaginären Punktetafeln hochhalten würden: 5,4 in der A-Note, nur 5,2 in der B-Note. Das ist schon nicht so einfach!", lachte er wieder und reckte den Hals.

Ich nickte. „Hm."

„In einer Fremdsprache wird es noch schwerer. Mensch, die ganzen Fachausdrücke, die im Deutschen schon nicht immer leicht auszusprechen sind ... Das geht ja schon bei simplen Inhalten los, bei denen die englische Aussprache nicht ganz flüssig von der Zunge kommt. Nehmen Sie den schlichten Gedankengang, mit den Zuhörern über die unternehmerische Grundhaltung zu sprechen. Versuchen Sie mal, das Wort „entrepreneurial" während einer Rede ohne zu stocken mit der richtigen Betonung im Satzfluss auszusprechen. Und dann sitzen der Vorstandsvorsitzende und einige High Potentials im Zuhörerraum, die alle hervorragend Englisch sprechen ... Ich habe aber nicht in den USA studiert. Ich lese zwar viel in Englisch und verstehe im Gespräch oder in Verhandlungen eine Menge, aber eine Rede, das ist noch etwas anderes!"

„Das verunsichert einen natürlich beim Reden!"

„Genau! Vor allem dann, wenn man gewohnt ist, die Gedanken erst beim Sprechen richtig zu entwickeln. Da fehlt dann die Präzision und die Reichhaltigkeit im spontanen Ausdruck. Und dann hat man ständig die Frage im Kopf: ‚Wie komme ich jetzt rüber?'"

„Sie werden dann etwas befangen und haben das Gefühl, dass Sie nicht mehr gelassen und souverän wirken könnten?"

„Natürlich. Die Sätze werden dann kürzer und die Gedanken auch. Es fehlen die Füllwörter und Füllsätze, die man braucht, um zu denken und etwas in den notwendigen Nuancen auszudrücken. Die Aussagen muten dann eher etwas schlicht an. Begeisterung und Überzeugung lassen sich da nur schwer vermitteln. Das, was die Faszination einer Rede ausmachen kann, geht so ganz schnell verloren. Man wirkt eher steif und unbeholfen."

„Verständlich, denn wenn Sie in einer Fremdsprache reden, die Sie nicht gut beherrschen, nehmen Sie ja tendenziell die Emotionen raus, die einem klugen Gedanken erst die Würze geben. Der Vortrag wirkt blutleer und wenig ansteckend."

„Richtig. Schauen Sie mal her, was ich deshalb mache, um die Emotionen wenigstens ein bisschen in meine englischen Reden reinzukriegen: Ich schreibe mir den ganzen Text vor und mache mir überall Betonungszeichen in die Sätze, damit ich den Gedanken im Englischen richtig akzentuiert rüberbringe. In einer längeren Rede ist das nicht immer leicht. Ich darf mich in solchen Situationen nicht zu schnell vom Blatt lösen und frei sprechen. Ich muss konsequent bei meinem Text bleiben. Im Deutschen ist das völlig anders. Da fällt es mir ungleich leichter, Zwischentöne anzuschlagen und auf das Publikum zu reagieren."

„Sie können im Deutschen schlagfertiger Inhalte ergänzen und spezifizieren, was Sie ausdrücken wollen. Das macht Sie überzeugungsstärker."

„Ja, man kann eine ganz andere Kompetenz vermitteln und die persönliche Glaubwürdigkeit überhaupt erst richtig spürbar machen. Es hängt doch nicht allein an der Fachkompetenz, ob man die Anerkennung der anderen bekommt. Autorität drückt sich auch in der Situationssouveränität aus, auf die es in solchen Momenten ankommt: Wie man zum Pult geht. Wie man dort seine Unterlagen ablegt und sortiert. Wie man steht usw., alles transportiert einen persönlichen Eindruck, den die anderen sofort registrieren. Von diesem Wissen darf man sich aber nicht irritieren lassen. Man muss etwas ausstrahlen ..."

„Das Problem beim Vortrag in einer Fremdsprache sind ja nicht allein die fehlenden Vokabeln, um genau das zu sagen, was man sagen will. Ein wesentliches Problem scheint darin zu bestehen, dass die im Deutschen selbstverständlich ablaufenden bewussten und halbbewussten Selbstinstruktionen reduziert werden, mit denen man sein eigenes Verhalten in der aktuellen Situation so quasi-natürlich steuert.

Mental ist es dann nicht so einfach, sich selbst so richtig auf der Spur zu halten, die man verfolgt. Die unterschwellig und oberschwellig ablaufenden mentalen Selbststeuerungsimpulse stehen nicht so automatisch zur Verfügung, wie dies in der Muttersprache der Fall ist."

„Interessant. Stimmt. Deshalb muss ich meine Vorträge immer oft üben und laut vor mich hinsprechen, damit ich ein wirklich erlebtes Gefühl für das kriege, was ich eigentlich ausdrücken und wie ich mich während meiner Rede verhalten will ..."

Szene 2:
„Was mache ich jetzt?"

„Herr Böning, ich weiß nicht, ob Sie eine solche Situation schon einmal erlebt haben, wie die, in der ich zurzeit drinstecke. Ist Ihnen so etwas persönlich denn auch vertraut? Oder haben Sie schon ähnliche Fälle gecoacht? Ist das üblich? Bin ich vielleicht ganz normal?"
Er lachte.

„Ja, unvertraut ist mir Ihre Fragestellung nicht. Sie gehört zu meinem Tagesgeschäft."

„Ach so. Gibt es denn viele ähnliche Fälle oder ist das Thema eher selten?"

„Solche Situationen kommen in Unternehmen ziemlich häufig vor. Bei vielen Reorganisationen kann man Ähnliches beobachten. Ich würde aber gerne noch einiges nachfragen, um Ihre Situation genau zu verstehen."

„Ja, fragen Sie."

„Ich habe noch nicht ganz verstanden, ob Ihr Vorstand Ihnen nun gesagt hat, dass Sie eine Stufe zurückgehen müssen oder nicht. Und das Verhältnis zu Ihrem neuen direkten Vorgesetzten ist mir ebenfalls noch nicht ganz transparent. Könnten Sie mir beides nochmals etwas ausführlicher schildern?"

„Natürlich, vielleicht habe ich das Ganze auch etwas unklar geschildert. Mir ist es ja selbst noch nicht so richtig klar. Ich muss ja mit jemandem darüber reden, damit ich selbst so richtig verstehe, welches Spiel da

läuft. Die Organisationsstruktur kommt mir so komisch vor. Ich kann mir nicht vorstellen, dass das auf Dauer funktioniert."

„Was meinen Sie, was vielleicht nicht funktionieren wird, Herr „..."? Können Sie das noch näher erläutern?"

„Ja. Mein neuer Leiter hat einen unmöglichen Stil. Alles weiß er besser. Das geht vielen Leuten auf die Nerven, aber er kann es machen, weil er sich mit dem Vorstand gut versteht. Der deckt ihn, immer wieder. Und die Organisation, die die beiden stricken, ist mir auch noch nicht klar. Aber sie sagen ja auch nichts – alles läuft im Geheimen ab. Die verstecken sich wie kleine Kinder, reden miteinander und anschließend ist irgendetwas anders. Das verkünden sie dann. Und dann soll man springen und alles ganz, ganz schnell umsetzen."

„Das heißt, Ihr bisheriger Vorgesetzter zieht Sie nicht mehr so wie früher ins Vertrauen? Er hat jetzt einen anderen Gesprächspartner, mit dem er viele Themen durchspricht. Und Ihre Beziehung zu diesem neuen Leiter, der bisher Ihr Kollege war, ist nicht die allerbeste?!"

„Genau. Ja. Ja, so kann man es sagen. Und der Vorstand entzieht sich mir neuerdings auch. Er redet zwar mit mir über Produktionsthemen, aber nicht darüber, was mit mir passieren soll. Eigentlich ist es unfair von ihm. Er lässt mich fast im Regen stehen. Warum redet er nicht offen mit mir? Und das Projekt, das wir mit einem externen Berater machen, läuft auch nicht richtig. Aber das will er auch nicht wissen. Vor Konflikten läuft er einfach davon! Aber was ist das für eine Führungskraft, die Ihren Mitarbeiter so hängen lässt? Das ist doch kein Vorbild!"

„Ist für Sie schon klar geworden, ob Sie Ihren Posten behalten und nur Ihre Aufgaben reduziert werden oder ob Sie abgestuft werden?"

„Darüber spricht ja keiner mit mir richtig. Mein Gehalt werde ich bestimmt behalten. Das hat der Vorstand schon zu mir gesagt. Aber wie er sich meine Zukunft vorstellt, das weiß ich nicht."

„Könnte es sinnvoll sein, ein solches Gespräch mit dem Vorstand zu führen, um abzuklären, welche Pläne er mit Ihnen hat?"

„Bestimmt wäre ein solches Gespräch mit ihm sinnvoll, zumal am Freitag der nächsten Woche die neue Organisation stehen und verkündet werden soll. Die Frage ist, wie ich ihn da am besten ansprechen könnte. Was soll ich ihn fragen? Er antwortet ja immer so ausweichend!"

„Was wird am nächsten Freitag öffentlich verkündet? Das Ergebnis des gesamten Projektes in der ganzen Firma oder werden Ergebnisse Ihres Teilprojektes den Führungskräften aus Ihrem Bereich vorgestellt? Ist das ein Zwischenergebnis, das noch offiziell vom Gesamtvorstand genehmigt werden muss oder gehen am kommenden Freitag schon offizielle Beschlüsse ins Haus?"

„Ich nehme an, dass das verkündet wird, was dann offizielle Beschlusslage ist."

„Sind Sie sicher oder nehmen Sie das nur an?"

„Hm. Vielleicht sollte ich mich mal erkundigen, welchen Charakter die Veranstaltung am nächsten Freitag hat. Ich glaube, ich muss das mal klären. Das habe ich offenbar noch nicht richtig gemacht."

„Was hielten Sie davon, wenn wir die nächsten Gespräche mit Ihrem Vorstand und Ihrem jetzigen Vorgesetzten heute schon etwas vorbereiten würden? Vielleicht könnten wir uns die Fragen überlegen und die Themen, die Sie ansprechen könnten? Oder Ihr konkretes Verhalten im Gespräch selbst?"

„Ja, das macht Sinn. Wollen Sie mir sagen, dass die politische Seite nicht zu meinen Stärken gehört? Das können Sie mir auch ganz direkt sagen. Damit habe ich kein Problem. Ja, es stimmt. Politik gehört nicht zu meinen Lieblingsfeldern. Ich bin da lieber ein richtiger Produktioner. Das ist wenigstens greifbar, was man da zu machen hat ..."

Typisch oder untypisch? Das ist hier die Frage

Während des Lesens sind Ihnen bestimmt schon Gedanken gekommen, ob diese Sequenzen, die realen Coaching-Sitzungen entnommen sind, wirklich typisch sind. Man muss natürlich fragen: Typisch für was? Für Coaching-Sitzungen überhaupt? Typisch für bestimmte Menschen und ihr unterschiedliches Verhalten? Typisch für unterschiedliche Unternehmenskulturen? Oder vielleicht auch typisch für verschiedene

Hierarchie-Ebenen mit ihren verschieden akzentuierten Themen, Zielen, Spielregeln und Arbeitsweisen?

Schwer zu sagen, antworten Sie vielleicht. *„Zwei Beispiele sind doch nicht genug, um das Typische herauszuarbeiten. Es gibt jede Menge Gegenbeispiele."*

Sie könnten Recht haben! Ohne jeden Zweifel sind diese beiden Beispiele nicht typisch in jedem Punkt, den wir in diesem Kapitel herausarbeiten wollen. Auch erklären sie nicht alles. Es sind Streiflichter, anhand derer es vielleicht gelingen kann, in die Unterschiede zwischen dem Business Coaching auf der Mittleren Management-Ebene und der Coaching-Praxis auf dem Topmanagement-Level einzuführen.

Lassen Sie uns einige der beobachtbaren Unterschiede zwischen den beiden Gesprächsauszügen festhalten:

Beobachtbare Unterschiede zwischen den beiden Gesprächsauszügen

- Das erste Gespräch vermittelt ein eher partnerschaftliches „symmetrisches" Verhältnis zwischen den Gesprächspartnern als das zweite. Wobei der Topmanager sogar etwas mehr das Gespräch „von vorne" steuert.
- Im ersten Gespräch läuft eine erkennbar selbst gesteuerte Reflexion, die der Coach durch personenzentrierte Paraphrasierungen verstärkt und durch Zusatzinformationen klärend weitertreibt. Im zweiten Gespräch hat der Coach eine stärker führende und analytisch strukturierende Rolle.
- Der Vorstand im ersten Gespräch zeigt ein feines Gespür für zwischenmenschliche Signale und seine Position, Rolle und Interaktion im sozialen Netzwerk, während der Hauptabteilungsleiter im zweiten Gespräch eher eine gewisse Mühe hat, das Spiel zu durchschauen, das gerade in seiner Firma abläuft und sich möglicherweise zu seinem Nachteil entwickelt.
- Disziplinierte Emotionen und analytische Präzision bei dem Ersten, Emotionen und Beziehungserleben im Vordergrund bei dem Zweiten.
- Rollenorientierung und tendenziell mehr Blick auf das ganze System im ersten Fall, Echtheits-, Vertrauens-, Glaubwürdigkeitserwartungen im zweiten.
- Die Rolle des Coachs im ersten Fall ist bis dahin eher die Rolle eines Facilitators und sozialen Spiegels, während sie im zweiten Beispiel deutlich aktiver und steuernder interpretiert wird, um dem Hauptabteilungsleiter aus Schwierigkeiten herauszuhelfen, die er alleine offenbar nicht mehr schnell und ohne Schaden erkennt und bewältigen kann.

Auf die zu verallgemeinernden systematischen Unterschiede zwischen der Topmanagement-Ebene und dem Mittleren Management werden wir im weiteren Verlauf des Kapitels nochmals zurückkommen. Zuvor schaffen wir im nächsten Schritt die Voraussetzungen hierfür: Wir bestimmen die Relation zwischen verschiedenen Begriffen wie Führungskraft, Manager usw. bezüglich ihrer Rollen und den Rahmenbedingungen ihrer Arbeit näher.

Fangen wir also an, ein kleines Chaos der Begriffe und Verständnisse über Rollen, Spielregeln und Vergleichbarkeiten zu klären – in der Hoffnung, dass der Blick auf die soziodynamischen Gegebenheiten innerhalb der und zwischen den Firmen schärfer wird. Ähnlich der Situation eines Röntgenarztes, der als Erfahrener mehr sieht als der Laie oder der Anfänger.

Abschnitt 2

Ist Führungskraft gleich Manager gleich Unternehmer?

Um es konkret und möglichst kurz zu machen: Natürlich nicht! Die Arbeits- und Führungssituation eines Gruppenleiters oder Meisters in einer kleinen Lackherstellungsfirma, der drei Mitarbeiter „führt", ist deutlich verschieden von der eines größeren Wettbewerbers, der vierzig Mitarbeiter führt. Die Führungsaufgabe des Letzteren ist komplexer und umfassender. Der Teamleiter eines Kernkraftwerkes ist in seiner Einstellung sehr viel näher an den von ihm geführten Mitarbeitern, die er schon seit zwanzig Jahren kennt, als der ebenfalls nur eine Ebene unter einem Bereichsleiter arbeitende Abteilungsleiter des Headquarters eines internationalen Großkonzerns in Köln, der von den USA aus gesteuert wird. Der Erste hat eine relativ stabile Arbeits- und Sozialumgebung und arbeitet nach traditionellen Qualitäts- und Sicherheitsstandards in einer bodenständigen Umgebung. Der Zweite agiert in einem auf Effizienz getrimmten Großkonzern nach international vergleichbaren Standards, die von den USA aus durchgedrückt werden und einem permanenten Wandel unterliegen. Der Werksleiter eines 400 Mann starken Standorts einer Schokoladenfabrik hat andere Machtbefugnisse und ein anderes Gewicht als der Bereichsleiter eines süddeutschen Automobilherstellers, der zehn- oder zwanzigtausend Mitarbeiter führt. Während der Werksleiter der Schokoladenfabrik klar in die Hierarchie eines mittelständischen Unternehmens eingefügt ist, hat der Werksleiter des Automobilherstellers eher die Rolle eines eigenständigen Unternehmers, auch wenn er sich fortlaufend mit den Steuerungsimpulsen der Techniker oder Controller aus der Zentrale auseinandersetzen muss. Und der Vorstand eines neu gegründeten Software-Unternehmens mit achtzig Mitarbeitern kann zwar auch einen Siebener oder einen S-Klasse-Mercedes fahren wie ein Konzernvorstand eines 80.000 Mitarbeiter umfassenden Unternehmens, hat aber eine völlig andere Führungssituation, eine andere politische Rolle und andere Arbeitsabläufe als dieser. Die Komplexität der Steuerungsaufgabe, die Verwobenheit in komplizierte Netzwerke und

Unterschiedliche Arbeits- und Führungssituationen

die Distanz zur Arbeitsebene des Konzernvorstandes sind ungleich größer.

Natürlich ist der Inhaber eines mittelständischen Unternehmens mit 250 Millionen Euro Umsatz ein Entscheider, und vielleicht verdient er auch erheblich weniger als der Konzernvorstand eines 20.000-Mann-Unternehmens, aber seine Entscheidungsfreiheit kann erheblich größer sein als die des dortigen Vorstandsvorsitzenden. Aber ist das die gleiche Führungssituation wie die von Ackermann bei der Deutschen Bank oder die von Schrempp bei DaimlerChrysler? Ist die politische Vernetzung eines Herrn von Pierer von Siemens oder eines Herrn Bernotat von E.ON nicht zwangsläufig anders als die eines „Managers" auf der dritten Ebene einer amerikanischen Unternehmensberatung?

Von wem und von welchen Rollenbezügen sprechen wir also, wenn von Führungskräften, von Managern, von Entscheidern im Business Coaching die Rede ist? Welche Ebene in welcher Unternehmensstruktur ist gemeint, wenn wir vom Topmanagement einer Firma reden? Von der Vorstandsebene einer AG oder von der Bereichsleiterebene der gleichen Firma oder von beiden?

Unterschiedliche Spielregeln durch unterschiedliche Länderkulturen

Noch eine ganz andere Dimension bekommt unsere Betrachtung, wenn wir den Blick dann über den deutschen Tellerrand in das europäische Umfeld lenken oder gar über den europäischen Rahmen hinausgehen und an die unterschiedlichen Länderkulturen sowie die dortigen regionalen oder lokalen Besonderheiten in diesen verschiedenen Ländern denken. Mir (U.B.) ist noch gut in Erinnerung, welche Erfahrungen ich als Coach in den Jahren 2001-2003 in dem Flaggschiffprogramm AMP (Advanced Management Program) von INSEAD gemacht habe. Elisabeth Engelau steuerte diesen unter der Ägide von Manfred Kets de Vries stehenden Kursteil.

In diesem etwa vierwöchigen General Management-Kurs für erfahrene Executives aus aller Welt war im letzten Kursabschnitt ein Zeitfenster von ein bis anderthalb Tagen für einen Coaching-Abschnitt vorgesehen, in dem die Teilnehmer ihr eigenes Verhalten reflektieren und sich in Kleingruppen unter der Anleitung eines Coachs wechselseitig Feedback geben sollten, um daraus Nützliches für ihre berufliche und persönliche Weiterentwicklung zu ziehen.

Die Erfahrung war nützlich – für die Teilnehmer wie für mich: Die Engländer, Dänen, Holländer und Schweden hatten mit dem

Führungskraft = Manager = Unternehmer?

Reflexionsansatz genauso wenig Grundprobleme wie zum Beispiel Amerikaner, Österreicher oder Schweizer. Anders die Afrikaner und Asiaten. Für sie war schon alleine die Veröffentlichung „privater/persönlicher" Gedanken und Gefühle in der Gruppe befremdlich, für manche sogar belastend. Und dann noch Feedback aus der Gruppe! Für die Banker aus Schwarzafrika höchst ungewohnt und bedrängend. Für die Manager aus Hongkong, Japan und Korea eine echte „Challenge" und deutlich ihre kulturellen Gewohnheiten übersteigend. Handelte es sich gar um weibliche Führungskräfte aus diesen Ländern, dann kam es zu regelrechten Fluchtreaktionen: Die TeilnehmerInnen erschienen manchmal nicht, waren krank oder zogen sich während der Arbeit in der Gruppe in sich zurück. Der/die eine oder andere erklärten allerdings auch ihre Schwierigkeiten mit diesem Coaching-Ansatz. So etwas entsprach einfach nicht ihren Erfahrungen bzw. Kulturspielregeln. Auch wenn diese Coaching-Erfahrung für fast alle Teilnehmer am Ende (für manche unerwartet) zu einem wesentlichen und positiven Kursteil wurde, so mussten wir uns doch mit distanzierten und kritischen Kommentaren auseinandersetzen: Ein Investmentbanker aus Hongkong schüttelte über das Vorgehen den Kopf und erklärte es für ziemlichen Unfug. Er wies uns einfach darauf hin, dass Motivation und Entwicklung seiner ihm unterstellten Manager anders zustande kämen: Klare Zielvereinbarung am Jahresanfang, Leistungsbeurteilung am Ende des Geschäftsjahres und Entlassung der schlechtesten zehn Prozent der Führungskräfte. Regelmäßig! Wozu also diese seltsamen Gefühlsübungen?

Ähnliche Erfahrungen haben wir bei anderen Auslandseinsätzen zum Business Coaching gemacht: Für die deutschen Firmen, deren Manager wir in ihren Niederlassungen, Werken oder Zentralen in Finnland, Griechenland und Thailand coachten, war diese Art von Managemententwicklung eine progressive und relativ selbstverständliche Maßnahme, für die einheimischen Manager aber keineswegs. Diese verbanden das Coachen zu Beginn eher mit Schwäche oder Defiziten, mit Vertrauensproblemen und einer Infragestellung ihrer Rolle. Dabei spielen die nationalen bzw. regionalen Rollenvorstellungen über Männer und Manager sowie über den offenen oder disziplinierten Umgang mit Emotionen eine wichtige Rolle, was in den USA und England nicht in der gleichen Weise der Fall war.

Die Rolle der Executives in den außereuropäischen Ländern schien nicht die gleiche zu sein wie in den westlichen, europäischen oder deutschen Organisationsstrukturen. Es schien, als ob die stärkeren Hierarchiedifferenzierungen in jenen Ländern zu klaren Rollen- und

Machtunterschiede

damit Machtunterschieden zwischen den tatsächlichen Entscheidern auf der ersten Ebene und den Führungskräften auf der zweiten Ebene führten. Damit wären aber die dortigen Manager der zweiten Ebene, die bei uns üblicherweise ebenfalls den Executives zugerechnet werden, faktisch viel eher dem Mittleren Management zuzurechnen.

Das Verständnis und die Begriffsverwendung bezüglich der „Entscheider", „Manager", „Topmanager" und „Executives" ist also weder einheitlich noch verbindlich. Weder unter Führungskräften noch unter Wissenschaftlern oder unter Journalisten. Folglich auch nicht unter Coaches. Natürlich herrscht keineswegs eine babylonische Sprachverwirrung in dem Sinne, dass man sich nicht verständigen könnte. Aber die Nichteindeutigkeit der Bezüge und schnellen Bezeichnungen hat oft zur Folge, dass vieles vermischt wird, was keineswegs gleich ist.

Executive Coaching betrifft die beiden obersten Konzernebenen

Deshalb ist der Begriff „Executive Coaching" ein beschreibender, nicht wertender Begriff, der die Vertreter der beiden obersten Ebenen von Konzernen oder Großkonzernen mit ihren komplexen Strukturen meint. Er ist insofern fast synonym mit der Bezeichnung „Topmanagement", wird aber deshalb von uns nicht verwendet, weil in der Praxis häufig der Begriff „Topmanagement" oder „Topmanager" nur für die oberste Ebene oder gar nur für die Nummer Eins des Konzerns im Umlauf ist.

Unternehmer-Coaching betrifft mittelständische Unternehmenseigner

Die Bezeichnung „Unternehmer-Coaching" halten wir dann in der Unterscheidung für den korrekten Begriff, wenn er die Arbeit mit (in der Regel mittelständischen) Unternehmenseignern beschreibt, die die Geschäfte noch in einem anderen Rollenverständnis abwickeln als angestellte Manager. Im Stereotyp würden wir sagen: Vielleicht entscheidungsbereiter, schneller, durchsetzungsorientierter, pragmatischer, weniger intellektuell, weniger planungsorientiert und sozialverpflichtet. Stärker auf Autorität als auf Macht ausgerichtet und weniger politisch.

Die Topmanager in Großunternehmen sind häufig besser ausgebildet, sind intellektueller, analytischer, planerischer und strategischer, haben mehr Auslandserfahrung, sind häufig rhetorisch besser und bewegen sich öfter auf einem politischen Parkett und in der Öffentlichkeit.

Führungskraft = Manager = Unternehmer?

Soweit die holzschnittartige Beschreibung, die wir hier ohne die Berücksichtigung der individuellen Persönlichkeitsunterschiede entsprechend vereinfacht und ohne Wertung dargestellt haben.

Nicht vollständige Analyse ist das Ziel, sondern die Konturierung unterschiedlicher Handlungsfelder, die die Form des konkreten Coaching-Vorgehens erheblich beeinflussen können. Ein weiteres Ziel dieser Ausführungen besteht darin, deutlich zu machen, dass es sich hier um so verschiedene Handlungs- und Arbeitsfelder handelt, dass die bloße Verwendung von Begriffen wie „Führungskräfte", „Manager", „Chefs", „Entscheider", „Unternehmer" usw. völlig unzureichend ist. Folglich ist zur erfolgreichen Durchführung des Coachings mehr notwendig als nur die Kenntnis von Interventionsstrategien oder die Umsetzung der klassischen Regeln der personenzentrierten oder systemischen Gesprächsführung oder die Verwendung bestimmter Instrumente zur Klärung des Coaching-Auftrags. Diese Basalkompetenzen voraussetzend geht es um eine tatsächlich systemische Betrachtungsweise, die nicht nur das beratene Individuum in seiner Persönlichkeit oder in einem oberflächlichen Rollenverständnis, sondern in seinem differenzierten Rollengefüge realistisch wahrnimmt.

Wo sind die coaching-relevanten Unterschiede?

Wie Sie ja wissen, wird auf der mittleren Führungsebene der Großteil des Coachings durchgeführt. Dieser ist bisher prägend für das charakteristische Verständnis von „Coaching" in Deutschland. Das Executive Coaching findet nicht nur seltener statt, sondern hat auch einige andere thematische Schwerpunkte, wie wir in Kapitel 3 besprochen haben. Die dort stehenden Ergebnisse sollen nicht wiederholt werden.

Wir möchten vielmehr einen Vergleich hinzufügen, der stärker aus einer Metaperspektive kommt. Wenn wir die beiden Dimensionen Authentizität vs. Mikropolitik und Einzel- vs. Unternehmensinteresse nehmen und dann sowohl das Executive Coaching als auch das Coaching auf mittlerer Ebene in dem entsprechenden Portfolio einordnen, dann kommt man zu dem folgenden Bild (Abb. 9.1):

Portfolio-Darstellung

Kapitel 9

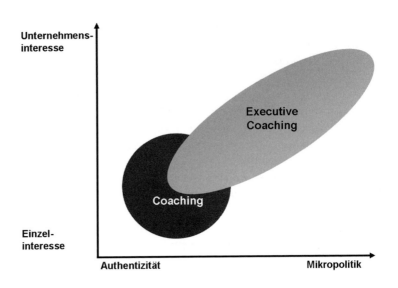

Abb. 9.1: Coaching und Executive Coaching

Größere Rollen- und Werteklarheit auf mittlerer Führungsebene

Man sieht auf den ersten Blick die größere Rollen- und Werteklarheit des Business Coachings auf der mittleren Führungsebene. Das Executive Coaching hat erkennbar eine stärkere Rollen- und Werte-Spreizung. Das bedeutet, dass die Rolle des Coachs stärker an diesen Arbeitsgegebenheiten und Erwartungen der Executives ausgerichtet sein muss, um akzeptiert zu werden und die Arbeit erfolgreich zu gestalten. Das hat nichts mit bloßer Anpassung zu tun, die nur distanz- und kritiklos vorgenommen wird – wie manche Kritiker behaupten, die der Welt der Wirtschaft skeptisch bis ablehnend gegenüberstehen. Es betont nur den basalen Sachverhalt, den Minuchin (1977) schon vor Jahrzehnten im Rahmen der systemorientierten Familientherapie knapp auf den Punkt brachte: Keine Veränderungsintervention ohne vorherige (vorher gelungene) Anpassungsintervention!

Die Schwierigkeit der Umsetzung dieser zentralen Interventionsmaxime besteht unter anderem darin, dass zu den erhöhten Anforderungen an die fachliche Kompetenz des Coachs zahlreiche weitere Anforderungen gehören: Eine hohe Selbstsicherheit und ein Erfahrungshintergrund, der den Umgang auf gleicher Augenhöhe ermöglicht. Eine gewisse Intelligenz mit analytischen Schwerpunkten schadet nicht unbedingt, sondern ermöglicht vielmehr das schnellere Einarbeiten in unterschiedliche Themenstellungen, vor allem auch, wenn neue wirtschaftliche, technische oder politische Themen sonst Akzeptanzhürden darstellen würden. Soziale Kompetenz beziehungsweise emotionale Intelligenz werden als gegeben vorausgesetzt. Eine tiefere Kenntnis von Unternehmensabläufen und eigene Führungserfahrung gehören ebenfalls dazu. Alle Anforderungen münden schließlich in eine größere Rollenflexibilität des Coachs, auch wenn damit der Anschein einer größeren Intransparenz der Rolle und damit ein verstärktes Misstrauen der Beteiligten einhergehen kann.

Da die Executives stark in mikro- und makropolitische „Spiele" im Unternehmen oder in der Öffentlichkeit eingebunden sind, kann sich der Coach dieser Grundeinschätzung nur begrenzt entziehen, zumindest in der Wahrnehmung, Vermutung und Einschätzung der Executives. Diese Gegebenheiten verlangen eine hohe Konfliktfähigkeit und Frustrationstoleranz sowie einen auf die Zielgruppe abgestimmten Auftritt des Executive Coachs, der sich nicht allein in einem klassischen Methodeninventar oder in der Selbstgewissheit seiner Werteausrichtung erschöpft. Sein Methodeninventar und die geforderte Erfahrung müssen deutlich erweitert sein. Die Themen der Unternehmensführung dürfen nicht auf die Spielregeln der Führung von Mitarbeitern in kleinen Gruppen reduziert werden. Ein Vorstand führt ein Unternehmen und keine Einzelpersonen. Er muss bei mehr Themen inhaltlich und persönlich souverän bleiben, mitsprechen und auch verschiedene sachliche Impulse geben können, ohne die Rolle des fachlichen Unternehmensberaters zu übernehmen. Um erfolgreich zu sein, muss seine Integrität die verschiedenen frontalen oder feinsinnigen Infragestellungen aushalten können, die der Alltag in Großorganisationen unvermeidbarerweise bereithält, auch wenn man das gerne anders hätte. Die Kompetenztests und Parketterwartungen sind härter.

Executives sind stark in unternehmenspolitische „Spiele" eingebunden

Wenn wir nun einen Blick auf die damit verbundene Werteproblematik werfen, dann kommen wir zu einer interessanten Beobachtung. Natürlich scheint es im Alltag so, dass es viele unterschiedliche Personen und folglich auch sehr verschiedene Werteausrichtungen im Unternehmen gibt. Da viele Beteiligte eine primär individuumorientierte Perspektive haben und ihnen der Vergleich mit vielen anderen Unternehmen in der Regel fehlt, halten sie die Gegebenheiten in ihrer Firma im positiven Fall für normal und im negativen Fall eher für die Ausnahme, wobei sie als Maßstab dafür in erster Linie ihr direktes Umfeld und ihre bisherigen Erfahrungen heranziehen.

Werteproblematik

Deshalb halten sie auch die Verteilung der Leitwerte, die die Tagesarbeit, die Projektarbeit, die Weiterbildungsmaßnahmen sowie die veröffentlichten Führungsgrundsätze kennzeichnen, für völlig normal. Das heißt, viele Führungskräfte und Mitarbeiter glauben, dass Werte wie Glaubwürdigkeit, das Zulassen von Emotionen, Partnerschaftlichkeit, Ehrlichkeit oder Sachlichkeit eigentlich ebenenunabhängig sind oder sein sollten. Folglich erwarten sie ein entsprechendes (ähnliches) Verhalten von den Führungskräften/Managern auf allen Ebenen.

Ungleiche Werte-Verteilung

Dass dem aber nicht so ist (oder zumindest nicht so einfach), gehört zu den immer wieder neu gemachten Erfahrungen von Berufsanfängern und den ernüchterten Erfahrungen von „Altgedienten". Schaut man sich nämlich die propagierten, praktizierten und erwarteten Werte-Verteilungen genau an, dann kann man eine bemerkenswerte Erfahrung machen, für manche völlig gewohnt und keineswegs überraschend, für viele aber unerwartet oder zum Kopfschütteln. Die tatsächlich praktizierten Werte und Verhaltensspielregeln verteilen sich in systematisch strukturierter Weise. Es ist, als ob eine große lautlose Welle immer und immer wieder die einzelnen Werte und Spielregeln bewegen würde, bis sie sich in einer ziemlich klaren Bündelung verteilen: die kooperationsorientierten Werte in der Mitte der Hierarchie und die durchsetzungsorientierten Werte an der Spitze des Unternehmens. Im Einzelfall kann die Ausprägung (bei Firmen wie Personen) selbstverständlich völlig anders aussehen, aber im Normalfall gibt es diese klare Tendenz, die man beobachten kann.

Das Bild der Abb. 9.2 zeigt diese kontinuierliche Wellenbewegung, die aus den Auseinandersetzungen innerhalb des Unternehmens und den Wettbewerbsbedingungen am Markt entsteht.

Es zeigt sich eine strukturell bedingte Situation, die sich bei aller Vereinfachung in etwa so darstellen lässt: In der Mitte der Organisation (dem Bauch des Unternehmens), die von der Notwendigkeit der Zusammenarbeit und von starker Abhängigkeit in einer arbeitsteiligen Welt geprägt ist, dominieren Werte, wie sie für die emanzipierte gehobene Mittelschicht in den westlichen Industriestaaten typisch sind: Offenheit, Vertrauen, Wertschätzung, Echtheit, Leistung, Fairness, Zusammenarbeit und offenes Konfliktverhalten, um nur einige der wichtigen Merkmale zu nennen. Es sind die Werte, die auch in den Führungsprinzipien und Anforderungsprofilen der Firmen gang

Führungskraft = Manager = Unternehmer?

Abb. 9.2: Die Werte-Welle

und gäbe sind, genauso wie sie die formulierten Redebeiträge bei offiziellen oder „besinnlichen" Events charakterisieren, bei denen Führungskräfte/Manager grundsätzlich werden. In der modernen Projektarbeit wie in den Weiterbildungsveranstaltungen und Seminaren zum Führungslernen und zur Persönlichkeitsentwicklung werden sie genauso propagiert und mehr oder weniger auch umgesetzt.

Es sind die typischen Werte einer (post-)industriellen Aufsteigergesellschaft unter üppigen Bedingungen. Es sind die typischen Werte der westlichen (gehobenen) Mittelschicht und des liberalen Bürgertums. (Wenn der alte Maslow dies läse, würde er wahrscheinlich die rechte Hand geballt nach oben recken oder ein Victory-Zeichen machen!)

An der Spitze der Hierarchie hingegen (Unternehmen wie Gesellschaft) konzentrieren sich jene Werte und Spielregeln, die etwas mit Takt und Taktik, mit Höflichkeit und Stil, mit Durchsetzung, Macht und Politik oder Interessensausgleich zu tun haben. Während in der Mitte der Hierarchie das Team gefeiert wird, werden in der Oberschicht dem Individuum die Lorbeerkränze gewunden. Es sind eher die Werte der arrivierten Oberschicht, zum Teil auch die Spielregeln der vergangenen Aristokratie und des Hofes, die in den strukturell komplexen Unternehmensgefügen von heute weiterleben – nicht ohne

An der Spitze regieren die Werte der arrivierten Oberschicht

Modifikation, aber mit bemerkenswerter Beharrlichkeit. Allerdings haben sie nicht mehr die starre und krasse Absolutheit der vergangenen Jahrhunderte. Sie sind verfeinert und vermischt mit den Werten der Aufklärung und der mündigen Menschen. Wie auch anders in einer Zeit, in der die technologische, wirtschaftliche, ideengeschichtliche und politische Entwicklung die alten Gesellschaftsstrukturen weitgehend aufgelöst und demokratisiert hat.

Wertewandel entlang der Hierarchie

Offiziell wird das Vorhandensein dieser Strukturen im Unternehmen nicht propagiert und nicht erklärt – es wird praktiziert. Folglich sind sie der Entdeckungsfähigkeit des Einzelnen und seiner Beobachtungs- und Analysefähigkeit, also seiner Reflexionskraft, überantwortet – oder klarer gesagt: überlassen.

Das folgende Bild (Abb. 9.3) skizziert diese Situation in groben Umrissen. Die Werte und Spielregeln sind verständlicherweise nicht vollständig, sondern nur beispielhaft aufgeführt.

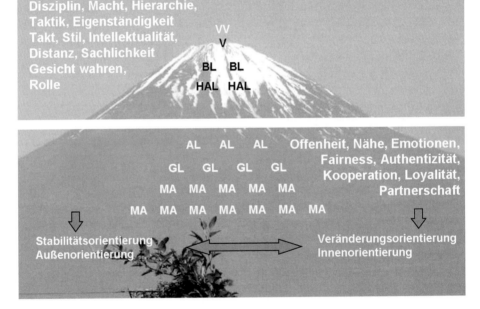

Abb. 9.3: Werte-Wandel

Führungskraft = Manager = Unternehmer?

Während das Mittlere Management ausgerichtet ist an den psychologisch notwendigen Nähe-Spielregeln aufeinander angewiesener Kleingruppen, bewegen sich die Angehörigen der Fujiyama-Spitze nach den Spielregeln des aufgeklärten Fürstenhofes. Sie steigen wie die Stellvertreter der Götter gelegentlich zu den Menschen hinab: Sie gehen manchmal zum Essen in die allgemeine Kantine, wo auch die Sekretärinnen und die Blaumänner sitzen und tragen ihr Tablett alleine. Ansonsten lassen sie sich lieber wie von alters her gewohnt die Opfergaben reichen: in Form von perfektionistisch aufgearbeiteten Präsentationen oder in Form von deliziösen Essen, bei denen die sozialen Netzwerke gesponnen werden, die die Götter im Himmel brauchen, um die Sterne des Universums zu bewegen ...

Abschnitt 3

Der kleine Unterschied ...

Die Unterschiede der Zielgruppen bzw. der soziologischen Subsysteme, die wir meinen, wenn wir vom Mittleren Management oder von den Executives sprechen, ließen sich noch weiter ausdifferenzieren. Auch verdienen sie unbedingt weitere vertiefte psychologisch-soziologische Untersuchungen, um die Stimmigkeit unserer Beobachtungen umfassend zu überprüfen und die entsprechenden Handlungsmöglichkeiten wie -notwendigkeiten im Rahmen von Coaching-Maßnahmen abzuleiten. An dieser Stelle mag es genügen, wenn wir festhalten, was für die Coaching-Arbeit relevant erscheint:

▶ **Unterschiede in den Themenschwerpunkten**

Zwar sind prinzipiell die gleichen oder vergleichbare Themen im Coaching auf beiden Ebenen denkbar, faktisch geht es auf der Mittleren Management-Ebene stärker um die Entfaltung und Entwicklung der eigenen Persönlichkeit, um Autorität und Selbstsicherheit der Person, um Ausbau der sozialen Kompetenz bzw. der emotionalen Intelligenz und des Führungsverhaltens in allgemeiner Hinsicht. Im Topmanagement geht es stärker um die individuelle Ausfüllung der eigenen Berufsrolle in einem gegebenen organisatorischen und politischen Rahmen. Die Coaching-Situation gibt den reflexiven, emotionalen und zeitlichen Raum, um sich seiner selbst zu vergewissern und eine Standortbestimmung vorzunehmen, die ansonsten angesichts eines stets überfüllten Terminkalenders meistens unterbliebe.

▶ **Komplexitätsgrad der eigenen Aufgabe**

Auf Executive-Ebene sind die Komplexitätsgrade der Gesamtaufgaben höher und widersprüchlicher. Da die Grundperspektive eher eine strategische ist oder sein sollte, ist natürlicherweise die Ausrichtung auf Einzelaufgaben geringer und die Zeitperspektive länger. Die Aufgabe der Führung ist nicht allein auf die direkte Führung von Mitarbeitern begrenzt, sondern um das Führen von Einheiten mit nur indirekten Einwirkungsmöglichkeiten ergänzt.

▶ **Einstellung gegenüber anderen**

In der Mitte gelten eher Fairness und Kooperation zwischen Kollegen und Mitarbeitern. Vertrauen als zentrale Dimension steuert den zwischenmenschlichen Umgang. „Oben" ist eher die Erfahrung des Verlustes oder die Begrenztheit des unumschränkten Vertrauens maßgebend. Eine Kommunikation, von der man nicht immer weiß, ob sie einen doppelten Boden hat, subtile oder direkte Infragestellungen und politische Taktik bestimmen das Leben am Hof. Nicht die Personen mit ihren persönlichen Gefühlen zählen an erster Stelle, sondern ihre Rolle im gesamten Netzwerk der Spiele. Das ist auch einer der Gründe, weshalb die Familie weniger als Hort gemeinsamer Nähe der Familienmitglieder, sondern primär als Ort der Regeneration für den sich wiederholenden außerfamiliären Einsatz betrachtet wird, bei dem die Assoziation mit Kampf nicht weit ist.

▶ **Spielregeln und Werte**

In der Mitte gelten Kooperation, Authentizität und Veränderung als Leitwerte, um die sich Cluster weiterer entsprechender Spielregeln und Werte gruppieren. Die Auseinandersetzung um Ziele und Leistung kann/soll offener laufen. Oben, wo die Letztentscheidungen getroffen werden, werden die fachlichen beziehungsweise leistungsbezogenen Spielräume enger und das taktische Spiel um Macht und Erfolg wird um subtilere Methoden ergänzt. Während die Mitte um persönliche Leistung und permanente Veränderung kämpft, um den Aufstieg zu ermöglichen, ist die Spitze an Macht und an der Stabilisierung des Erreichten ausgerichtet.

▶ **Politische Ebene vs. Arbeitsebene**

Im Mittleren Management dominiert die eigene Sachaufgabe und ihre Erledigung im kooperativen Zusammenspiel primär mit den anderen Angehörigen des eigenen Unternehmens. Im Topmanagement stehen der Ausgleich und die Entscheidung von Zielen, Interessen, Konflikten und politischen Lagen im Vordergrund, die sich um die Themen Ergebnis, Investments und Budgets, um Personen und Stellenbesetzungen, um grundsätzliche Fachfragen, um Technik und Umgang mit der Öffentlichkeit ranken. Oft aber handelt es sich um ein Handeln unter der grundsätzlichen Bedingung von Unsicherheit: begrenzte Informationssicherheit und begrenzte Kalkulierbarkeit der Wirkungen der getroffenen Entscheidungen in der Zukunft. In der Mitte der Hierarchie wird um die Freiheit des Individuums und um seine Entfaltungsmöglichkeiten mit den Werten der Aufklärung gekämpft. Oben wird der Renaissance-Politiker Machiavelli gelesen – oder zumindest mal zitiert.

▶ **Sprache und Kommunikationsstil**

Stehen auf mittlerer Ebene eher Ehrlichkeit und Offenheit sowie Direktheit und Unmittelbarkeit des gefühlsmäßigen Ausdrucks und des arbeitsbezogenen Handelns in all ihren gewöhnlichen Varianten im Vordergrund, ist oben eher der disziplinierte und selbstdisziplinierte Mensch das Leitbild. Verfeinert in Sprache, Form und Umgang, aber hart und konfrontativ in der Sache, geht es um das ewige Spiel des raffinierten Beeindruckens, Durchsetzens und der Überlegenheit. Rhetorik ist demgemäß ein wichtigerer Maßstab und eine schlagkräftigere Waffe im Umgang miteinander als der ungeschminkte Ausdruck der eigenen Emotionen, vor allem wenn es um Konflikte geht.

▶ **Verhältnis Beruf – Familie bzw. Arbeit und Freizeit**

Leistungsorientierte Führungskräfte definieren sich in ihrer Persönlichkeit und ihrem Selbstwertgefühl stark über ihre Arbeit und die gezeigte Leistung bzw. über den Erfolg. Deshalb bedeutet Freizeit für sie substanziell weniger als für andere Gruppen. Sie bedienen den Hebel, der sie nach vorne bringt. Entsprechendes gilt sowohl für die

Executives als auch für die Aufsteiger aus der Mitte der Hierarchie, die ihren Aufstieg erst noch schaffen wollen/müssen.

Familienbezogen lassen sich die beiden Subgruppen deutlich unterscheiden: Im Topmanagement dominiert die klassische Rollenverteilung zwischen Mann und Frau. Er verdient, sie versorgt. Er macht die Außenpolitik, sie die Erziehung und den diplomatischen Dienst. Er spielt das Spiel der Macht, sie macht Familienmanagement und das soziale Networking. Die Zahl der Kinder ist verschieden: oben mehr, in der Mitte weniger. Die Zahl der Scheidungen ist oben etwas geringer. Oben gibt es weniger unverheiratete Paare, in der Mitte hat sich das Familienleben bzw. die Ehe ohne Trauschein als zweites Modell etabliert.

Andere Topmanagement-Coaches würden dieser Grundeinschätzung in vielen Punkten zustimmen, wie wir aus einer Reihe von Diskussionen und Vorträgen wissen. Die oben geschilderten „Sach"-Verhalte entsprechen den bewusst gemachten oder diffus erlebten Erfahrungen der Erfahrenen. Allerdings ist das Bild nicht unumstritten und teilweise auch mit wertenden Stellungnahmen zu den Vertretern dieser „Meisterklasse" (Dorothee Echter) vermischt. Tenor: Haifische, Barracudas und selbstgefällige Narzissten, die weder moralisch noch leistungsmäßig so gut sind, wie sie gefeiert werden. Auf dem Coaching-Kongress 2003 in Wiesbaden konterte ein Redner unsere Position („Topmanagement-Coaching erinnert an die Rennen in der Formel 1") mit dem Hinweis, dass ihn die Firmen oft nicht an die Formel 1 erinnerten, sondern an eine langsame Karawane. Er erntete von vielen zustimmendes Lachen. Und ein anderer Redner erheiterte das Plenum mit dem Hinweis auf eine merkwürdige Parallelität des Lernens von Managern und jugendlichen Straftätern, nämlich der, dass beide Gruppen nicht auf Vorrat lernen.

Dorothee Echter vertritt hingegen eher die kleinere Fraktion der positiv bekennenden Executice Coaches (in Rauen, 2002), die auch über längere Erfahrungen verfügen. Sie schildert Merkmale des Topmanagements, die genau in der von uns beobachteten Richtung liegen. Stellvertretend sei hier aufgeführt: Der „Job als Lebensgefühl", „Souverän der Organisation", „Identifikation mit der Rolle", „keine Politik der offenen Tür", hohes Selbstbewusstsein, verwöhnt usw.

Leistungs- und Nach ihr lassen sich die Leistungs- und Erfolgskriterien des Topma-
Erfolgskriterien nagements klar von denen des Mittleren Managements unterscheiden.

Für das Mittlere Management gelte:
- Aufgaben sind wichtig
- Man will selbst brillieren
- Arbeit im Vordergrund
- Ergebnis und Termine zählen
- Reagieren und Außensteuerung
- Hektik, hohes Tempo
- Erfüllen, leisten
- Auf Erreichtem aufbauen
- Vorgehen stark logisch

Für das Topmanagement gelte:
- Personen und Netzwerke sind wichtig
- Andere aufbauen und brillieren lassen
- Einfluss, Macht
- Erfolgsgefühl
- Maßstäbe setzen
- Langsamkeit, Gelassenheit
- Absolute Autorität sein
- Auf Beziehungen aufbauen
- Vorgehen ist „stimmungsmäßig"

In starker Anlehnung an Daniel Goleman und sein Konzept der emotionalen Intelligenz ist sie der Auffassung, dass *„Spitzenkarrieren ... nicht auf Rationalität"* beruhen. Ihr Motto scheint eher das folgende: *„Rationalität raus! Gefühle rein!"*. Denn die positive Kraft der Gefühle sei in der Lage, Sympathie, Vertrauen und auch Rührung auf die Topebene zu bringen, der damit ein gutes Frühwarnsystem, ein Sensor für kritische Entwicklungen, eine starke Erkenntnisquelle für sich selbst wie für andere und ein Ansporn zum permanenten Weiterlernen zur Verfügung stehe.

Zwar geht es ihr nicht um ein unkontrolliertes Ausleben der Gefühle, aber um eine persönliche Authentizität, der sie eine Schutzwirkung vor der „Erfolgsfalle" zuschreibt. Leitmotto: *„Selbsterkenntnis ist Pflicht!"*.

Auch wenn Roswitha Königswieser mit ihrem Kollegen, einem ehemaligen Spitzenmanager von Audi, auf der Coaching-Fachtagung in Laxenburg im Juni 2004 in das gleiche Horn stieß und aus dem

Plenum ein eifriges Nicken erntete – wir teilen diese Sichtweise nur begrenzt. Nichts gegen Emotionen im Topmanagement! Wir arbeiten an dieser Stelle ja auch. Aber wir haben Zweifel, ob dieser Weg alleine der Königsweg zu dieser Königsklasse sein kann. Nach unserer Auffassung wird hier von unseren geschätzten Kollegen und Kolleginnen möglicherweise übersehen, dass wir es mit strukturellen Gruppenunterschieden zu tun haben, für die der Weg der „Mittelklasse" über die Befreiung der Gefühle nicht in jeder Hinsicht zur Lösung derjenigen Themen, Fragen und Probleme führt, die im Coaching mit den Executives insgesamt anstehen. Wir wollen nicht besserwisserisch unsere eher pragmatische Vorgehensweise den anderen Sichtweisen gegenüberstellen und die Diskussion gewinnen. Viel eher liegt uns daran, die Diskussion nicht vorschnell zu beenden, sondern offen zu lassen.

Kommen wir deshalb aus den Höhen der Gedanken auf den Boden der sicheren Erfahrung zurück:

Essen als rituelle Handlung

Auch das Essen kann in Abhängigkeit vom Hierarchie-Level eine unterschiedliche Bedeutung haben. Nicht nur, weil die finanziellen Möglichkeiten der Spitze den Genuss eines Rotweins ermöglichen, der für die Mitte einen Tages- oder Wochenverdienst darstellen kann. Vielmehr ist die psychologische Bedeutung des Essaktes als solchem verschieden. Für das Mittlere Management bedeutet Essen einerseits Ernährung und andererseits Genuss sowie Tröstung und Ausgleich für die erlebte Anspannung und Belastung in der Arbeit. Auch Gemeinsamkeit und Nähe sind zentrale Erlebnisdimensionen dieses archaischen und urmenschlichen Aktes. Auf Executive-Level oder ganz an der Spitze erfüllt das gemeinsame Essen daneben noch die Funktion einer ritualisierten Annäherung der Fighter in einer Arena. Es geht also um eine Konflikte reduzierende Beschwichtigung. Oder es hat den Charakter eines Freudenfestes nach einem gewonnenen Kampf. Oder es bedeutet die archaischste Form der Selbstvergewisserung und Selbststilisierung des Menschen, der im Moment des Genusses noch einmal spürt, dass er sicher ist, während er isst.

Sick

Coaching nach Werten

Dr. Ulrich Althauser, Head of Corporate HR Development, Sick AG

Coaching spielt bei der Sick AG als systematisches Instrument der Personalentwicklung eine zunehmend wichtige Rolle.

Das Coaching-Konzept des Unternehmens zeichnet sich durch drei zentrale Punkte aus:
1. Durch ein hohes Maß an Freiwilligkeit und Eigenverantwortung beim Coaching-Nehmer
2. Durch Vertraulichkeit bezüglich der Inhalte
3. Durch eine größtmögliche Transparenz des Gesamtprozesses an sich, der durch das Setzen von Standards, zum Beispiel hinsichtlich des Informationsflusses, und durch das Verabreden von Spielregeln gekennzeichnet ist. Eine genaue Beschreibung des Coaching-Prozesses gehört hier ebenso dazu, wie die Formulierung klarer Anforderungen an Coaches

Die Coaching-Maßnahme wird in der Regel vom Coaching-Nehmer selbst oder dessen Vorgesetzten angestoßen. Verordnetes Coaching gibt es so gut wie nie – Empfehlungen schon. Coaching kann von allen Mitarbeitern des Unternehmens unabhängig von ihrer Hierarchie-Ebene in Anspruch genommen werden.

Üblicherweise wird in einem Gespräch mit der Personalabteilung darüber gesprochen, ob es überhaupt das adäquate Instrument zur Erreichung der angestrebten Ziele ist. Ist dies der Fall, schlägt der Personalmanager einen oder mehrere Coaches vor, mit denen der Coaching-Nehmer arbeiten könnte.

Ab diesem Zeitpunkt liegt der Prozess in der Hand des Coaching-Nehmers. Nach einem ersten Gespräch entscheidet er sich, mit welchem Coach er arbeiten möchte. Er führt mit ihm sowohl die Zielklärung durch als auch die zeitliche Planung der gesamten Maßnahme. Die Personalabteilung bietet sich zwar als Berater an, beschränkt aber ihre Rolle auf den Abschluss des Vertrages mit dem Coach.

Bezüglich der Länge des Coaching-Prozesses werden bewusst wenige Vorgaben gemacht. Der Prozess wird möglichst offen gehandhabt: Stellt sich zum Beispiel im Laufe eines Coachings heraus, dass eine Teamentwicklungsmaßnahme das bessere Instrument wäre, kann durchaus flexibel umgesteuert werden. Wann das Coaching beendet ist, entscheidet der Coaching-Nehmer selbst.

Im Verlauf der Maßnahme erkundigt sich die Personalabteilung von Zeit zu Zeit beim Coach nach dem Verlauf des Prozesses. Inhalte werden hierbei bewusst nicht angesprochen. Am Ende des Coachings gibt es ein – inhaltlich nicht tiefgehendes – Feedback an die Personalabteilung, ob die zu Beginn der Maßnahme abgesprochenen Ziele erreicht wurden. Wichtige Messkriterien sind hierbei die Zufriedenheit des Coaching-Nehmers, seine emotionale Entlastung, die wahrgenommene Veränderung seines Handlungsrepertoires, eine Zunahme an Bewusstheit sowie die Veränderung möglicher Einstellungen. Falls die Ziele nicht erreicht wurden, werden die Ursachen analysiert und Möglichkeiten des weiteren Vorgehens vereinbart.

Die von der Personalabteilung empfohlenen Coaches entstammen einem Coaching-Pool – einem „kleinen, aber feinen Kreis". Fast alle Coaches in diesem Pool kommen von extern und haben sich in der Regel eigeninitiativ bei der Sick AG vorgestellt. Obwohl die Coaches mit Hilfe eines spezifischen Anforderungskatalogs ausgewählt werden, wird zwischen ihnen bezüglich ihrer Spezialisierung deutlich unterschieden: Arbeitet der Coach eher mit Leitenden Angestellten oder besser mit nachgeordneten Hierarchie-Ebenen? Hat er sich auf die Beratung von Einzelnen, Teams oder Organisationseinheiten spezialisiert? Verfügt er eher über Feld- oder Prozesskompetenz? Steht bei seinem Vorgehen eher ein operatives Zielerreichungslernen, ein strategisches Erschließungslernen oder das persönlichkeitsbildende Identitätslernen im Mittelpunkt?

Sick

Auswahlkriterien eines Coachs für leitende Angestellte bei der Sick AG
a) Ausbildung
- Abgeschlossene Berufsausbildung und Studium
- Mehrere Jahre (mindestens fünf) in erwerbswirtschaftlichen Organisationen gearbeitet – möglichst in Führungsrolle und mit Verantwortung für Geschäftsziele

b) Erfahrung
- Nachvollziehbarer vollständiger Lebenslauf
- Nachweislich reflektierte Lebenserfahrung aus Berufsleben, aus sonstigen Organisationen oder Tätigkeiten (Nachweis durch eigene Supervision, selbst erfahrenes Coaching oder anerkannte Ausbildungsgänge zum „Coach")
- Mindestens drei Jahre Erfahrung als Coach und aktuell als solcher tätig
- Nachweis durch eigenes, reflektiertes Konzept und schlüssige Darlegung des eigenen Ansatzes

c) Hintergrund und Qualifikation (Priorisierung je nach Anliegen/Anlass)
- Managementwissen: Verständnis von „Organisation", nachgewiesen in Ausbildung und/oder
- Erfahrung in betriebswirtschaftlichen Abläufen und Gegebenheiten, insbesondere Fachverständnis für Managementprozesse
- Erfahrungen mit betriebswirtschaftlichen Instrumenten
- Kenntnis gängiger Führungskonzepte
- Systemische Orientierung und Grundkenntnisse Organisationsentwicklung
- Integrität bei Auftragsklärung, Auftragsannahme (Check der Kriterien des Coachs: Welche eigenen Auswahlkriterien werden verfolgt?) und Auftragsabwicklung
- Praktisch-psychologischer Hintergrund: Grundkenntnisse psychologischer Diagnostik, Kenntnisse in Coaching-relevanten therapeutischen Verfahren (TA, TZI, Psychodrama, NLP, Gestalt, RET, Familientherapeutische Verfahren) nachweislich erarbeitet bei einem einschlägigen Institut (z.B. WILL für TZI, Petzold Institut für Gestalt). Klarheit zum Thema „Abgrenzung Coaching – Therapie"
- Nachweislich mit einem reflektierten, breiten Interventionsrepertoire vertraut, flexibel in der Aufarbeitung des Coaching-Falls und im Umgang mit dem Coaching-Nehmer (über Fallschilderungen erheben)

- Abgeschlossene Zusatzausbildung in einer vom BDP oder einer ähnlichen Institution anerkannten Therapie-Richtung (Verhaltenstherapie, Gruppendynamik, Gesprächstherapie), nachgewiesen durch Zertifizierung
- Ständige Weiterbildung und auf dem neuesten Stand der Diskussion (wie z.B. um das Für und Wider von NLP, um die körpertherapeutische Relevanz in der Psychoanalyse, die Auseinandersetzung um den systemischen, familientherapeutischen Ansatz von Hellinger ...)
- Wünschenswert: Einblick in und Affinität zu körpertherapeutischen Ansätzen

d) Werte
- Klare Vorstellungen im (Auswahl-)Gespräch zu den Werten Integrität, Loyalität, Qualität, Authentizität, Respekt und Vertrauen
- Check: Passung zur Kultur und den Werten des Unternehmens

e) Persönlichkeit
- Erkennbare, nachweisbare psycho-soziale Kompetenz (belegt durch Tätigkeit als Coach, Referenzen) - Empathie, personale Kompetenz, soziale Kompetenz im Sinne von Verständnis für Situationen und Gestaltung von Beziehungen (Rapport)
- Breites eigenes Verhaltens- und Interventionsrepertoire; breiter Sprachschatz und hohe Ausdrucksfähigkeit; erkennbares Differenzierungsvermögen und wertschätzendes Verhalten
- „Klare", „offene" Persönlichkeit mit „Standing" und „Ruhe" (Checken des persönlichen Eindrucks und des Fits mit dem/den möglichen Kandidaten)
- Fähigkeit zur realistischen Selbsteinschätzung
- Konfrontationsbereitschaft

f) Formales
- Schriftliche Nichtzugehörigkeitserklärung zu Sekten (z.B. Scientology)
- Klarheit über den Zielvereinbarungsprozess
- Honorarregelung
- Diskretion/Vertraulichkeit

Von den Coaching-Nehmern wird neben der Verantwortungsübernahme und der Bereitschaft zu aktiver Mitarbeit vor allem Veränderungsbereitschaft,

Sick

Praxisbericht

zeitlicher Einsatz, Selbstregulationsfähigkeit, Problembewusstsein sowie das Zulassen von Emotionen erwartet.

Bei der Weiterentwicklung des Coaching-Konzepts zeichnen sich aus Sicht der Sick AG mehrere Schwerpunkte ab:

- Das Marketing für Coaching soll intensiviert werden. Bislang wurde das Instrument in einem Vortrag den Leitenden Angestellten vorgestellt und offen vom Vorstand unterstützt. Zukünftig soll Coaching auch über aktive Kommunikation ins Unternehmen hinein getragen werden, beispielsweise über Erfahrungsberichte von Coaching-Nehmern. Auf diese Art soll erreicht werden, dass Coaching noch häufiger in Anspruch genommen wird.

- Internes Coaching durch Führungskräfte wird an Bedeutung gewinnen. Für diesen Zweck ist ein Ausbildungsprogramm für die entsprechenden Hierarchie-Ebenen angedacht.

- Neue Coaching-Formen könnten etabliert werden. Es entstand die Idee einer festen „Coaching-Sprechstunde", in der sich Mitarbeiter aller Ebenen unaufwendig zum Beispiel bei Konflikten beraten lassen können.

Unser Fazit: Die Anforderungen an einen Coach sind hoch – man darf gespannt sein, wie viele Coaches dieses breite Spektrum erfüllen, das interessanterweise starke therapeutische Kompetenzen enthält. Sinnvoll erscheint es in jedem Falle, Coaches von ihrer Qualifikation her gesehen in Passung zu den Coaching-Themen auszuwählen. Auch Coaches sind in der Regel keine Götterstellvertreter.

Hervorheben möchten wir an dem Konzept von Sick die Betonung des Bezugs zur Kultur und den Werten des Unternehmens, auf die bei der Auswahl der jeweiligen Coaches ein deutliches Augenmerk gerichtet wird.

Erfolgsmessung:
Bringt es was?
Der Erfolg von Coaching

Kapitel 10

Wie erfolgreich ist Coaching tatsächlich? Gibt es Unterschiede in der Erfolgseinschätzung zwischen Personalmanagern und Coaches? Lässt sich der Coaching-Erfolg überhaupt messen – und falls ja, wird es getan? Hier finden Sie Antworten.

Zweiundvierzig: Die Formel der Wertschätzung .... S. 269
Die Messung des Coaching-Erfolgs .... S. 274

Abschnitt 1

Zweiundvierzig:
Die Formel der Wertschätzung

Die Universalantwort auf alles

In der Handlung eines der Klassiker der Science-Fiction-Literatur – „Per Anhalter durch die Galaxis" (Adams, 1984) – wurde der Computer Deep Thought damit beauftragt, die Antwort auf die Frage aller Fragen, *„die Antwort auf das Leben, auf das Universum, auf Alles"* zu errechnen. Nach 7,5 Millionen Jahren gab Deep Thought die Antwort ***„Zweiundvierzig"*** sowie den Rat, die eigentliche Frage überhaupt erst zu formulieren. *„I think the problem, to be quite honest with you, is that you've never actually known what the question is."* (www.wikipedia.org, 2004)

Coaching boomt, Coaching ist in. Es gibt Executive Coaching, Gruppen-Coaching, Coaching für High Potentials und Coaching für Projektteams. Durch externe und interne Coaches: Coaching, wohin man blickt, in allen Varianten und Schattierungen. Insofern ist die Frage nach dem Erfolg des Coachings zwar leicht gestellt, aber nur unendlich schwer zu beantworten. Oder wie uns Deep Thought zeigt, ganz einfach! Es dauert eben nur eine kleine Weile, bis die einfache Antwort da ist und außerdem eine niederschmetternde Zusatzinformation vorliegt: Die ursprüngliche Frage war falsch gestellt!

Ganz ähnlich erging es uns auch bei unserer aktuellen Studie, in der wir einfach nach dem Erfolg von Coaching fragten. Obwohl wir aus unseren früheren Untersuchungen von 1989 und 1998 wussten, wie schwer diese Frage von unseren damaligen Gesprächspartnern zu beantworten war, waren wir dieses Mal doch zuversichtlicher, genauere Antworten zu erhalten. Immerhin haben wir das Jahr 2004, und nicht mehr 1989, als Coaching noch wenig bekannt war, oder 1998, als viele Unternehmen Coaching schon längst in verschiedenen Varianten eingeführt und praktiziert hatten. Wir hofften auf eine aufgeklärte Praxis und einen differenzierten Kenntnisstand mit präzisen Angaben.

Umso mehr überraschte uns, wie schwer es immer noch für die meisten unserer Interviewpartner war, mehr als nur pauschale Antworten zu geben. Wir hätten die Frage doch besser anders stellen müssen! Die eigentlich richtige Frage wäre dann aber erst noch zu formulieren ...

Wir wendeten die erhaltenen Antworten immer wieder hin und her, nickten uns zu und waren am Ende allen Zweifelns dann aber doch der Meinung, dass wir dieses Mal mehr erfahren hatten als nur „42"!

Der allgemeine Erfolg von Coaching

Coaching ist ein absoluter Erfolgs-Hit

In mindestens zwei Studien wurde 2004 bereits die pauschale Frage nach dem Erfolg von Coaching gestellt – von uns (Böning-Consult, 2004) und von der Unternehmensberatung Heidrick & Struggles (2004). Die Antworten zeigen klar: Coaching ist ein absoluter Erfolgs-Hit. Nur wenige kritische Stimmen stören den Jubelchor, in dem die Coaches selbst (nicht unerwartet) die lautesten Lobeshymnen anstimmen.

Trotz unseres Bemühens um kritische Distanz halten wir die in unserer Untersuchung erhaltenen Zahlen über den eingeschätzten Coaching-Erfolg für beeindruckend. Kein einziger der Befragten gab an, dass Coaching nur geringen oder überhaupt keinen Erfolg aufweisen könne. Dabei haben wir neben den Coaches auch Personalmanager befragt, in deren Unternehmen Coaching von den verschiedensten Coaches durchgeführt wird. Man kann also davon ausgehen, dass die Damen und Herren keineswegs plump auf Eigenwerbung bedacht waren.

Wenden wir uns der Tatsache zu, dass die Coaches durchgängig höhere Werte angegeben haben als die Personalmanager. Dieser Effekt liegt vermutlich wenigstens zum Teil an einer entsprechenden Selbstsicht der Coaches, die von ihrem Wirken sehr überzeugt sind. Unwillkürlich erinnert uns diese Einschätzung an die Selbsteinschätzung von Autofahrern in Deutschland, die sich etwa in der gleichen Größenordnung für überdurchschnittlich gute Autofahrer halten. Ob die Versicherungen diese Sicht teilen?

Zum Teil aber könnte es natürlich durchaus sein, dass die Coaching-Profis tatsächlich den berichteten Erfolg von Coaching realistisch einschätzen bzw. erfahren haben. Nicht ausschließen kann man zudem auch, dass die Personalmanager den Erfolg tatsächlich zu niedrig einschätzen, weil sie aus ihrer entfernteren Sicht vielleicht die Größe, Subtilität oder Besonderheit schlechter erfassen können als die Coaches, die ja in ihrer Einschätzung direkt oder indirekt auch von der Bewertung der Coaching-Nehmer selbst beeinflusst sein dürften.

Hohe Einschätzung für den direkten Erfolg beim Coaching-Nehmer

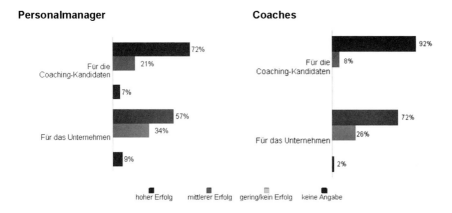

Abb. 10.1: Der Erfolg von Coaching allgemein, BC 2004

Die Zahlen zeigen, dass der direkte Erfolg für den Coaching-Nehmer geradezu überwältigend hoch eingeschätzt wird – und zwar von beiden Befragtengruppen: 72% bzw. 92% konstatieren einen hohen Erfolg. Das ist ein Wort!

Der indirekte Erfolg, den Coaching darüber hinaus für das Unternehmen hat, wird ebenfalls gesehen. Deutlich mehr als die Hälfte der Personalmanager spricht in unserer Studie dem Coaching einen hohen Erfolg zu. Die Coaches sprechen gar zu 72% davon. Dass die Werte für das Unternehmen systematisch niedriger sind als die für die Coaching-Kandidaten, ist einleuchtend, steht doch die Person im Fokus der Coaching-Maßnahme, weniger das Unternehmen. Der Erfolg für das Unternehmen entsteht indirekt, und zwar durch die Wirkung des veränderten Verhaltens der Führungskraft. Insofern hat das Unternehmen durchaus ebenfalls einen Nutzen von Coaching-Maßnahmen, aber er ist schwerer zu fassen und vermutlich auch kleiner. Oder ist er in Wirklichkeit sogar größer?

Der Erfolg für das Unternehmen entsteht indirekt

Wenn wir nun in die Längsschnittbetrachtung gehen, dann sprechen die Zahlen hier ebenfalls eine positive Sprache, wie aus der nachfolgenden Abbildung zu ersehen ist:

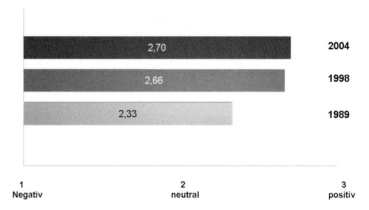

Abb. 10.2: Die Bewertung von Coaching durch Personalmanager 1989-2004, BC 2004

Der heute zu beobachtende Erfolg der praktizierten Coaching-Maßnahmen hat sich aus Sicht von Personalmanagern gegenüber der Pionierphase positiv weiterentwickelt und auf einem relativ hohen Niveau stabilisiert! (Da die Fragen und die verwendeten Messskalen an den drei Befragungszeitpunkten nicht hundertprozentig identisch waren, haben wir die Daten transformiert, um sie miteinander vergleichbar zu machen.)

Nicht nur Coaches und Personalmanger bescheinigen den Erfolg von „Coaching" – Coaching-Nehmer tun dies ebenfalls. Werfen wir einen Blick auf ein zentrales Ergebnis von Heidrick & Struggles (2004; vgl. Tabelle unten).

Tab.: Wie sinnvoll ist Coaching als Instrument zur Entwicklung der Persönlichkeit? Heidrick & Struggles, 2004

Halten Sie Coaching grundsätzlich für ein sinnvolles Persönlichkeitsentwicklungsinstrument?	Zahl der Zustimmungen	Prozent
Ja	236	89,39
Nein	20	7,58
Weiß nicht/keine Meinung	8	3,03

Der Reiz dieses ergänzenden Ergebnisses besteht darin, dass die Stichprobe von Heidrick & Struggles aus Führungskräften bestand, die selbst Coaching erlebt hatten. Hier wie in unserer Studie liegt der Anteil derer, die Coaching für erfolgreich bzw. sinnvoll erachten, bei deutlich über 80%. Dieser Akzeptanzwert ist alles andere als eine Selbstverständlichkeit und spricht zumindest indirekt für den Erfolg des Coaching-Ansatzes – auch wenn einige Fragen offen bleiben: Handelt es sich hier um die Einschätzung von Executives oder von Mittelmanagern? Haben sie externes Einzel-Coaching oder Gruppen-Coaching erfahren? Oder welche andere Variante? Wie lange dauerten die Interventionen? Wie lange hielt der Erfolg an? Usw.

Fest steht: Der allgemeine Erfolg von Business Coaching ist unbestritten. Wer auch immer im Coaching-Geschäft danach gefragt wird – ob Coach, Coaching-Nehmer oder Personalmanager: Er ist überzeugt, dass Business Coaching „etwas bringt" und dass es ein macht- und wirkungsvolles Personalentwicklungsinstrument ist.

Bei der Beurteilung des Nutzens von Coaching muss allerdings ein wichtiger Punkt im Auge behalten werden: Es handelt sich hier um eine Erfolgseinschätzung, die die unterschiedlichen Coaching-Varianten, -Themen, -Zielgruppen und -Anlässe unberücksichtigt lässt! Das erinnert unvermeidbarerweise an das gemeinsame Wiegen von Äpfeln, Birnen und des Lastwagens dazu, verwundert aber nicht vor dem Hintergrund der bereits geschilderten Verwendung von Coaching als Containerbegriff. Um den Nutzen von Coaching differenzierter beurteilen zu können, muss man sich erst einmal der Frage zuwenden, nach welchen Kriterien er überhaupt gemessen wird. Und das haben wir in unserer Untersuchung auch getan.

Anteil der Führungskräfte, die Coaching für erfolgreich erachten, liegt bei über 80%

Abschnitt 2

Die Messung des Coaching-Erfolgs

Jeder zweite Personaler misst den Coaching-Erfolg

In Anlehnung an die Frage, ob ein Personalentwickler den Erfolg von Coaching per Bauchgefühl beantwortet oder ob er andere Kriterien zu Rate zieht, kommt man zwangsläufig auf eine erste, scheinbar naive Frage: *„Messen Sie den Coaching-Erfolg überhaupt in Ihrem Unternehmen?"*

„Wir messen den Erfolg der Coachings im Unternehmen", bekräftigen 56% der Personalmanager. Allerdings gibt jeder Dritte ganz offen zu, dass keine Messung vorgenommen wird.

Personalmanager **Coaches**

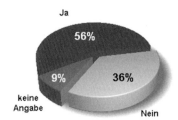 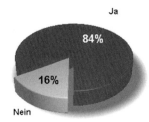

Abb. 10.3: Messen Sie den Coaching-Erfolg? BC 2004

Bei den Coaches, denen wir dieselbe Frage gestellt haben, ist die Offenheit möglicherweise geringer – oder sie messen den Erfolg ihrer Arbeit tatsächlich häufiger, als das die Personalmanager faktisch bemerken. 84% der Coaches geben jedenfalls an, dass sie den Coaching-Erfolg messen!

Die Messung des Coaching-Erfolgs

Allen, die angaben, eine Messung des Coaching-Erfolgs durchzuführen, haben wir die Anschlussfrage gestellt, welche Kriterien sie eigentlich zur Bewertung des Coachings erfassen (vgl. Abb. 10.4).

Bewertungskriterien

Abb. 10.4: Messvariablen des Coaching-Erfolgs, BC 2004

Unsere in diesem Sinne konkretisierenden Fragen liefen allerdings größtenteils ins Leere! Wir bekamen nur sehr begrenzte Informationen von beiden Befragungsgruppen! Die am häufigsten genannten Kriterien waren das Erreichen vorab definierter Ziele und die Zufriedenheit der Beteiligten. Nun sind diese Kriterien natürlich durchaus sinnvoll – aber spezifischere Aussagen waren nicht zu erhalten. Keiner der Befragten beschrieb zum Beispiel, welche Verhaltensweisen bei den Coaching-Kandidaten betrachtet wurden und wie sie sich im Verlauf des Coaching-Prozesses verändert haben.

Wie Sie als mitdenkender Leser in der Zwischenzeit schon unschwer festgestellt haben, darf man übrigens nicht der Versuchung erliegen, die oben abgebildeten Prozentzahlen einfach zu addieren. Dann käme man auf einen Wert nahe der Hundertprozentmarke, der suggeriert, dass wohl doch die allermeisten Coaches oder Personalmanager irgendeinen Parameter des Coaching-Erfolgs erfassen. Tatsächlich gab es zwar relativ „aktive" Teilgruppen auf beiden Seiten, die mehrere

Zielerreichung als Messkriterium

Faktoren erfassen, aber sehr viele Interviewpartner konnten nur ziemlich ungenaue Angaben machen, wie zum Beispiel die, dass sie „Verhalten allgemein" messen.

Immerhin hat jeder fünfte Befragte die Zielerreichung als Messkriterium des Erfolgs genannt. Dies weist uns auf einen wichtigen Umstand des Coaching-Erfolgs hin: Er ist im Allgemeinen sehr individuell festzumachen und nur schwer standardisierbar (umso wichtiger ist eine saubere Zielvereinbarung in der Anfangsphase eines Coaching-Prozesses!). Die Befragten tun sich schwer mit allgemein anerkannten Kriterien, die für jeden Prozess gelten könnten. Vielmehr beziehen sie sich auf die für jeden einzelnen Coaching-Fall zu vereinbarenden Kriterien der Zielerreichung.

Vielleicht könnte hier der Schlüssel liegen zu einem Messinstrument für den Coaching-Erfolg. Dieses würde dann konsequenterweise weniger aus einer festen Kriterienliste bestehen, als vielmehr einen Leitfaden zur Zieldefinition und -überprüfung darstellen.

Zusätzlich wollten wir natürlich wissen, mit welchen Methoden oder Maßnahmen die Personalmanager und Coaches den Coaching-Erfolg zu erfassen versuchen (vgl. Abb. 10.5).

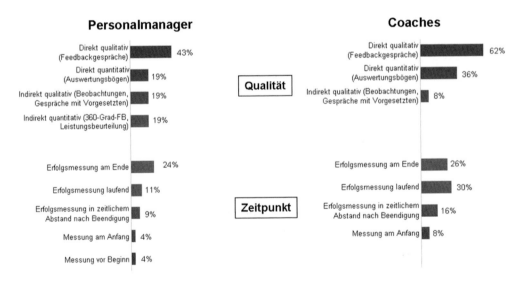

Abb. 10.5: Maßnahmen zur Messung des Coaching-Erfolgs, BC 2004

Die Messung des Coaching-Erfolgs

Die Antworten kamen zögerlich und mit präziser Ungenauigkeit. Fester Bestandteil eines Coachings seien Feedbackgespräche oder Ähnliches. Wir haben diese Antworten zu der Kategorie „direkte qualitative Messung" zusammengefasst. Sie ist die häufigste Kategorie. Es beruhigte uns zu hören, dass immerhin fast zwei Drittel der Coaches Feedbackgespräche mit ihren Coaching-Kandidaten führen. Direkte quantitative Verfahren wie zum Beispiel Fragebögen, deren Ergebnisse so etwas wie einen „Erfolgsindex" ergeben könnten, werden immerhin von jedem dritten Coach eingesetzt. Indirekte Messungen, beispielsweise durch die Befragung von Vorgesetzten (qualitativ) oder über andere personaldiagnostische Instrumente im Unternehmen wie 360°-Feedback (quantitativ), kommen seltener vor. Sie werden – wenn überhaupt – von den Personalmanagern eingesetzt. Die Coaches geben nur selten Genaueres über deren Einsatz an.

Feedbackgespräche als bevorzugte Messmethode

Da dieses Bild nicht allzu üppig war, tätigten wir eine zweite Auswertung, die nach dem Zeitpunkt der Messung fragte.

Das Ergebnis: Vor allem während des Prozesses und an seinem Ende werden die beschriebenen Messungen (besser gesagt: diese Einschätzungen) durchgeführt. Das klang zwar schon besser, war aber methodisch auch nicht völlig zufrieden stellend. Denn eine wichtige Voraussetzung dafür, dass man eine Aussage über den Erfolg eines Coachings und damit über seine Wirksamkeit sauber treffen kann, ist streng methodisch natürlich die, dass eine Veränderung festgestellt wird, die während des Coaching-Prozesses stattgefunden hat. Dafür aber braucht man logischerweise mindestens zwei Messungen: eine zu Anfang des Prozesses und eine an dessen Ende. Wir mussten jedoch erfahren, dass zu Anfang eines Coachings kaum jemand der Partner auf die Idee kam zu messen. Damit fehlt am Ende bei fast allen Prozessen der Referenzpunkt für eine saubere Messung. Wenn ein Manager zum Beispiel bewerten soll, ob seine Führungskompetenzen im Verlauf des Coachings zugenommen haben, muss er sich auf seine Erinnerung an die Zeit vor dem Coaching verlassen.

Gemessen wird während des Prozesses und an seinem Ende

Nun ist ein solches Vorgehen in vielen Alltagssituationen üblich und durchaus bewährt. Viele Zufriedenheits-, Leistungs- und Veränderungseinschätzungen laufen nur so ab und werden als völlig genügend empfunden. Aber natürlich reicht das für eine saubere wissenschaftliche Vorgehensweise auf Dauer nicht aus, weil erwiesenermaßen viele Beurteilungsfehler einfließen können, wie unzählige psychologische Untersuchungen nachgewiesen haben (vgl.

z.B. schon Festinger und Carlsmith, 1959). Nur allzu gerne glaubt man, dass mit einer Entscheidung (in diesem Fall der, den Coaching-Prozess begonnen zu haben) schon Positives erreicht wurde. Und man färbt in der Erinnerung die Vergangenheit und die früheren Verhältnisse schon mal (bewusst oder unbewusst) ein bisschen dunkler ein, als sie es tatsächlich waren. So erreicht man einen emotionalen Ausgleich im Widerspruch zwischen dem gezeigten Verhalten (z.B. eine aufwendige Coaching-Maßnahme in Anspruch genommen zu haben) und dem erlebten Effekt, nämlich der vielleicht nur geringfügigen Verbesserung der eigenen Fähigkeiten. Der Effekt heißt „Reduktion der kognitiven Dissonanz" und ist wohlbekannt, auch wenn er natürlich nicht immer auftritt und man nicht behaupten kann, dass sich alle Leute immer täuschen, wenn sie eine retrospektive Betrachtung anstellen. Immerhin ist Vorsicht angesagt.

„Bauchgefühl" als Gradmesser

Wir wollen aber an dieser Stelle den Nutzen solcher „Abschlussmessungen" auf keinen Fall völlig in Abrede stellen. Sie sind üblich und pragmatisch gerechtfertigt. Sie sind durchaus zu einem gewissen Grad verlässlich und bieten immerhin eine gewisse Orientierung. Denn das Bauchgefühl ist nicht immer ein schlechter Gradmesser. Führungskräfte sind nicht notorisch unfähig, die Wirklichkeit wahrzunehmen. Man braucht nicht in allen Lebenslagen eine aufwendige Messprozedur, um beispielsweise zu wissen, dass es heute hochsommerlich heiß ist. Und wenn man Zahnschmerzen hat, ist die subjektive Empfindung ihres Abklingens durchaus ein berechtigter Maßstab dafür, ob es einem besser geht. Ähnlich gibt es selbstverständlich auch realistische und zutreffende Einschätzungen, ob man etwas gelernt hat, seine Einstellungen und/oder sein Verhalten verändert hat oder Ähnliches. Es gibt in der Regel Vergleichspunkte mit dem früheren Verhalten, Vergleichsmöglichkeiten im Unternehmen – zum Beispiel den Austausch mit anderen Führungskräften/Kollegen, dem Vorgesetzten oder den Mitarbeitern – oder den Vergleich der Entwicklung des eigenen Verhaltens und des Verhaltens anderer im gleichen Zeitraum unter vergleichbaren Bedingungen.

Das heißt in der Konsequenz, dass ein Coaching-Prozess berechtigterweise einfach dann schon als erfolgreich bezeichnet werden kann, wenn man sich danach „gut" fühlt. Kommt dann noch ein positives Selbstwertgefühl/Selbstbewusstsein oder eine höhere Arbeitsmotivation hinzu, kann sicherlich auch ohne detaillierte Messung von einem erfolgreichen Coaching gesprochen werden. Wir dürfen annehmen, dass viele Erfolgsaussagen zum Thema Coaching genau auf dieser Grundlage gemacht werden.

Wer sich also mit einer pauschalen Beurteilung des individuellen Coaching-Erfolgs zufrieden gibt, mag heute noch sein Auskommen damit haben. Aber reicht das morgen noch aus, wenn Business Coaching dabei ist, seine Wirkung zu professionalisieren? Sollen Diagnose und Wirkungsforschung nur der Medizin, der Marktforschung oder den technischen Disziplinen vorbehalten sein? Natürlich wissen wir, wie schwer sich die Psychotherapie bis heute noch damit tut. Aber wenn in vielen Automobilen die Technik schon teilweise zu Selbstdiagnosen in der Lage ist und wenn die Konsumforschung laufend detaillierte Analysen für die Komposition ihrer Produkte vornimmt, soll dann das Business Coaching außen vor bleiben, wenn es für die Unternehmen und damit für die Wirtschaft einen messbaren Vorteil bringen kann?

Reichen die aktuellen Instrumente auch künftig aus?

Die Antwort erscheint uns eindeutig. Selbstverständlich reicht das auf Dauer nicht aus! Weshalb wir auch die Vermutung haben, dass das klar unter Leistungs- und Erfolgsgesichtspunkten betriebene Business Coaching letztlich wesentlich schnellere Fortschritte in der Umsetzung und der Erfolgskontrolle machen wird, als dies bei der Psychotherapie der Fall war: Der wirklich beobachtete oder gemessene Nutzen wird die weitere Umsetzung und das weitere Messen antreiben. Und die Messung wird den Nutzen antreiben. Nur so erhöht sich die Qualität. Insofern dürften wir noch spannende Entwicklungen vor uns haben.

Seitenblicke

Der ROI von Coaching

Coaching rechnet sich! Dies bringt die US-amerikanische Consulting-Firma Metrix Global in die Diskussion ein.

Viele unserer Leser werden sich sicherlich schon gefragt haben, wann wir denn endlich auf die kapitalistischste Definition von Erfolg zu sprechen kommen: den finanziellen Gewinn.

Metrix Global (2001) hat während der Phase von Fusionsrausch und Internet-Euphorie um die Jahrtausendwende herum den Return on Investment (ROI) von Coaching-Maßnahmen errechnet. Genauer gesagt: Der ROI wurde geschätzt. Befragt wurden 30 Teilnehmer eines Führungskräfteentwicklungsprogramms aus den USA und Mexiko. Alle Befragten kamen aus Fortune 500-Unternehmen. Mithilfe eines schrittweisen und konkreten Vorgehens konnte ein Wert erzeugt werden, der nicht ganz aus der Luft gegriffen zu sein scheint, sondern auf einer Reihe beschreibbarer Kriterien beruht. Zum Beispiel wurden die Teilnehmer gebeten, Verhaltensänderungen durch das Coaching zu beschreiben. Im Anschluss sollten sie abschätzen, wie viele Stunden sie pro Woche durch diese Verhaltensänderungen einsparen. Der damit eingesparte Stundenlohn wurde dem Gewinn durch Coaching zugeschlagen. Von diesem Gesamtgewinn wurden dann die Kosten für die Coaching-Maßnahmen abgezogen. Insgesamt ergab sich daraus am Ende ein ROI aus Coaching-Maßnahmen von 529%. Ein Unternehmen bekäme seine Investitionen in ein Coaching seiner Führungskräfte also mehr als fünffach zurückbezahlt. Metrix Global bezieht sich bei seiner Untersuchung auf ein Modell (vgl. Abb.), in dem lediglich diejenigen Variablen erfasst werden, die überhaupt in Dollarwerten ausgedrückt werden konnten. Dazu kommen nicht klar einschätzbare Vorteile durch Coaching wie beispielsweise die Mitarbeiter- und Kundenzufriedenheit oder die Arbeitsqualität.

Da natürlich ebenfalls die Möglichkeit gegeben ist, auch Kundenzufriedenheit oder Kosten für Projektverzögerungen oder die Arbeitsqualität beispielsweise in Form von Aufwänden für das Beschwerdemanagement oder aufwendige Rückrufaktionen finanziell zu fassen, könnte man den ROI des Coachings unter bestimmten Umständen noch weitaus höher ansetzen. Damit scheint letztlich der „Beweis" erbracht: Coaching zahlt sich aus! Wobei wir allerdings nicht verkennen wollen, dass die oben stehende

Seitenblicke

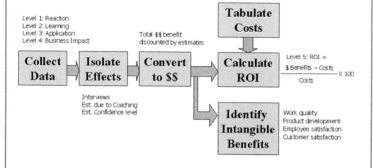

Abb.: Das ROI-Modell nach Philips (1997), adaptiert von Metrix Global

ROI-Rechnung auch etwas wagemutig, wenn nicht gar problematisch anmutet. Gleichwohl: Es erscheint absolut sinnvoll, Anstrengungen dieser Art fortzusetzen, bis eine befriedigende Berechnung oder Abschätzung der wirtschaftlichen Vorteile von erfolgreichen Coaching-Maßnahmen vorliegt.

Nutzen:
Das Geheimnis des Erfolgs

Kapitel 11

Es gibt unterschiedliche Wege, dem Coaching „das Geheimnis seines Erfolges" zu entlocken. Eine Möglichkeit ist es, Experten nach den Kennzeichen offensichtlich erfolgreich verlaufener Coaching-Prozesse oder auch negativ verlaufener Fälle zu fragen. Aus solchen und ähnlichen Untersuchungen lassen sich dann Wirkmodelle ableiten, die als Grundgerüst für die Entwicklung von Messkriterien und weiterer Interventionstechniken dienen können.

In diesem Kapitel berichten wir über unterschiedliche Herangehensweisen an die Frage nach dem Erfolg und Nutzen von Coaching und ziehen abschließend ein kritisches Resumée: Was bringt Coaching wirklich?

Was sagen die Beteiligten? .... S. 285
Die Wirkfaktoren .... S. 289
Der Nutzen .... S. 295

Abschnitt 1

Was sagen die Beteiligten?

Wenn Sie wissen wollen, welches die Kennzeichen erfolgreich verlaufender Coaching-Prozesse sind, können Sie die Personen fragen, die schon eine Vielzahl solcher Prozesse durchgeführt haben. Die können darüber nur dann ein fundiertes Urteil fällen, wenn sie eine breite Spanne von Prozessen erlebt haben und auch einige negative Erfahrungen gemacht haben, gegen die sie die erfolgreichen Fälle spiegeln können. Wir hatten Glück: In unserer Stichprobe von Coaches finden sich ideale Ansprechpartner für die Frage nach den Erfolgsfaktoren.

Erfolgsfaktoren

Die Antworten (vgl. Abb. 11.1) lassen sich in drei Kategorien einteilen: Erstens in Eigenschaften des Coaching-Kandidaten, zweitens in die des Coachs und drittens in äußere oder Umgebungsfaktoren. Ganz oben steht aus Sicht der Coaches eine Eigenschaft des Coaching-Kandidaten: die Offenheit, sich auf den Prozess überhaupt einzulassen. Dieses Merkmal ist offensichtlich grundlegend. Daher kommt es auch fast jedem zweiten Coach unmittelbar in den Sinn, wenn er nach Erfolgsfaktoren von Coaching gefragt wird. Ist diese Vorbedingung nicht gegeben (zum Beispiel bei einem emotional sehr verschlossenen Menschen, einer verkopften Führungskraft oder im Falle eines „verordneten Coachings"), dann wird der Prozess sehr wahrscheinlich kein sinnvolles oder positives Ergebnis erreichen können.

Die Eigenschaften des Coaching-Nehmers

Die Eigenschaften des Coachs werden erst an fünfter Stelle und auf den hinteren Rängen genannt!

Die Eigenschaften des Coachs

Das ist nicht weiter verwunderlich, sondern entspricht einer alten Lebenserfahrung und ist sozialpsychologisch gut untersucht: Menschen nehmen sich selbst gerne als konstant wahr und schreiben die Ursachen dafür, dass eine Situation mal so und mal so endet, meist anderen Personen oder äußeren Umständen zu. Jones und Harris (1967) nannten dies einen „fundamentalen Attributionsfehler", von dem selbst erfahrene Coaches nicht ausgenommen scheinen. Wir nehmen zur Entlastung an, dass es sich um einen ganz archaischen Zuschreibungsprozess handelt, der für Neandertaler oder noch

Abb. 11.1: Die wichtigsten Faktoren für den Coaching-Erfolg – Die Sicht der Coaches, BC 2004

frühere Hominiden ein Erklärungsmuster darstellte, das seine Abhängigkeit von der äußeren Umwelt widerspiegelte. Heute wissen wir „selbstverständlich" aus der Alltagserfahrung, dass wir kritische Umstände, Prozesse und Ereignisse gerne der äußeren oder sozialen Umgebung zuschreiben. Es entlastet im Misserfolgsfall und verhindert trotzdem nicht, im Erfolgsfall die Verursachung klar bei sich selbst festzumachen.

So ließen sich die Coaches zu dieser Tendenz hinreißen, wenngleich auch nur in einem begrenzten Ausmaß. Es zeigt sich, wie hilfreich fundierte psychologische Kompetenzen sind, auch wenn es sich hierbei nicht zwingend um eine zehnjährige psychoanalytische Kur handeln muss.

Äußere Faktoren Weiterhin stehen für die Coaches hauptsächlich äußere Faktoren im Mittelpunkt. Dies belegen zumindest die Plätze zwei bis vier der genannten Erfolgsfaktoren. Die Unterstützung durch das Unternehmen wird hier genannt, aber auch Werte, die die Beziehung zwischen Coach und Coaching-Kandidat beschreiben und die für einen erfolgreichen Coaching-Prozess für wichtig erachtet werden. Die Coaches legen offensichtlich Wert darauf, dass sowohl sie selbst wie auch der Coaching-Kandidat als Prozesspartner gemeinsam für den Erfolg einer Coaching-Maßnahme verantwortlich sind. Ob allerdings zu gleichen oder ungleichen Teilen, ist damit noch nicht gesagt. Gründe für beide Möglichkeiten gibt es genug.

Was sagen die Beteiligten?

Dass auch andere Studien (vgl. Bachmann, Jansen und Mäthner, 2003) zu ähnlichen Ergebnissen kommen, bestätigt unsere Schlussfolgerungen an dieser Stelle. Bachmann und Kollegen fanden als Haupterfolgskriterien für die Coach-Klient-Beziehung „Vertrauen", „Verständnis", „Wertschätzung" und „Offenheit" (siehe Abb. 11.2). Je höher die Einschätzung ist, umso wichtiger ist das Erfolgskriterium.

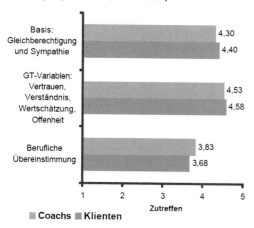

Abb. 11.2: Erfolgsfaktoren im Coaching, Bachmann, Jansen und Mäthner, 2003

Die Ergebnisse stehen ganz in der Tradition der Forschungsergebnisse, wie sie im Rahmen der wissenschaftlichen Aufarbeitung der Gesprächspsychotherapie erhalten und immer wieder bestätigt worden sind. Dies ist nicht überraschend, wenn man den Umstand bedenkt, dass ein großer Teil der meisten Coaching-Maßnahmen in der Durchführung von Reflexionsgesprächen mit den jeweiligen Führungskräften besteht. Folglich gibt es hier schon vom Stil der Gesprächsführung her eine offensichtliche Schnittstelle.

Was lässt sich also festhalten? Erstens, dass ein erfolgreicher Coaching-Prozess auf beiden Seiten Offenheit erfordert. Zweitens stehen auf der Coach-Seite methodische Kompetenz und Lösungsorientierung im Vordergrund. Drittens sind auf der situativen Seite eine Atmosphäre des Vertrauens und der Partnerschaft wichtig. Viertens ist als Rahmenbedingung die Unterstützung durch das Unternehmen von Bedeutung.

Ein erfolgreicher Coaching-Prozess erfordert Offenheit

Passung zwischen Coach und Klient

Wir möchten aus unserer Erfahrung heraus zwei weitere Aspekte ergänzen, die allerdings wissenschaftlich noch nicht untersucht sind: Der erste bezieht sich auf die Passung zwischen Coach und Klient, der zweite auf die Grundeinstellung und Werthaltung des Coachs. Oder anders gesagt: Wir können die Verantwortung für den Coaching-Erfolg nicht einfach überwiegend auf den Klienten abladen! Zumindest dann nicht, wenn sich Coaching über seine „magische" Phase hinausbewegen und ein methodisch gut kontrollierbarer Ansatz sein will.

Passung heißt, dass nicht nur eine positive Beziehung zwischen Coach und Klient(en) bestehen sollte, wie wir gerade ausgeführt haben, sondern auch eine sinnvolle Entsprechung zwischen den Interaktionsstilen der Beteiligten, die für die Zielerreichung zweckmäßig oder gar notwendig ist. Das heißt, wenn sich zwei Sprechdenker im Coaching begegnen, dann kann das für die subjektive Entlastung, für eine Standortbestimmung oder für die Verbesserung der kommunikativen Fähigkeiten sehr nützlich sein. Für die Verbesserung des Selbstmanagements und einer disziplinierten Arbeitsweise oder für die konsequente Umsetzung von Maßnahmen muss dies keineswegs in gleicher Weise gelten. Umgekehrt können zwei monochrone Ergebnissprecher vielleicht eher eine saubere Projektplanung sicherstellen, dafür aber mit der improvisativen Klärung von unerwarteten politischen Schwierigkeiten bezüglich der Projektakzeptanz im Unternehmen größere Probleme haben.

Die Grundeinstellung des Coachs

Was die Grundeinstellung des Coachs anbetrifft, so geht es um dessen Grundhaltung zu zentralen Aspekten des Lebens, der Arbeit, der Zielgruppe und deren wesentlichen Wertehaltungen. Ob ein Coach, der sich ausdrücklich der Work-Life-Balance verschrieben hat (und dort gute Arbeit machen kann), genau der Richtige ist, um obere Führungskräfte bei ihrer Leistungsoptimierung zu unterstützen, das kann bezweifelt werden. Und Coaches, die sich grundsätzlich mit Hierarchien schwer tun und sie am liebsten in Teamarrangements umwandeln wollen, sollten sich überlegen, ob das Executive Coaching im Topmanagement exakt das Richtige für sie ist – was allerdings ihre Klienten ebenfalls überlegen sollten!

Abschnitt 2

Die Wirkfaktoren

Andere Autoren sind das Thema „Erfolg" anders angegangen. Jens Riedel fragte Anfang 2003 in seiner Dissertation: „Wie wirkt Coaching?" (Riedel, 2003). Dazu hat er eine eigene Wirktheorie des Coachings entwickelt. Mit einigen Anleihen unter anderem aus der Motivationspsychologie (Rubikon-Modell, vgl. Heckhausen, Gollwitzer und Weinert, 1987) erklärte er die Kernwirkung von Coaching durch die Veränderung sogenannter „Subjektiver Theorien" (vgl. Groeben et al., 1988). Subjektive Theorien sind in diesem Fall die inneren Vorstellungen des Coaching-Nehmers über sein eigenes Handeln und die Unternehmenswelt, die er mit seinem Tun mehr oder weniger beeinflusst.

Wirktheorie nach Riedel

Die psychologische Theorie geht davon aus, dass jeder Mensch sich im Grunde fortlaufend seine eigenen – eben subjektiven – Theorien zum Funktionieren der Welt macht. Dabei reflektiert er sein Handeln mehr oder weniger bewusst und legt sich Theorien zurecht, die im Grundsatz den Charakter wissenschaftlicher Theorien haben („Man-as-scientist-Ansatz"). Wenn solche Theorien einen potenziellen Coaching-Kandidaten nun daran hindern, erfolgreich zu arbeiten, weil er zum Beispiel seine eigenen Fähigkeiten falsch einschätzt oder auch die Möglichkeit nicht sieht, diese Fähigkeiten einzubringen, dann können durch die Coaching-Arbeit diese hinderlichen Annahmen beseitigt und damit Potenziale beim Coaching-Kandidaten freigesetzt werden. Das (vereinfachte) Modell wird in Abbildung 11.3 dargestellt:

Riedel berichtet, dass Coaching sowohl die Erhöhung der Zweckrationalität geplanter Handlungen als auch die Erhöhung der Wertrationalität verfolgter Ziele bewirken kann. Was nichts anderes heißt, als dass sich der Gecoachte darüber klar werden will/soll/muss, ob er das weiterhin wollen wird, was er bisher gewollt hat oder ob sein Weg der Zielverfolgung weiterhin der richtige ist. Damit können beispielsweise Zielkonflikte aufgedeckt und aufgelöst werden oder andere Einstellungen oder Verhaltensweisen angestoßen werden, die

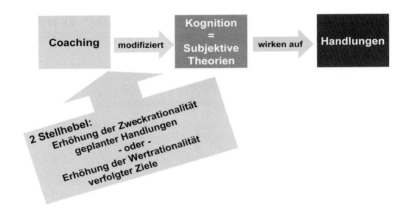

Abb. 11.3: Die Wirkung von Coaching durch Modifikation Subjektiver Theorien, Riedel, 2003

wiederum die subjektiven Theorien der gecoachten Führungskraft verändern, was sich im Regelkreis wieder auf das Handeln auswirkt.

Auf ein konkretes Beispiel angewandt, könnte das Folgendes bedeuten: Ein Manager befindet sich in einer Zwickmühle, weil er aus irgendwelchen Gründen nach größtmöglicher Kontrolle seiner Mitarbeiter sucht und gleichzeitig unter Arbeitsüberlastung leidet (Zielkonflikt zwischen Kontrolle und Entlastung). Durch ein klares Selbstmanagement (Erhöhung der Zweckrationalität) oder ein größeres Vertrauen in seine Mitarbeiter, an die er dann mehr delegieren könnte (Erhöhung der Wertrationalität seiner Ziele), könnte er seine subjektive Theorie über seine Rolle als Führungskraft modifizieren und sein Verhalten verändern – und damit erfolgreicher arbeiten.

So weit die Theorie. Bei insgesamt 15 Coaching-Fällen überprüfte Riedel seine Annahmen und fand dafür eine Bestätigung. Der große Praxistest steht allerdings noch aus. Es muss noch Arbeit geleistet werden, um die sehr theoretischen Konzepte dieses Modells für die Praxis in eine greifbare und handhabbare Form und Sprache zu gießen. Also bieten sich hier reichhaltige Ansatzpunkte für die weitere Forschung und eine Optimierung der Praxis.

Theorie nach Offermanns

Eine ähnliche Theorie wie Riedel stellte Martina Offermanns in ihrer nur einige Monate später fertig gestellten Dissertation „Braucht Coaching einen Coach?" vor (Offermanns, 2004). Bei ihr steht die

Selbstreflexion des Coaching-Kandidaten im Vordergrund. Ihn dabei zu unterstützen und die Umsetzung der dabei gewonnen Erkenntnisse zu begleiten, das ist nach ihrer Auffassung die Aufgabe des Coachs. Das Ziel ihrer Arbeit war eine Überprüfung der Wirksamkeit von Coaching. Dazu verwendete sie ein „systemisches Wirkmodell", das als positives Ergebnis (das wäre dann der Coaching-Erfolg) die emotionale Entlastung des Coaching-Kandidaten und eine sichtbare Veränderung nennt (vgl. Abb. 11.4).

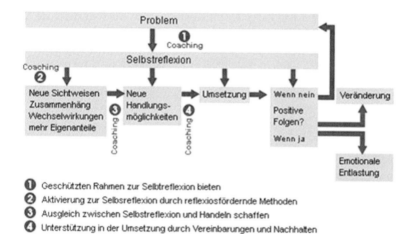

Abb. 11.4: Das systemische Wirkmodell von Coaching nach Offermanns, 2004

Die Ergebnisse ihrer feldexperimentellen Studie mit insgesamt 24 Teilnehmern bestätigen Offermanns' Annahmen und stellen das Anstoßen von Reflexionsprozessen und das offene Feedback durch den Coach ins Zentrum des Wirkmodells. Auf eine sehr einfache Basis heruntergebrochen kann man sagen: Erfolg wird durch Nachdenken erreicht. Durch Nachdenken über sich selbst, seine Rolle und Funktion im Unternehmen. Gelingt die Umsetzung der Erkenntnisse aus diesem Prozess, dann liegt der Coaching-Erfolg in der emotionalen Entlastung des Coaching-Kandidaten, in der Wahrnehmung und Umsetzung neuer Handlungsmöglichkeiten und in der Erreichung seiner vorab formulierten Ziele.

Erfolg durch den Grad der Selbstreflexion

Wir wollen uns in diesem Zusammenhang noch eine dritte Studie näher anschauen. Sie unterscheidet sich von den ersten beiden Untersuchungen hinsichtlich mehrerer Kennzeichen. Zum einen ist sie eine Umfrage zum Thema Coaching und keine experimentelle Überprüfung einer Hypothese. Zum anderen wurden insgesamt über 150 Personen befragt und nicht nur 24 bzw. 15 wie bei Offermanns und Riedel. Und die Befragten sind nicht nur Coaching-Kandidaten, sondern auch deren Coaches.

Wirkfaktoren nach Bachmann et. al.

Bachmann und Kolleginnen (Bachmann, Jansen und Mäthner, 2003) berichten in ihrer Studie über die Antworten von über 70 Coaching-Kandidaten und mehr als 80 Coaches. Sie gaben ihren Gesprächspartnern eine Liste mit Aussagen über mögliche Effekte von Coaching-Maßnahmen vor und baten sie einzuschätzen, in wie weit diese sie für zutreffend hielten (vgl. Abb. 11.5). Über diesen indirekten Weg identifizierten sie vier „Zielgrößen", die mit Hilfe von Coaching erreicht werden können (vgl. Abb. 11.6). Je höher diese Faktoren ausgeprägt sind, desto erfolgreicher ist der Coaching-Prozess verlaufen.

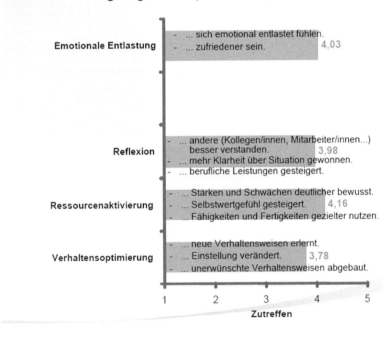

Abb. 11.5: Wirkfaktoren im Coaching nach Bachmann et al., 2003

Regressionsanalytische Berechnungen brachten die Autoren zu der Erkenntnis, dass ganz unterschiedliche Wirkmechanismen zu den vier Zielgrößen führen.

Die Wirkfaktoren

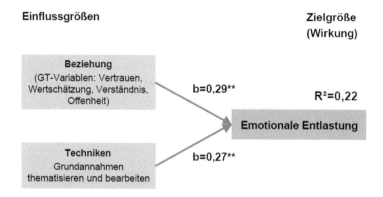

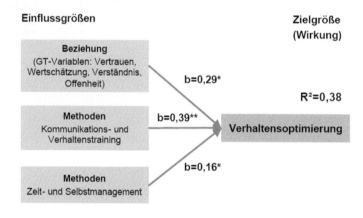

Abb. 11.6: Einflussgrößen im Coaching nach Bachmann et al., 2003

So wird zum Bespiel die „Emotionale Entlastung" des Coaching-Kandidaten durch die Aktivierung von Beziehungsvariablen wie Vertrauen, Wertschätzung, Verständnis oder Offenheit sowie durch die Technik „Grundannahmen thematisieren und bearbeiten" herbeigeführt. Eine Verhaltensoptimierung wird dagegen zusätzlich noch durch Kommunikationstechniken und -übungen sowie Zeit- und Selbstmanagement und Ähnliches erreicht.

Eine Art „Coach-o-meter"

Damit haben die Autoren Elemente eines Wirkmodells zum Coaching vorgelegt. Es beschreibt im Ansatz nicht nur, was wir unter Coaching-Erfolg verstehen können, sondern gibt auch Erklärungen zu seinem Entstehen. Außerdem könnte man es als Teil einer Bauanleitung für eine Art „Coach-o-meter" verwenden. Denn auf direkte Fragen nach den einzelnen Methoden und ihren Effekten bekommt man leichter verlässliche Antworten als auf globale Erfolgsbewertungen. Durch die mathematischen Modelle ließe sich dann anschließend der (aggregierte) Coaching-Erfolg errechnen.

Bachmann et al. haben versucht, einige Einflussfaktoren für Zielgrößen, die für den Coaching-Erfolg wichtig sind, näher zu beschreiben und ihre Zusammenhänge darzustellen. Das geübte Auge erkennt allerdings an den so genannten b-Gewichten (die Zahlen hinter den „b"s im Modell) und der durch die Faktoren erklärten Varianz (die Zahlen hinter den „R"s im Modell), dass diese Einflussfaktoren nicht allein für den Coaching-Erfolg verantwortlich sind. Relativierend muss gesagt werden, dass sie gerade mal 22% bzw. 38% des jeweiligen Erfolgsfaktors erklären!

Coaching findet nicht im luftleeren Raum statt

Andere wichtige Wirkfaktoren und Zielgrößen könnten vielleicht die Personalverantwortlichen in den Unternehmen liefern, die in dieser Studie nicht befragt wurden. Denn Coaching wird nicht im luftleeren Raum durchgeführt. Es findet eingebettet in einen Unternehmenskontext statt. Daher bemisst sich der Erfolg eines Coachings auch an dem Nutzen, den es für das Unternehmen bringt, zum Beispiel dem direkten Umfeld der gecoachten Führungskraft.

Abschnitt 3

Der Nutzen

Eine weitere Möglichkeit, dem Coaching-Erfolg auf die Schliche zu kommen, könnte darin bestehen, eine konkrete Operationalisierung von „Erfolg" in der Praxis zu überprüfen. Das heißt, man macht sich schon im Vorfeld Gedanken dazu, was „Erfolg" im Coaching bedeutet und fragt dann gezielt diese Kriterien ab. Um eine solche Operationalisierung durchzuführen, braucht man jedoch zuerst eine geeignete Theorie, die die Rahmenbedingungen vorgibt. Eine solche Theorie könnte der Systemische Ansatz bieten. Er ist ja die Leib-und-Magen-Theorie der Coaches. Fast jeder Coach bezieht sich bei der Beschreibung seiner Arbeit auf systemische Techniken oder auf einen systemischen Theoriehintergrund, auch wenn man Zweifel daran haben darf, ob überall „Systemisch" drin ist, wo „Systemisch" drauf steht.

Operationalisierung von Erfolg

Wir haben daher bei unserer aktuellen Coaching-Studie auf ein systemisches Kriterium zurückgegriffen, das nicht nur allgemein anerkannt ist, sondern sozusagen den letzten Grund für jede Berater- und auch Coach-Tätigkeit darstellt: die Nützlichkeit einer Maßnahme.

Erfolg wird durch die Nützlichkeit einer Maßnahme bestimmt

Unsere Annahme an dieser Stelle war die folgende: Coaching ist dann erfolgreich, wenn es für die unterschiedlichsten Anlässe oder Themen nützlich ist und durch diese Bewährung eine weite Verbreitung hat. Wir haben unsere Gesprächspartner daher gefragt, für wie nützlich sie Coaching bei den unterschiedlichsten Anlässen halten.

Auch hier wollen wir gleich ein allgemeines Ergebnis vorweg schicken: Coaching ist offenbar bei den meisten bisher praktizierten Anlässen von großem Nutzen. Dass diese allgemeine Aussage heute keinen mehr direkt vom Hocker reißt, ist klar. Denn die Annahme scheint trivial – wenn es nicht nützlich wäre, hätte es sich nicht verbreitet. In dieser Argumentation werden aber aus Versehen ein logisches und ein psychologisches Argument verwechselt. Um es kurz zu machen: Wir alle wissen, dass es unzählig viele Haarwässer gibt, die teuer verkauft werden, von denen die Hersteller vollmundig behaupten, welche regenerativen Wurzelkräfte sie besitzen und von denen die Benutzer hartnäckig erzählen, welchen gigantischen Haarwuchs sie ausgelöst hätten – nur die Nachbarn haben das noch nicht festgestellt!

Das nähere Hinsehen auf die einzelnen Coaching-Anlässe könnte lohnend sein auf unserer Suche nach dem Geheimnis des Erfolgs der „Wunderwaffe Coaching".

Im ersten Teil des vorliegenden Buches haben wir bereits über die Hauptanlässe von Coaching gesprochen. Unterschieden hatten wir die Gruppe der entwicklungsbezogenen von der Gruppe der problembezogenen Anlässe. Bei den entwicklungsbezogenen Anlässen gibt es Themen wie beispielsweise die Unterstützung bei organisatorischen oder auch persönlichen berufsbezogenen Veränderungen sowie die Verbesserung von bestimmten Führungsfähigkeiten. Sie streben eine Weiterentwicklung, ein Wachstum oder eine Kompetenzerweiterung bei der gecoachten Führungskraft an. Bei den problembezogenen Anlässen handelt es sich um konkrete aktuelle Probleme der Coaching-Kandidaten, wie zum Beispiel soziale Konflikte mit Kollegen oder mit den Mitarbeitern, aber auch störende Verhaltens- und Leistungsdefizite, die lediglich die eigene Person betreffen. Das Ziel eines Coachings bei problembezogenen Anlässen ist die Beseitigung des Problems und/oder ein entlastender Umgang damit.

Die Gesprächspartner in unserer aktuellen Studie schätzten neben der Häufigkeit, mit der Coaching bei den verschiedenen Anlässen eingesetzt wird, zusätzlich ein, für wie nützlich sie Coaching bei den jeweiligen Anlässen halten. Diese beiden Informationen sind die Bausteine für unsere Erfolgsformel. Denn erfolgreich ist, was nützlich ist und gleichzeitig auch häufig eingesetzt wird.

Kernnutzen: Entwicklung des Führungsverhaltens

Bei den entwicklungsbezogenen Anlässen erreichen viele Nützlichkeitswerte fast schon die Höchstmarke (vgl. Abb. 11.7). Die traditionell etwas optimistischeren Coaches geben der Entwicklung des Führungsverhaltens gar geschlossen die Bestnote. Und auch die Personalmanager sehen bei diesem Anlass Coaching fast als die Methode der Wahl an.

Der Nutzen

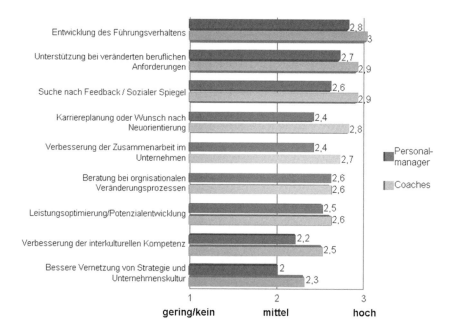

Abb. 11.7: Der Nutzen von Coaching für entwicklungsbezogene Anlässe, BC 2004

Dicht dahinter folgt die Unterstützung bei veränderten beruflichen Anforderungen. Sie gilt ebenfalls als das ureigene Tätigkeitsfeld der Coaches in deutschen Unternehmen. Bei diesen ersten beiden Anlässen sind sich Personalmanager und Coaches noch einig, wenn sie nach dem Nutzen von Coaching gefragt werden. Dann wird es ein wenig uneinheitlicher: Zwar wird die Funktion des Coachs als Feedbackgeber und sozialer Spiegel noch von beiden Gruppen als sehr nützlich erlebt, dann aber folgt für die Personaler die Beratung bei Veränderungsprozessen im Unternehmen und die Leistungsoptimierung durch Coaching. Bei den Coaches stehen dagegen die Karriereplanung und die Verbesserung der Zusammenarbeit im Unternehmen auf den Plätzen vier und fünf.

Ebenfalls bedeutsam: die Unterstützung bei veränderten beruflichen Anforderungen

Unser subjektiver Eindruck aus der Vielzahl der 50 Coach-Interviews war, dass die Leistungsoptimierung nicht so gerne als Thema für sich im Coaching gesehen wurde. Für sie scheint es den Charakter eines „bloßen Trainings" oder gar einer ethisch fragwürdigen Zielsetzung zu haben, wenn man sich um die Leistungssteigerung der Coaching-

Kandidaten bemüht, die man lieber gerne aus ihrer oft überzogenen Leistungsfixierung herausholen würde ...

Das Bemühen um Abgrenzung des Coachings vom bloßen Training könnte hier zu einer zurückhaltenderen Nutzenbewertung geführt haben. Es scheint sehr deutlich, dass das Thema Leistungssteigerung für diese erfahrenen Coaches nicht zu den Wertepräferenzen gehört. Gerade sie wurden in ihrer Ausbildungszeit während der 70er-Jahre häufig psychotherapeutisch oder leistungsskeptisch sozialisiert.

Das interkulturelle Themenfeld wird eher selten mit Coaching beackert – da sind sich die beiden Gruppen wieder einig. Eventuell wird das Thema – wenn überhaupt – in einem anderen Setting angegangen, zum Beispiel in Trainings und Seminaren, in Projekten vor Ort oder durch learning by doing im Ausland selbst. Über ein Fünftel der von uns befragten Personalmanager und Coaches treffen überhaupt keine Einschätzung bzgl. des Nutzens von Coaching im Zusammenhang mit der Verbesserung der interkulturellen Kompetenz – vielleicht auf Grund ihrer mangelnden Erfahrung an dieser Stelle.

Ganz unten steht die Vernetzung der Strategie mit der Unternehmenskultur. Unisono hört man von den Personalmanagern hier die Belehrung: *„Das ist nicht Aufgabe von Coaches"* und *„Hier setzen wir eher Berater ein, die Konzepte erarbeiten und umsetzen."*

Ist es wirklich so, dass die Unternehmensstrategie nichts im Coaching verloren hat? Sind Fragen der Unternehmenskultur im Coaching nicht erwünscht? Oder haben unsere Gesprächspartner lediglich die Frage klassisch interpretiert und dabei nur an die klassische Strategieentwicklung gedacht? Möglicherweise hat sie ihre Erfahrung mit der Umsetzung von Strategiekonzepten noch nie zu der Möglichkeit geführt, gerade durch Coaching der Keyplayer in Strategie- und/oder Changeprojekten die Umsetzung des Konzeptes in die alltägliche Praxis zu unterstützen und zu optimieren.

Coaches sind primär personen- und problemzentriert

Wie dem auch sei, die Aussage passt sich symptomatisch ein in das Bild, das wir schon an anderer Stelle in diesem Buch gezeichnet haben: Coaches sind primär personen- und problemzentriert.

Interessanterweise stimmen in diesem Fall auch die Personalmanager mit ihrer Einschätzung zu. Hier sind für viele Personalmanager wohl

Der Nutzen

die Grenzen des Coachings erreicht: Coaching wird offensichtlich primär für persönliche berufliche Ziele eingesetzt.

Die Ergebnisse illustrieren die Annahme, dass Coaching für unterschiedliche Nutzenarten systematisch einen unterschiedlichen Wert zugesprochen bekommt. Sie wird allerdings noch durch ein weiteres interessantes Ergebnis verstärkt: Wir haben mehrere Faktorenanalysen gerechnet und dabei die Nutzenbewertungen für die verschiedenen Anlässe näher unter die Lupe genommen.

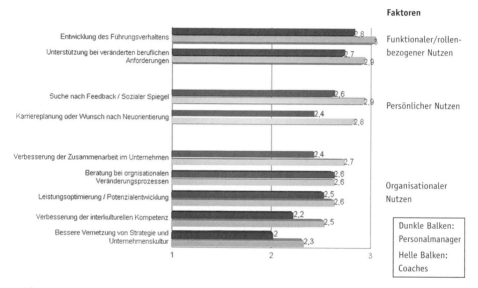

Abb. 11.8: Die drei Nutzenarten im Coaching, BC 2004

Wir stellten fest, dass die Befragten klar zwischen drei Arten von Nutzen unterscheiden (vgl. Abb. 11.8): Dem Nutzen, den Coaching für die Funktion und Rollenausfüllung des Coaching-Kandidaten hat (funktionaler oder rollenbezogener Nutzen), demjenigen für die Person des Coaching-Kandidaten im engeren Sinn (persönlicher Nutzen) und schließlich dem Nutzen für das Unternehmen (organisationaler Nutzen). Alle entwicklungsbezogenen Anlässe, die wir untersucht haben, lassen sich einer dieser drei von uns gefundenen Nutzenarten zuordnen. Wir vermuten, dass sich dieses Ergebnis auch auf andere bisherige oder künftige Anlässe für Coaching übertragen lässt. Auffällig ist, wie sich eine klare Differenzierung durch die Befragten herausarbeiten lässt, wenn sie den Nutzen von Coaching in

Drei Nutzenarten

Zahlen ausdrücken sollen. Diese empirisch erhaltenen Ergebnisse der Faktorenanalyse haben nicht nur unsere Vorannahmen erstaunlich prägnant bestätigt, sondern decken sich auch mit anderen Studienergebnissen, die in einer qualitativen Auswertung dieselben drei Nutzenarten identifiziert haben (vgl. v. Bose, Martens-Schmid, Schuchardt-Hain, 2003).

Coaching-Erfolg bedeutet Optimierung der Führungsrolle

Pointiert lässt sich sagen: Coaching-Erfolg bedeutet primär Optimierung der Führungsrolle. In zweiter Linie dient Coaching auch dem persönlichen Erfolg im Unternehmen. Erst danach wird der Erfolg für die Organisation gesehen.

Die Wissenschaft könnte sich diese Erkenntnis zunutze machen und gezielt für die einzelnen Nutzenarten spezifische Messinstrumente entwickeln.

Der Vollständigkeit halber wollen wir jetzt noch auf die problembezogenen Anlässe eingehen (vgl. Abb. 11.9)

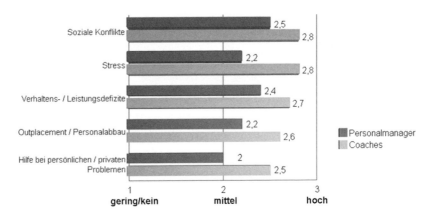

Abb. 11.9: Der Nutzen von Coaching für problembezogene Anlässe, BC 2004

Hier zeigt sich etwas überraschend, dass Coaching zur Bewältigung von Problemen von den Personalmanagern generell als etwas weniger nützlich angesehen wird. Wir haben hierbei den „Verdacht", dass dies eine gewisse Abwehrhaltung oder zumindest Skepsis der Befragten widerspiegelt: Vor noch nicht allzu langer Zeit erst hat sich das Coaching aus dem Dunstkreis des „Couching" heraus emanzipiert. Da ist der Abwehrreflex, wenn es um Probleme geht, bei vielen Führungskräften und Personalmanagern noch sehr ausgeprägt. Nahe gelegt wird diese Sichtweise gerade durch Zusatzkommentare der Personalmanager in den Interviews, in denen sie sich von einer möglichen „therapeutischen Problembehandlung" deutlich distanzierten. Allerdings stellt sich für uns an dieser Stelle die Frage, ob dabei nicht das Kind mit dem Bade ausgeschüttet wird.

Denn „Probleme" in der Berufsrolle oder mit der persönlichen Lebenssituation, die sehr wohl die berufliche Leistung beeinträchtigen können, sind ja nicht sofort „neurotische" oder sonst wie pathologische Probleme. Dieser Unterschied muss im Dialog genau abgegrenzt und abgeklärt werden, bevor ein Coaching startet. Dennoch stehen Personalmanager dieser Bezeichnung grundsätzlich mit einer gewissen Distanz gegenüber.

Die Coaches gehen erwartungsgemäß deutlich lockerer damit um. Sie machen keine großen Unterschiede zwischen dem Coaching-Nutzen für entwicklungsbezogene und dem für problembezogene Anlässe. Im Gegenteil: Bei sozialen Konflikten und Stress wird Coaching als nützlicher bewertet als bei manchem der genannten entwicklungsbezogenen Anlässe.

Coaches gehen lockerer mit problembezogenen Anlässen um als Personalmanager

Auch bei den problembezogenen Anlässen haben wir eine Faktorenanalyse gerechnet. Ergebnis: Die problembezogenen Anlässe reihen sich fast alle in die Gruppe der Anlässe ein, die einen persönlichen Nutzen des Coachings nach sich ziehen. Unterstrichen wird dieses errechnete Ergebnis von den spontanen Äußerungen der Personalmanager, die die Bearbeitung von persönlichen Problemen oder Stress in die Selbstverantwortung der jeweils Betroffenen übergeben (*„Dafür ist unser Sozialdienst verantwortlich"*, *„Da muss er selber mit klarkommen"*, *„Das hat im Unternehmen nichts zu suchen"*).

Es ergibt sich das folgende positive Gesamtbild: Der schlechteste Nutzenwert liegt für die Coaches immer noch über dem Mittelpunkt der Skala und bei den Personalmanagern trifft er ihn genau. Kein einziger Anlass rutscht ab in den eher negativen linken Teil der Skala. Coaching erbringt überall einen Nutzen.

Business-Coaching: Nutzen und Anwendungshäufigkeit

Eine spannende Frage ist für Praktiker selbstverständlich, wie häufig bestimmte Themen des Arbeitsalltags Anlass für ein Coaching sind und welchen spezifischen Nutzen das Instrument im jeweiligen Zusammenhang haben kann.

Die folgenden Grafiken verbinden diese beiden Gesichtspunkte jeweils in einem Bild: (vgl. Abb. 11.10 und Abb. 11.11):

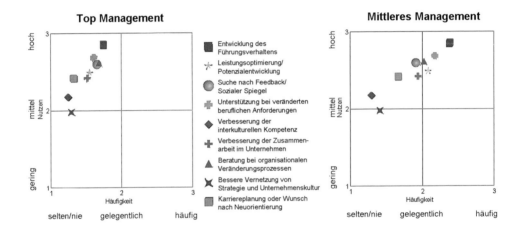

Abb. 11.10: Nutzen und Häufigkeit von entwicklungsbezogenen Anlässen aus Sicht der Personalmanager, BC 2004

Entwicklungsbezogene Anlässe finden sich häufiger im Mittleren Managment

Fast alle entwicklungsbezogenen Coaching-Anlässe finden sich häufiger im Mittleren Management als im Topmanagement – außer „Verbesserung der interkulturellen Kompetenz" und „Bessere Vernetzung von Strategie und Unternehmenskultur". Beide Anlässe finden sich auf den genannten Ebenen grundsätzlich eher selten. Der Nutzen von Coaching bei den einzelnen Anlässen wird in beiden Hierarchie-Ebenen in etwa gleich hoch beurteilt.

Der Nutzen

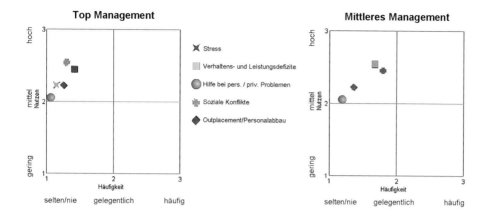

Abb. 11.11: Nutzen und Häufigkeit von problembezogenen Anlässen aus Sicht der Personalmanager, BC 2004

Bei den problembezogenen Anlässen spielen „Soziale Konflikte" im Mittleren Management deutlich häufiger eine Rolle als im Topmanagement, „Stress" ist bei letzterer Gruppe seltener ein Thema. Das Ergebnis lässt sich vor dem Hintergrund unserer in diesem Buch geschilderten Erfahrungen verschiedener Wertewelten in den unterschiedlichen Hierarchie-Ebenen (vgl. Kapitel 9) gut nachvollziehen. Eine bleibende Frage ist, ob Topmanager weniger Stress haben, weniger Stress äußern oder ihren Stress auf einem anderen Weg als durch Coaching kompensieren. Coaching scheint für „Verhaltens- und Leistungsdefizite" im Mittleren Management einen höheren Nutzen zu stiften als im Topmanagement, bei „sozialen Konflikten" ist es genau umgekehrt. Auch das passt zu unseren obigen Ausführungen.

Unsere vorweggenommene Erfolgsdefinition bestätigt sich hier in sehr eindrücklicher Weise: Die Coaching-Anlässe, die am häufigsten in deutschen Unternehmen vorkommen, sind diejenigen, für die Coaching auch als am nützlichsten eingestuft wird. Der enge Zusammenhang zwischen Nutzen des Coachings und Häufigkeit des spezifischen Anlasses wird hier sehr deutlich. An der Spitze liegen die Entwicklung des Führungsverhaltens und die Unterstützung bei beruflichen Veränderungen.

Auch diese Grafiken bestätigen, dass die problembezogenen Anlässe zurückhaltender diskutiert werden. Die „Erfolgswerte" liegen dort näher am Schnittpunkt des Koordinatenkreuzes und zeigen damit an, dass Coaching in diesen Fällen als weniger nützlich und weniger häufig eingestuft wird.

Abschließend bietet sich hier wieder ein kurzer Blick in die Studie von Heidrick & Struggles (2004) an, in welcher die Coaching-Nehmer danach befragt wurden, welche Verbesserungen mit Coaching am ehesten erreicht werden können. Auf Platz eins findet sich hier die „gezielte Weiterentwicklung von für den persönlichen Erfolg notwendigen Managementpotenzialen" (57,3%), auf Platz zwei der „zielführendere Umgang mit Managementtechniken wie Analysieren, Planen, Entscheiden, Organisieren von Personal, Material und Kapital, Führen, Kontrollieren" (38,2%).

Coaching ist demnach erfolgreich und zeitigt einen großen Nutzen für die unterschiedlichsten Anlässe. Dabei stechen zwar entwicklungsbezogene Anlässe wie die Entwicklung des Führungsverhaltens oder die Unterstützung bei beruflichen Veränderungen hervor, während die Unterstützung bei privaten Problemen oder auch strategischen Fragen geringere Erfolgsbewertungen bekommt. Aber das Feld bewegt sich auf einem sehr hohen Niveau und auch diese detaillierten Auswertungen unterstützen die Aussage: Coaching wirkt!

Der Nutzen

Eine Antwort auf alles gibt es nicht

Nach mehreren mehr oder weniger langen, mehr oder weniger theoretischen und inhaltlich völlig verschiedenen Teilabschnitten zum Thema „Coaching-Erfolg" können wir an dieser Stelle noch einmal durchatmen und dann zum Endspurt ansetzen.

Insgesamt können wir nun sechs wesentliche Kernpunkte zusammenfassen:

Kernaussagen

1. Die pauschale Antwort auf die Frage nach dem Erfolg von Coaching ist eindeutig: Coaching ist erfolgreich und zahlt sich aus!
2. Es besteht keine Einigkeit darüber, was „Erfolgsmessung" im Rahmen von Coaching genau bedeutet und wie sie methodisch befriedigend ablaufen könnte.
3. Ein erfolgreicher Coaching-Prozess benötigt Vertrauen und Partnerschaft, Offenheit, auf Seiten des Coachs methodische Kompetenz und Lösungsorientierung sowie zusätzlich die Unterstützung durch das Unternehmen.
4. Coaching wirkt über kognitive Umstrukturierung und Selbstreflexion.
5. Die Effekte von Coaching zeigen sich in Einstellungs- und Verhaltensänderungen, emotionaler Entlastung, Verhaltensoptimierung, Standortbestimmung und Ressourcenaktivierung.
6. Coaching nützt in erster Linie der Entwicklung von Führungskräften.

Diese Aufzählung erinnert an einen Ausspruch von Albert Einstein, dem folgendes Bonmot zugeschrieben wird: *„Man soll die Dinge so einfach wie möglich erklären, aber nicht einfacher."*

Ein weiterer Kernpunkt bleibt offen: Vor jeder Erfolgsaussage muss nach Möglichkeit eine Messung stehen – egal mit welchem Instrument sie auch durchgeführt wird. Mögliche Messinstrumente sollten die folgenden Kriterien erfüllen:

Kriterien für mögliche Messinstrumente

a) Vorher-Nachher-Vergleiche sollten durchführbar sein
b) Die Kriterien sollten so konkret wie möglich sein
c) Veränderungen sollten beobachtbar sein
d) Die Veränderungen sollten nach Möglichkeit auch finanzielle Auswirkungen haben

Natürlich passiert vieles im Kopf der Coaching-Nehmer. Meinungen, Einstellungen und Haltungen werden verändert. Emotionale Lagen bewegen sich. Solche Dinge lassen sich nur schwer messen, weil sie an das innere Erleben des Betreffenden gebunden sind. Aber auch sie manifestieren sich letztlich in irgendeiner Form im Verhalten, zum Beispiel gegenüber den Mitarbeitern, die einen anderen Umgang wahrnehmen, die ihren Vorgesetzten als selbstbewusster, freundlicher, konstruktiver oder direktiver und durchsetzungsstärker erleben. Man sieht auch hier wieder: Je nach Fragestellung (das heißt Zielstellung des Coachings) bekommt man eine andere Antwort.

Und wie lautet nun die Antwort auf die Frage nach dem Erfolg, der Messung, auf „Alles"? Lautet unsere Antwort auch *„42"*?

„Kenne deine Fragen, und du wirst Antworten finden!"

Seitenblicke

Dienstleistung verkauft, Seele verkauft?

Nur wenige hochrangige Personalentwickler sitzen in einflussreichen Gremien ihrer Unternehmen. Zwar möchten sie sich gerne als strategischer Partner von Unternehmensleitung und Unternehmensentwicklung sehen – in vielen Firmen scheint die Zeit für diese Rolle aber noch nicht reif genug zu sein. Dieses Ergebnis erbrachte eine von uns im letzten Jahr durchgeführte PE-Studie (vgl. Böning-Consult, 2003).

Was können Personalentwickler dafür tun, diese Situation zu verändern? Sie müssen sich und den Beitrag ihrer Arbeit zur Realisierung der strategischen Unternehmensziele besser verkaufen!

Tun sie das? Wir haben sie gefragt: *„Wie verkaufen Sie intern den Erfolg Ihrer Arbeit?" „Gar nicht!"* – das sagt zumindest fast ein Drittel der von uns befragten Unternehmen. Und wenn sie es tun, dann in erster Linie schriftlich (vgl. Abb. 1).

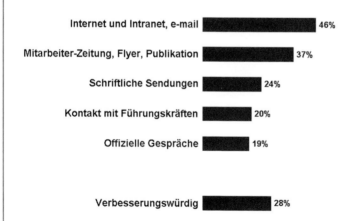

Abb. 1: Internes Marketing der Personalentwicklung, BC 2003

Auch wenn einige Personalabteilungen in der Zwischenzeit schon in den Dialog mit ihren Kunden getreten sind, gibt es im Bereich des internen Marketings noch viel Handlungsbedarf. Personalentwicklung ist ein kommunikationsorientiertes Geschäft – haben die Protagonisten ihren potenziellen Kunden so wenig zu sagen?

Seitenblicke

Ein Vergleich von Coaches und Personalentwicklern liegt an dieser Stelle nahe. Denn unter Coaches wie Personalentwicklern herrscht in vielen Fällen eine Haltung vor, die die sonst übliche Art, „seine Haut zu Markte zu tragen", als reichlich unethisch ansieht. Personalentwickler verkaufen sich nicht. Coaches auch nicht.

Das Gesagte bezieht sich sowohl auf den Verkauf der eigenen Leistung als auch auf den Einkauf. Die Auswahl externer Trainer und Soft-Fact-Berater durch Unternehmen verläuft relativ diskret, ohne großen Aufwand und in erster Linie aufgrund von Empfehlungen (vgl. Kuntz, 2000). Eine große deutsche Bank unterhält z.B. einen Coaching-Pool, in den es bislang nur ein Coach mit einer „Initiativbewerbung" geschafft hat. Alle anderen „Mitglieder" wurden auf persönliche Empfehlungen und Referenzen hin ausgewählt. Wir sehen diese Erfahrung in unserer PE-Studie bestätigt (vgl. Abb.2).

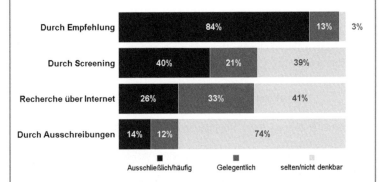

Abb. 2: Vorgehen bei der Auswahl externer Partner für Projekte, BC 2003

Recherchen über das Internet oder ein systematisches Screening, also das kontinuierliche Beobachten des Berater-/Trainer-Marktes, werden zwar gelegentlich gemacht, spielen aber insgesamt gesehen keine herausragende Rolle im Auswahlprozess.

Lässt sich das geschilderte Vorgehen vor dem Hintergrund der sprunghaft zunehmenden Anzahl von Anbietern beibehalten? Der Wettbewerb unter ihnen nimmt zu. Coaches müssen ihr Marketing professionalisieren, wenn sie auch in Zukunft am Markt bestehen wollen.

Ausblick:
Wo geht die Reise hin?

Kapitel 12

Coaching boomt – und es wird auch in Zukunft weiter an Bedeutung zunehmen. Trotzdem ist Coaching weit davon entfernt, das vorherrschende Management- oder Personalentwicklungs-Tool zu sein.

Ein Widerspruch oder zwei Sichtweisen auf denselben Sachverhalt?

Coaching hat sich in den letzten 20 Jahren als seriöses Instrument der Management-Entwicklung in Unternehmen etabliert. Wir sagen Ihnen, warum sich daran so bald auch nichts ändern wird.

Coaching boomt .... S. 311
Warum boomt Coaching? .... S. 317
Der Zug hat den Bahnhof verlassen .... S. 322

Abschnitt 1

Coaching boomt

Wir haben das Buch mit dem Hinweis auf eine Erfahrung begonnen: Der Ermahnung nämlich, wir sollten nicht so viele Fragen stellen, sondern mehr Antworten geben. Sie wissen inzwischen, wie wir dazu stehen und wie wir damit umgegangen sind. So haben wir auch in diesem Buch wieder viele Fragen gestellt. Aber auch Antworten gegeben – und ließen ihnen neue Fragen folgen. Es gehört eben zu unserem Arbeitsstil ...

Eine Antwort können wir ganz sicher geben: Coaching boomt. Es hat sich in den letzten 20 Jahren als seriöses Instrument der Management-Entwicklung in Unternehmen etabliert.

Wo führt das in der Zukunft hin? Bewahrheitet sich die Faustregel eines Kollegen, der uns im Interview sagte, dass *„alle Begriffe auf ‚-ing' nur eine begrenzte Haltbarkeit"* haben? Oder wird die Erfolgsgeschichte weitergehen? Und wenn sie weitergeht – warum? Was können wir – die Coaches – dafür tun?

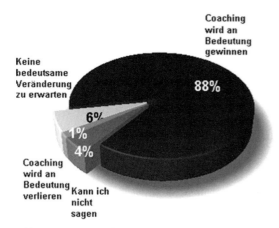

Abb. 12.1: Wie wird sich der Coaching-Einsatz in Ihrem Unternehmen in den nächsten 5 Jahren verändern? Die Sicht der Personalmanager, BC 2004

Erwartete Bedeutungszunahme in den kommenden fünf Jahren

Unsere Gesprächspartner in der Coaching-Studie 2004 waren sich einig: Coaching wird in den nächsten fünf Jahren weiter an Bedeutung gewinnen. Davon sind 88% der Personalmanager und 84% der Coaches überzeugt (vgl. Abb. 12.1 und 12.2). Und sie bringen auch gute Gründe dafür an. Natürlich kann man sich bei der Vorhersage der Zukunft nur auf die Erfahrungen der Vergangenheit und die aktuelle Situation stützen – falls man fundierte Aussagen treffen will. Diese Grundregel haben unsere Gesprächspartner befolgt – und so schließen sie aus der bis heute stetig steigenden Akzeptanz von Coaching-Maßnahmen in ihren Unternehmen bzw. bei ihren Kunden, dass diese auch in Zukunft immer wichtiger werden.

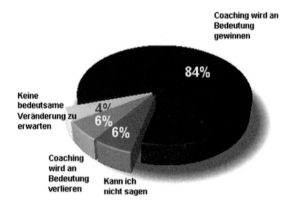

Abb. 12.2: Wie wird sich der Coaching-Einsatz in Ihrem Unternehmen in den nächsten 5 Jahren verändern? Die Sicht der Coaches, BC 2004

Erwartung: Der Anforderungsdruck auf Führungskräfte wird künftig weiter steigen

Ein ausschlaggebendes Argument, dass Coaching auch in Zukunft an Bedeutung gewinnen wird, besteht für Personalmanager wie für Coaches in der Erwartung, dass die Anforderungen an Führungskräfte in der Zukunft noch weiter steigen werden. Dabei wird am häufigsten der weiter steigende Druck auf die Führungskräfte angesprochen, sei es in Form von zunehmender Konkurrenz, weiter wachsenden Leistungsanforderungen oder wegen der fast grenzenlosen Forderung nach stetig steigender Flexibilität und Mobilität.

Coaching als intensive, aber auch sehr persönliche und flexible Maßnahme scheint für diese Herausforderungen geradezu optimal geeignet zu sein – gerade auf oberen und mittleren Führungsebenen. Nicht zuletzt wird auch der von den bisherigen Coaching-Kandidaten erlebte Nutzen als Argument dafür genannt, dass die Erfolgsstory weitergehen wird. Wer bereits gute Erfahrungen gemacht hat, wird nicht nur selbst im Bedarfsfall wieder auf Coaching zurückgreifen, sondern wahrscheinlich Coaching den Kollegen weiterempfehlen oder seinen Mitarbeitern nahe legen.

Die positive Einschätzung der zukünftigen Entwicklung von „Coaching" zeigt sich auch in der „Trendanalyse Weiterbildung 2004" (managerSeminare 2004). Coaching ist das Managemententwicklungsinstrument, für das aus Sicht der befragten Unternehmen und der Weiterbildungsanbieter zukünftig der größte prozentuale Bedarfs- und Bedeutungszuwachs prognostiziert wird.

Bei der positiven Zukunftseinschätzung sind sich alle – Coaches, Personaler und Kunden – einig

Und nicht nur die Weiterbildungsanbieter, Coaches und Personalmanager blicken zum Thema Coaching positiv in die Zukunft – auch die Coaching-Nehmer äußern sich ganz ähnlich: Über zwei Drittel der befragten Führungskräfte in der schon zitierten Studie von Heidrick & Struggles (2004) sind ebenfalls der Meinung: *„Coaching wird zukünftig häufiger genutzt!"*

Sind das nicht Ergebnisse, die jeden Coach, vor allem Business Coaches, zu hellem Entzücken veranlassen können? Stehen hier nicht gigantische Zuwächse und damit beträchtliche Geschäfte ins Haus? Oder – von der anderen Seite her betrachtet – droht uns hier vielleicht die vercoachte Gesellschaft, in der die Führungskräfte bald nicht mehr ihren Job machen können, wenn sie ihren persönlichen Coach nicht in der Nähe haben?

Langsam, langsam! Unaufgeregte Gelassenheit dürfte wie in vielen anderen Lebenssituationen auch hier die angemessene Reaktion sein, denn nüchtern betrachtet droht nach heutiger Einschätzung keine Lawine. Die Chancen dürften kleiner als gewünscht und die Gefahren kleiner als befürchtet ausfallen.

Die Entwicklung bedeutet aus unserer Sicht nämlich nicht, dass jede Führungskraft bald ihren persönlichen Coach besitzen wird. Business Coaching nimmt in der Tat nur einen begrenzten Teil des Beratungs- und Weiterbildungsmarktes ein! Faktisch hat das HR-Segment nur einen fast vernachlässigbaren Anteil von etwa sechs Prozent des gesamten Umsatzes im Beratungsgeschäft! Und im Weiterbildungs- und Trainingsmarkt nimmt das Thema Business Coaching vom Umfang her gesehen ebenfalls nur einen nachgeordneten Platz ein. Dieser Anteil wird zwar in Zukunft tatsächlich vergrößert, von einem

Coaching nimmt jedoch nur einen kleinen Teil des Weiterbildungsmarktes ein

übergreifenden Boom kann jedoch keinesfalls die Rede sein. Die beiden nachfolgenden Abbildungen unterstreichen den wichtigen, aber zahlenmäßig und bedeutungsbezogen doch begrenzten Umfang des Instruments „Coaching" aus der unternehmensinternen Perspektive (vgl. Abb. 12.3 und 12.4).

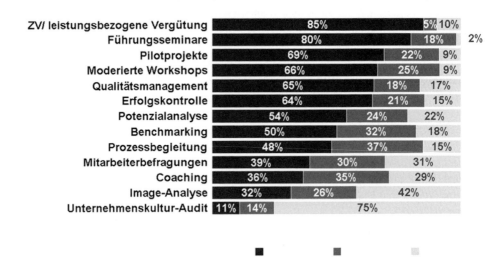

Abb. 12.3: Coaching im Verhältnis zu anderen PE-Instrumenten, BC 2003

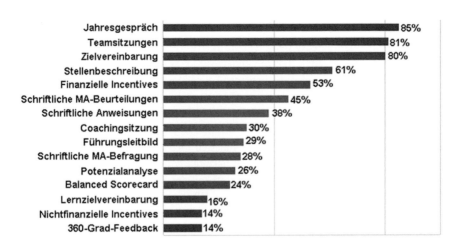

Abb. 12.4: Einsatz verschiedener PE-Instrumente in Unternehmen, Akademie-Studie 2003

Coaching boomt

Diese hier dargestellten Ergebnisse passen zu einem Resultat der zitierten Studie von Heidrick & Struggles, wonach der überwiegende Anteil der Unternehmen zwar Coaching anbietet, aber ohne dass die Hälfte der befragten Führungskräfte tatsächlich schon einmal ein Coaching erfahren hat. Dabei ist zu berücksichtigen, dass es sich bei der befragten Stichprobe vermutlich keineswegs nur um Executives gehandelt hat, sondern vielmehr um die Hauptanwendergruppe des Mittleren Managements, bei der „Coaching" deutlich häufiger vorkommt.

Wenn Coaching faktisch also weit davon entfernt ist, das überwiegende Management- oder Personalentwicklungs-Tool zu sein, wo ist dann der Boom? Der Grund für diese Behauptung muss woanders liegen, ob erfunden oder real gegeben.

Coaching wird als Thema immer mehr einer breiten Öffentlichkeit bekannt und dringt in immer höhere Gesellschaftsschichten vor. Wer in den letzten anderthalb Jahren aufmerksam den „Spiegel" gelesen hat, der weiß das. Vom ehemaligen Ministerpräsidenten Sigmar Gabriel bis zum ersten Mann im Staat, dem amtierenden Bundespräsidenten, lassen sich auch die prominentesten Politiker coachen – und es wird darüber geschrieben.

Die Bekanntheit von Coaching nimmt zu

Ein weiterer Indikator für die rasante Entwicklung von Coaching ist die steigende Anzahl von Publikationen zum Thema. Wir haben dafür die Anzahl der jährlich veröffentlichten Forschungsarbeiten und die in der Deutschen Bibliothek registrierten Bücher zu Coaching recherchiert (vgl. Abb. 12.5).

Steigende Zahl an Publikationen zum Thema

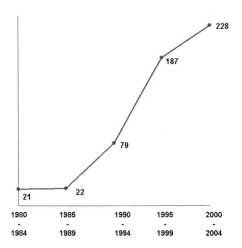

Abb. 12.5: Anzahl neuer Veröffentlichungen zum Thema Coaching in der Deutschen Bibliothek

Schaut man sich diese geradezu explodierenden Veröffentlichungszahlen an, dann kann hier mit Berechtigung gesagt werden: Coaching boomt.

Natürlich finden sich unter den in der aktuellen Studie von Böning-Consult Befragten auch Zweifler: Dass Coaching an Bedeutung verlieren wird oder dass zumindest ein Plateau erreicht ist, glauben immerhin 7% der Personaler und 10% der Coaches. Man muss diese Bedenken ernst nehmen – wenn auch nicht wörtlich. Denn mit ihren Einwänden weisen diese Zweifler auf die genannten Probleme hin, denen sich das Business Coaching der Zukunft auf jeden Fall stellen muss.

Coaching ist in „aller" Munde. Das ist die schöne Seite der Medaille. Die andere Seite aber gibt es auch. Sie besteht aus der Flut von Coaching-Etikettierungen, die das professionelle Feld, aber gerade auch die Ausläufer in den semiprofessionellen Bereich hinein betreffen. Selbst jenseits dieser Grenze gibt es weder Zurückhaltung noch Unkenntnis genug, als dass sich jemand von der Begriffsverwendung abhalten ließe, um seine Beratungsleistung zu adeln oder wenigstens begrifflich zu modernisieren. An anderer Stelle ließen wir bereits zynische Kollegen zu Wort kommen, die fürchten, dass „bald auch die Toilettenfrau Toiletten-Coach" heißen könnte, zumindest jene Vertreter dieser wichtigen Servicefunktion, die sich ihrer Aufgabe mit besonderer Hingabe und interaktiver Intelligenz widmen. Jeder weiß zum Thema Coaching etwas zu sagen. Trainer, Berater, Therapeuten und Ausbilder jeder Couleur entdecken heute landauf, landab ihre Coaching-Kompetenzen, auch wenn sie gestern noch etwas anderes gemacht oder gesagt haben.

Abschnitt 2

Warum boomt Coaching?

Was sind die Gründe für diese sehr positive Entwicklung? Was kann sie bedeuten? Einige Gedanken hierzu:

1. Coaching als verkaufsförderndes Marketinglabel

Da es bisher keine verbandsinternen oder staatlichen Anerkennungs- und Zulassungsregelungen gibt, bemächtigt sich jeder, der will und kann, des imageträchtigen Labels „Coaching", um seine Beratungsprodukte (irgendwelcher Art) verkaufsfähiger zu machen. In einer ver-ökonomisierten Welt ist dies für manche Beteiligte ein zwar unschöner, aber mechanisch nachvollziehbarer Prozess. Seine Logik ist von den Gesetzen des Marktes bestimmt – und folgerichtig.

Imagefaktor Coaching

Coaching ist keine Unternehmensberatung. Die ist ja fach- und sachorientiert, arbeitet mit Analysen, festen Konzepten, konkreten Vorschlägen und will die besten eigenen Ideen durchsetzen. Nicht so die auf Persönlichkeits- und Führungsfragen zugeschnittene Beratung. Allerdings kann man nicht einfach „Beratung" sagen. Das wäre Massenware oder oberflächlich. „Coaching" ist individuell, persönlichkeitsspezifisch, lässt dem Klienten seine Freiheit und Eigenverantwortung, macht nur Angebote und gibt Anregungen, übernimmt aber keinesfalls die Verantwortung für den anderen. Er muss selbst wissen und entscheiden, wie er weiterkommen will. Coaching hilft ihm, ist Klärungshilfe. Ist Hilfe zur Selbsthilfe. Unterstützung beim Herausschälen dessen, was der Klient eigentlich (unbewusst) immer schon wusste und als Ressource in sich birgt.

Wertemäßig so aufgeladen entwickelt sich Coaching zum Exportschlager. Endlich mal wieder ein Produkt, auf das man in Deutschland stolz sein kann. Denn von hier aus wird es zunehmend vom zweitgrößten Beratungsmarkt der Welt in alle Welt hinaus exportiert. Man merkt es zwar noch nicht, aber es ist schon spürbar ...

Und warum sollen dann Schlagfertigkeitstrainer, Musik- und Dance-Spezialisten nicht ihren Anteil daran haben? Und wenn die, warum dann nicht jeder Führungstrainer, der das, was er heute macht, ja auch schon vor zwanzig Jahren gemacht hat? Ist er dann nicht im Nachhinein so recht betrachtet immer schon ein Coach gewesen? Vielleicht war er es, ohne es so genau zu wissen?! Also kann er doch auch zu den Pionieren gezählt werden, wenn das jetzt Coaching heißt, was er eigentlich schon immer gemacht hat, nur ohne es so zu nennen. Für Coaching wird ja auch mehr bezahlt, denn Gutes hat schon seinen Preis ...

2. Coaching als Zeichen für wachsende Kommunikationsanforderungen

Wachsender Anspruch an die soziale Kompetenz

Vermutlich ist Coaching auch ein Zeichen für die wachsenden Kommunikationsanforderungen, denen sich viele Menschen ausgesetzt sehen, denen sie aber nicht immer oder nicht genügend gewachsen sind. Und da der Wirtschaftsbereich der bestimmende Gesellschaftsbereich geworden ist, läuft über diese Brücke der wachsende Anspruch an eine permanente Optimierung der eigenen kommunikativen Wirkung. „Kommunikative Kompetenz", „soziale Kompetenz" und „emotionale Intelligenz" sind Stichworte für die neu geforderten Fähigkeiten, die das alte Rationalitätsschema mit seinen vernunftbetonten Intelli-genz-, Analyse-, Rhetorik- und sonstigen Überzeugungsmerkmalen keineswegs aufhebt, sondern ergänzt.

3. Coaching als Zeichen für unbefriedigte Kommunikationsbedürfnisse

Gleichzeitig verweist die Grundfigur der kommunikativen Situation im Coaching, das Vier-Augen-Gespräch, darauf, welche emotionalen Grundbedürfnisse in unserer Arbeits- und Lebenssituation fortwährend zu kurz kommen. Insofern ist Coaching ein strukturelles Kennzeichen der aktuellen Arbeits- und Lebenssituation vieler Menschen in der gegenwärtigen Zeit. Da Menschen nicht wie abgeschlossene Monaden leben, sondern eher wie soziale Fledermäuse, brauchen sie die Kommunikation mit anderen. Ohne die Antworten auf die in den sozialen Raum hinein gesandten Signale ist die Orientierung des Individuums schlechterdings nicht möglich. Feedback wird damit zum Schlüssel des lernenden Individuums im sozialen Umgang.

Das ist nicht wirklich neu. Das weiß man schon lange. Aber in einer von vielen sozialen Veränderungsprozessen gekennzeichneten Gesellschaft, in der die permanenten Auf- und Abstiegsprozesse zu einer Auflösung der traditionellen Rollenmuster geführt haben, sucht das befreite, aber auch singularisierte Individuum ein Gegenüber, um sich im Dialog selbst immer wieder neu zu definieren und zu erleben. Dieser erst ermöglicht die emotionale Nähe und Vertrautheit, die die Basis sind für die radikale Selbstreflexion, die zu Entscheidungen führt und zu der emotionalen Kraft, die für die Bewährung eigener Positionen und die Durchsetzung von Interessen unumgänglich sind. Zumindest, so lange man sich des bisher besten Produkts der Evolution bedienen will, das uns zur Verfügung steht, unseres Gehirns.

Coaching als Orientierungshilfe für die eigene Person

4. Coaching als Zeichen für gestiegene Leistungsanforderungen

Es ist nach allem Gesagten nun nicht mehr verwunderlich, wenn wir festhalten, dass der Evolutionssprung gerade dort stattfand, wo die allgemeinen Leistungsanforderungen am höchsten sind: im Sport und in der Wirtschaft. Aufgekommen im Topmanagement, breitet sich Coaching dort am stärksten aus, wo die Wertestruktur einerseits und die stärksten Nähe- wie Orientierungsbedürfnisse und Konflikte andererseits gegeben sind: im Mittleren Management wie im gehobenen Mittelstand der Gesellschaft. Von da aus breitet sich die neue Beratungsleistung, die sich nachgewiesenermaßen als erfolgreich etabliert hat, nun in alle Hierarchie-Ebenen und Leistungsbereiche des Alltags aus.

5. Coaching als Zeichen gestiegener Unselbstständigkeit?

Angesichts der immer wieder geäußerten Vorbehalte gegenüber „Coaching" kann dieser Aspekt natürlich nicht fehlen. Unberechtigt? Gemeint ist jedenfalls die Einstellung, dass erfolgreiche, selbstständige und emotional stabile Führungskräfte die Gespräche mit einem Coach doch nicht nötig hätten. Das Idealbild „gestandener Persönlichkeiten" (Männer wie Frauen) verlangt nach disziplinierten Emotionen, Unabhängigkeit in der Entscheidungsfindung, Eigenständigkeit bei der Lösungssuche und Allkompetenz bei der Umsetzung der gefundenen Lösungen.

Gut, bei normalen Menschen und Mitarbeitern mag die schwächliche Bedürftigkeit nach Austausch und Rat ja noch angehen, aber bei unseren Spitzenleuten? Bei Führungskräften und Spitzenmanagern? Und dann noch weit verbreitet als Normalzustand im täglichen Umgang? Die gecoachte Gesellschaft sozusagen, in der jeder seinen persönlichen Coach hat?

Die gecoachte Gesellschaft?

Zwei Positionen stehen sich gegenüber. Die eine vertritt die Meinung: Lieber einen Coach in der Nähe, als eine Winchester im Schrank! Die andere wehrt sich entschieden mit der Bewertung: Keine pathologisierte Gesellschaft, in der keiner mehr eine Meinung vertritt, ohne vorher seinen Coach gefragt zu haben!

6. Das Janusgesicht der systemisch-konstruktivistischen Sichtweise

Therapeuten sagen lieber „Coaching" statt Therapie, wenn sie mit ähnlichen oder teilweise gleichen Interventionsstrategien wie Business Coaches mit Klienten arbeiten, denen das offizielle Etikett „krank" nicht verpasst werden soll, kann oder darf. Vor allem, wenn die Techniken die allgemeine persönliche Reflexionsfähigkeit ansprechen oder irgendwie sonst zur persönlichen Selbstentwicklung beitragen.

Klienten haben keine „Probleme", sondern nur Fragen

Gerade der systemische Ansatz ist für diese Vorgehensweise in besonderer Weise geeignet. Auf dem im Oktober 2004 abgehaltenen „Internationalen Praxiskongress Systemisches Coaching" in Wien konnte man das wieder schön beobachten: Da es nach der systemisch-konstruktivistischen Denkweise keine wirklichen „objektiven" Probleme gibt, sondern nur selbst konstruierte subjektive Wirklichkeiten, damit auch nur selbst konstruierte, gedachte „Probleme", haben Klienten folglich keine „Probleme", sondern nur Fragen, Themen – oder sie stecken einfach nur fest und kommen nicht richtig weiter. In der Logik dieses Ansatzes ist es ein befreiendes Moment, deshalb zwingend nicht nach Ursachen, sondern nur nach Lösungen zu suchen. Folglich löst sich die Auseinandersetzung mit gravierenden Schwierigkeiten über eine sprachliche Artistik des Therapeuten, der jetzt nicht mehr Therapeut ist, sondern Coach, in eine heitere Neubetrachtung auf, in der alles in einem anderen Licht erscheinen kann.

Nimmt man nun eine Reihe dieser Interventionstechniken, die sich hervorragend beim Umgang mit „Verrückten" bewährt haben (also bei mehr oder weniger psychisch schwer gestörten Patienten, die klassischerweise teilweise das Label „psychotisch" erhalten hatten oder hätten) und generalisiert sie auf neurotisches Verhalten (was es „objektiv" auch nicht gibt) oder gar auf das normale Verhalten (weil alles ja nur eine Frage der subjektiven Wirklichkeitskonstruktion ist), dann ergibt sich die fantastische Situation, dass quasi jeder und jedes beraten werden kann, wenn er oder es irgendwie „feststeckt": Die Morgenröte einer schier unendlichen Beratungsära tut sich auf, in der jeder bedürftig, zumindest beratungsbedürftig werden kann. Und in der gerade diejenigen, die am meisten Selbsterfahrung durch eine nicht enden müssende Selbstreflexion gewonnen haben, quasi zu den Meistern der Anleitung für andere werden können! Oder gar werden müssen?

Systemische Selbstreflexion wird damit zum Königsweg des Coachings und öffnet Zuständigkeitsfantasien für alle Lebenslagen – ob Gesundheits- oder Krankheitsfragen, Sinnkrisen oder Arbeitsthemen, Partnerschafts- oder Erziehungsfragen. Also: Wieso nicht auch für Karrierethemen? Wieso nicht auch für Fragen von Führung und Zusammenarbeit? Wieso nicht auch für sonstige Konfliktsituationen? Wieso nicht fürs Business überhaupt? Man wird ja mal fragen können! Oder?

Systemische Selbstreflexion als Königsweg?

Angemerkt sei in diesem Zusammenhang die Tatsache, dass der in Deutschland und Europa so weit verbreitete systemische Ansatz, zu dem sich in unserer Studie ebenfalls etwa drei Viertel aller befragten Coaches bekannten, in den USA nahezu unbekannt ist und sich in den letzten zwanzig Jahren nicht als bedeutungsvolle Schule durchsetzen konnte!

Abschnitt 3

Der Zug hat den Bahnhof verlassen ...

Nach allen oben stehenden Ausführungen dürfte verständlich sein, dass Coaching Mitte der 80er-Jahre des vergangenen Jahrhunderts aufkam, als auf dem Höhepunkt der wirtschaftlichen Entwicklung sowohl die Ressourcen zur Verfügung standen als auch die strukturellen Rollenkonstellationen, die Bedürfnisstrukturen und die Leistungsanforderungen zusammenkamen, die Coaching nötig und möglich machten. Da auch die psychologischen Interventionsmöglichkeiten die erforderliche Reife erreicht hatten, entstand beinahe zwangsläufig die neue Beratungsleistung „Coaching" und nahm nach einer unumgänglichen Inkubationszeit eine rasant anmutende Entwicklung.

Dabei hat sich das Business Coaching als Kern des ganzen Coaching-Ansatzes herausgebildet, in dem gegenwärtig bzw. künftig die wesentlichen Weiterentwicklungen stattfinden. Getrieben von starken Qualitäts- und nachweisbaren Erfolgsanforderungen dürfte hier die Entwicklung am schnellsten ablaufen und schneller zu greifbaren Ergebnissen führen, als dies im Bereich der Psychotherapie oder Supervision in der Vergangenheit der Fall war. Die Beschleunigung, die durch die ökonomische Verwertbarkeit möglich ist, dürfte bald zu einem weiterentwickelten Methodenrepertoire und zu standardisierten Designs sowie Ablaufprozessen führen, die postmodernen Qualitätsanforderungen genügen. Die staatliche Anerkennung der Berufsrolle „Coach" und die Ausdifferenzierung in unterschiedliche Spezialdisziplinen dürften sinnvolle und unumgängliche Folgen darstellen.

Darüber hinaus hat „Coaching" begonnen, sich als allgemeiner zeitgemäßer Interaktionsmodus zu etablieren, der auch im normalen Lebensalltag langsam zu einer Konstante wird. Seine Verbreitung ist möglicherweise nicht nur eine Entgleisung derer, die das Label unberechtigt führen, sondern Ausdruck eines Zeitgeistes, der durch diese Art der zwischenmenschlichen Interaktion einen Kommunikationsstil etabliert, in dem sich potenziell bündelt, wonach es Menschen unter unseren Lebensbedingungen verlangt: Nach der Erfahrung von erlebter Individualität und Wertschätzung durch andere, nach Eigenverantwortung und Leistung, nach gemeinsamer Orientierung und Schaffung von Sinnentwürfen, die Arbeit und Leben lebenswert machen.

Vor diesem Hintergrund rufen wir Ihnen zu: Der Coaching-Zug hat den Bahnhof verlassen und nimmt Fahrt auf. Halten Sie sich fest!

Anhang

Literaturverzeichnis

Adams, Douglas. Per Anhalter durch die Galaxis, Ullstein, 1984.

Albrecht, Harro. „Keine Angst vor Falten. Frauen haben mehr Furchen im Hirn. Sind sie deshalb sprachbegabter?", Die Zeit, 29, 08.07.2004, S. 28-30.

Bachmann, Thomas; Jansen, Anne; Mäthner, Eveline. „Coaching aus der Perspektive von Coachs und Klienten. Ein Beitrag zur Wirkungsforschung und Qualitätssicherung im Coaching. Eine empirische Studie mit Coachs und Klienten", Vortrag am 07.11.2003 auf dem CoachingKongress in Wiesbaden, http://www.artop.de/5000_Archiv/5000_PDF_und_Material/Vortrag_CoachingKongress.pdf, Stand 11.10.2004.

Bachmann, Thomas; Spahn, Barbara. „Wie Führungskräfte über Coaching denken. Coaching – Brauche ich das?" Abschlusskolloquium der artop-Coachingausbildung. III. Curriculum. http://www.artop.de/5000_Archiv/5000_PDF_und_Material/artop%20-%20Was%20Fuehrungskraefte%20ueber%20Coaching%20denken.pdf, Stand 11.10.2004.

Backhausen, Wilhelm; Thommen, Jean-Paul. Coaching. Durch systemisches Denken zu innovativer Personalentwicklung, Gabler, 2003.

BDU Bundesverband Deutscher Unternehmensberater. „Der Unternehmensberatungsmarkt 2003." www.bdu.de, Stand 11.10.2004.

Berg, Stefan; Fröhlingsdorf, Michael; Latsch, Gunther; Schmid, Barbara. „Lämmer zur Schlachtbank", SPIEGEL, 41, 04.10.2004, S. 41-45.

Blake, Robert R.; Mouton, Jane S.; Allen, Robert L. Superteamwork. Bedeutung, Erfassung und Gestaltung, verlag moderne industrie, 1987.

Böning, Uwe. „Coaching. Zur Rezeption eines neuen Führungsinstruments in der Praxis", Personalführung, 12, 1989, S. 1149-1151.

Böning, Uwe (Hg.). Interkulturelle Business-Kompetenz. Geheime Regeln beachten und unsichtbare Barrieren überwinden, Frankfurter Allgemeine Buch, 2000.

Böning, Uwe, „Umfrage zur strategischen Positionierung des Q-Pool 100", interne Unterlage, 2000.
Böning, Uwe. „Bedarf an persönlicher Beratung wächst", Management & Training, 04, 2000, S. 10-15.
Böning, Uwe. „Coaching. Der Siegeszug eines Personalentwicklungs-Instruments. Eine 10-Jahres-Bilanz". In: Rauen, Christopher (Hg.). Handbuch Coaching, 2. Auflage, Hogrefe, 2002, S. 21-43.
Böning, Uwe. „Coaching für Manager". In: Rosenstiel, Lutz von; Regnet, Erika; Domsch, Michael E. (Hg.). Führung von Mitarbeitern. Handbuch für erfolgreiches Personalmanagement, Schäffer-Poeschel, 2003, S. 281-291.
Böning, Uwe. Coaching. In: Personalentwicklungsbox (PET) Handbuch Personalentwicklung, Luchterhand, 87. Erg.-Lfg. 11/2003.
Böning-Consult. Untersuchung Personalentwicklung 2003 – PE heute: Zerrieben zwischen Leistungswunsch und Kostendruck. Summary mit Untersuchungsergebnissen, Böning-Consult AG, 2003.
Böning-Consult. Coaching-Studie 2004 – Bestandsaufnahme und Trends, Summary mit Untersuchungsergebnissen, Böning-Consult AG, 2004.
Bose, Dorothee von; Martens-Schmid, Karin; Schuchardt-Hain, Christiane. „Führungskräfte im Gespräch über Coaching – Eine empirische Studie". In: Martens-Schmidt, Karin (Hg.). Coaching als Beratungssystem – Grundlagen, Konzepte, Methoden, Economica, 2003, S. 1-53.
Classen, Markus. „Werteorientiertes Coaching auf Basis der Logotherapie". Artikel für das 2005 erscheinende Buch: Graf, Helmut (Hg.). Logotherapie in Wirtschaft und Arbeitswelt 2005, http://www.mbest.de/files/WerteorientiertesCoaching_SmMClassen.pdf, Stand 11.10.04.
CoachingKongress 2003. www.coaching-kongress.de, Stand 02.03.2004.
Coaching-Software.com. www.coaching-software.com, Stand 10.01.2004.
Coaching-Symposium 2002. Cip-Medien. www.cip-medien.com/coachSymposium.htm, Stand 01.07.2004.
Davison, Gerald C.; Neale, John M.; Hautzinger, Martin (Hg.). Klinische Psychologie. Ein Lehrbuch, Beltz PVU, 2002.
DBVC Deutscher Bundesverband Coaching. www.dbvc.de, Stand 11.10.2004.
Denkzeichnen. http://www.denkzeichnen.de/DenkZeichnen-233.htm, Stand 11.10.2004.

DIN Certco Gesellschaft für Konformitätsbewertung GmbH. www.din-certco.de, Stand 11.10.2004.

dvct Deutscher Verband für Coaching und Training. www.dvct.de, Stand 11.10.2004.

Echter, Dorothee. „Coaching im Topmanagement". In: Rauen, Christopher (Hg.). Handbuch Coaching, 2. Auflage, Hogrefe, 2002, S. 407-428.

Engel, Andrea. „PAS 1029 will Qualität im Coaching fördern", Training aktuell, 4, 03/2004, S. 7.

FC-G Forschungsstelle Coach-Gutachten. www.coach-gutachten.de, Stand 11.10.2004.

Feldenkirchen, Markus. „Des Widerspenstigen Zähmung", SPIEGEL, 43, 18.10.2004, S. 56-60.

Festinger, Leon; Carlsmith, James. „Cognitive Consequences of Forced Compliance", Journal of Abnormal and Social Psychology, 58, 1959, S. 203-210.

Franzen, Matthias und Rabe, Martin. „PKW-Käufer-Typologie 2003", Booklet Bauer Branchen Typologien, http://www.bauermedia.com/pdf/studien/branchen/auto/kaeufertypologie_internet.pdf, Stand 18.10.2004.

Freud, Sigmund. Abriss der Psychoanalyse. Einführende Darstellungen, Fischer, 1994.

Gallwey, Tim. The Inner Game of Work. Focus, Learning, Pleasure and Mobility in the Workplace, Random House, 1974.

Gardner, Howard. Intelligenzen – die Vielfalt des menschlichen Geistes, Klett-Cotta, 2002.

Gehirn & Geist Dossier. Angriff auf das Menschenbild, Spektrum, 2003.

Geissler, Jürgen; Günther, Jürgen. „Coaching: Psychologische Hilfe am wirksamsten Punkt", Blick durch die Wirtschaft, Beilage der FAZ, 17.03.1986.

Goleman, Daniel. EQ. Emotionale Intelligenz, Carl Hanser, 1996.

Goleman, Daniel. EQ². Der Erfolgsquotient, Carl Hanser, 2000.

Graf, Jürgen. „Trendanalyse 2003: Quo vadis, Weiterbildung?". In: Graf, Jürgen (Hg.). Seminare 2004. Das Jahrbuch der Management-Weiterbildung, managerSeminare Verlag, 2004, S. 21-40.

Grams, Armin. „Hilfe im Hintergrund – wie Coaching Ihre Top-Leute voranbringt", hamburger wirtschaft, 6, 2003, S. 39-40.

Groeben, Norbert; Wahl, Diethelm; Schlee, Jörg; Scheele, Brigitte. Das Forschungsprogramm Subjektive Theorien. Eine Einführung in die Psychologie des reflexiven Subjekts, Francke, 1988.

Hamann, Angelika; Huber, Johann J. „Coaching. Die Führungskraft als Trainer", Die lernende Organisation, 11, Rosenberger Fachverlag, 2001.

Hasse, Edgar S. „Experte: Viele Coaches in Hamburg arbeiten mit unseriösen Methoden", DIE WELT, 29.06.2004.
Haudegen-Coaching. www.haudegen.ch/coaching.html, Stand 10.01.2004.
Heckhausen, Heinz; Gollwitzer, Peter M.; Weinert, Franz E. (Hg.). Jenseits des Rubikon. Der Wille in den Humanwissenschaften, Springer, 1987.
Heidrick und Struggles. „Führungskräfte. Manager mit Coaching", Wirtschaftswoche, 18, 04/2004, S. 140.
Hersey, Paul; Blanchard, Kenneth H. Management of organizational behavior. Utilizing human resources, Prentice-Hall, 1969.
Jobpilot.de. „Coaching: Der Markt ist ein Dschungel", Artikel im Personal-Journal der Online-Stellenbörse, http://www.jobpilot.de/content/journal/hr/thema/coach08-04b.html Stand 12.10.2004.
Jones, Edward E.; Harris, Victor A. „The attribution of attitudes", Journal of Experimental Social Psychology, 3, 1967, S. 1-24.
Jüster, Markus; Hildenbrand, Claus-Dieter; Petzold, Hilarion G. „Coaching in der Sicht von Führungskräften. Eine empirische Untersuchung". In: Rauen, Christopher (Hg.). Handbuch Coaching, 2. Auflage, Hogrefe, 2002, S. 45-66.
Kahneman, Daniel; Tversky, Amos. „On the psychology of prediction", Psychological Review, 80, 1973, S. 237-251.
Kilburg, Richard R. Executive Coaching – Developing Managerial Wisdom in a World of Chaos, American Psychological Association, 2000, S. 65f.
Klimchak, Steve. „Das Ich im Schneckenhaus", Gehirn & Geist Dossier. Angriff auf das Menschenbild. Spektrum, 2003, S. 34-35.
Koch, Julia. „Feindliche Übernahme", DER SPIEGEL, 31, 2004, S. 118-119.
König, Eckard; Volmer, Gerda. Systemisches Coaching – Handbuch für Führungskräfte, Berater und Trainer, Beltz, 2002.
König, Gunter. „Ein Handwerkszeug für den Coaching-Alltag: Visualisieren und begreifbar Visualisieren mit Inszenario(r)". In: Rauen, Christopher (Hg.). Handbuch Coaching, 2. Auflage, Hogrefe, 2002, S. 391-405.
Kuntz, Bernhard. „Die geheimen Spielregeln der Auftragsvergabe", Management & Training, 6, 2000, S. 26-27.
Kutter, Susanne. „Konsumforschung. Direkter Weg in den Kopf", Wirtschaftswoche, 36, 08/2004, S. 84-88.
Lebendige-Astrologie.de. www.lebendige-astrologie.de/2_coaching.htm, Stand 10.01.2004.

LeDoux, Joseph. Das Netz der Persönlichkeit. Wie unser Selbst entsteht, Patmos, 2003.

LeDoux, Joseph. Das Netz der Gefühle. Wie Emotionen entstehen, Deutscher Taschenbuch Verlag, 2004.

Lentz, Brigitta. „Rückenstärkung. Diskussion mit Uwe Böning", Capital, 10, 1992, S. 269-275.

Lentz, Brigitta. „Getrennte Welten. Oft werden Personalmanager nicht in die Strategieplanung einbezogen. Dies kann zu teuren Engpässen führen – doch diese Fehler sind vermeidbar", Capital, 6, 2004, S. 104-105.

Limpächer, Stefan. „Coaching in die Organisationsentwicklung einbeziehen", wirtschaft & weiterbildung, 11 + 12, 06/2003, S. 18-21.

Linke, Jürgen. „Reflexionsbereiche im systemischen Coaching". In: Martens-Schmid, Karin (Hg.). Coaching als Beratungssystem – Grundlagen, Konzepte, Methoden, Economica, 2003, S.125-155.

Looss, Wolfgang. „Coaching: Partner in dünner Luft", Manager Magazin, 08/1986, S. 136-140.

Looss, Wolfgang. Unter vier Augen. Coaching für Manager, verlag moderne industrie, 2002.

Luhmann, Niklas. Soziale Systeme. Grundriss einer allgemeinen Theorie, Suhrkamp, 1984.

Lünendonk. „Lünendonk-Liste 2004. Führende Anbieter beruflicher Weiterbildung in Deutschland 2004", www.luenendonk.de/weiterbildung.php, Stand 11.10.2004.

Lünendonk. „Lünendonk-Liste II 2004. Die Top 25 IT-Beratungs- und Systemintegrationsunternehmen in Deutschland", www.luenendonk.de/it_beratung.php, Stand 11.10.2004.

managerSeminare. „Coaching-Kompetenz: Wie wird man Coach?", Beilage im Heft 75, 04/2004, S. 10-15.

Maslow, Abraham H. Motivation and Personality, Harper and Row, 1954.

McGregor, Douglas. The Human Side of Enterprise, McGraw-Hill, 1960.

MetrixGlobal. Executive Briefing: Case Study on the Return on Investment of Executive Coaching, http://www.metrixglobal.net/docs/metrixglobalcoachingroibriefing.pdf, Stand 27.10.2004.

Metro Goldwyn Mayer. „Rain Man", (Spielfilm) 1988.

Middendorf, Jörg. „Kongressumfrage. Zur wirtschaftlichen Situation von Coachs in Deutschland." Präsentation auf dem CoachingKongress in Wiesbaden 2003", 2003.

Minuchin, Salvador. Familie und Familientherapie. Theorie und Praxis struktureller Familientherapie, Lambertus, 1977.

Musikcoaching.ch. www.musikcoaching.ch, Stand 10.01.2004.

Offermanns, Martina. Braucht Coaching einen Coach? Eine evaluative Pilotstudie, Ibidem, 2004.
Östereichischer Coaching-Dachverband ACC. http://www.coachingdachverband.at/, Stand 11.10.2004.
Pease, Allan; Pease, Barbara. Warum Männer nicht zuhören und Frauen schlecht einparken, Ullstein, 2004.
Phillips, J.J. Return on investment in training and performance programs, Gulf Publishing Company, 1997.
Pichler, Martin. „Handlungsspielräume gezielt erweitern", wirtschaft & weiterbildung, 6, 2003, S. 8-12.
Pichler, Martin. „Was Coaching erfolgreich macht", wirtschaft & weiterbildung, 6, 2003, S. 16-17.
Pichler, Martin. „Coaching in Bewegung", wirtschaft & weiterbildung, 6, 2004, S. 38-40.
ProC Professional Coaching Association. www.proc-association.de, Stand 11.10.2004.
Quaiser-Pohl, Claudia; Jordan, Kirsten. Warum Frauen glauben, sie könnten nicht einparken – und Männer ihnen Recht geben. Über Schwächen, die keine sind. Eine Antwort auf A. & B. Pease, C.H. Beck, 2004.
Rauen, Christopher (Hg.). Handbuch Coaching, 2. Auflage, Hogrefe, 2002.
Rauen, Christopher (Hg.). Coaching, Hogrefe, 2003.
Rauen, Christopher (Hg.). Coaching-Index. www.coaching-index.de, Stand 30.06.2004.
Rauen, Christopher (Hg.). Coaching-Definitionen. www.coaching-report.de/definition_coaching, Stand 23.09.2004.
Rauen, Christopher (Hg.). Coaching Report. www.coaching-report.de, Stand 11.10.2004.
Reich, Wilhelm. Charakteranalyse, Kiepenheuer & Witsch, 1989.
Riedel, Jens. Coaching für Führungskräfte. Erklärungsmodell und Fallstudien, Deutscher Universitätsverlag Wirtschaftswissenschaft, 2003.
Rösler, Hans-Dieter; Szewczyk, Hans; Wildgrube, Klaus. Lehrbuch der Medizinischen Psychologie, Spektrum, 1996.
Rogers, Carl R. A theory of therapy, personality and interpersonal relationships as developed in the client-centered framework, McGraw-Hill, 1959.
Roth, Gerhard. „Warum ist Einsicht schwer zu vermitteln und schwer zu befolgen? Neue Erkenntnisse aus der Hirnforschung und den Kognitionswissenschaften", Vortrag am 25.01.2000 im Nieder-

sächsischen Landtag, http://pweb.de.uu.net/pr-marzluf.hb/rothvor.html, Stand 27.10.04.

Roth, Gerhard. „Wie das Gehirn die Seele macht", Vortrag am 22.04.2001 bei den 51. Lindauer Psychotherapiewochen, www.lptw.de/home.htm, Stand 11.10.2004, 2001.

Roth, Gerhard. Denken, Fühlen, Handeln. Wie das Gehirn unser Verhalten steuert, Suhrkamp, 2001.

Roth, Gerhard. „Gleichtakt im Neuronennetz", Gehirn & Geist Dossier. Angriff auf das Menschenbild, Spektrum, 2003, S. 24-32.

Rückle, Horst, Coaching – So spornen Manager sich und andere zu Spitzenleistungen an, verlag moderne industrie, 2000.

Rückle, Horst. Coaching, verlag moderne industrie, 2001.

Salovey, Peter; Mayer, John D. „Emotional intelligence", Imagination, Cognition, and Personality, 9, 3, 1990.

Sattelberger, Thomas (Hrsg.). Human-Resource-Management im Umbruch. Positionierung, Potentiale, Perspektiven, Gabler, 1996.

Saum-Aldehoff, Thomas. „Wir sind mehr, als unser Geist zu Gesicht bekommt." Psychologie heute, 31, 09/2004, S. 34-39.

Schiede, Christian. „Wettbewerbs- und Branchenstruktur-Analyse. Der Coachingmarkt im deutschsprachigen Raum." Forschungsprojekt des Lehrstuhls Psychologie II Teamentwicklung und Interaktionsmanagement, BWL-Fakultät der Universität Augsburg in Kooperation mit Match2 GbR Systemische Organisationsberatung & integrierte Informationsprozesse, http://www.competence-site.de/personalmanagement.nsf/1734ECE22F410FA4C1256E4500815E86/$File/match2_wettbewerbs-%20branchenstrukturanalyse.pdf, Stand 27.10.2004.

Schmid, Bernd. „Coaching im Bereich Organisationen". In: Rauen, Christopher (Hrsg.). Coaching Report. http://www.coaching-magazin.de/artikel/schmid_bernd_-_coaching_im_bereich_organisationen.doc, 2004.

Schmidt, Robert F.; Schaible, Hans-Georg. Neuro- und Sinnesphysiologie, Springer, 2001.

Schreyögg, Astrid. Coaching. Eine Einführung für Praxis und Ausbildung, Campus, 2003.

Schwertfeger, Bärbel. „Die Verbands-Flut", Management & Training, 5, 2004, S. 42-43.

Senge, Peter M. Die fünfte Disziplin. Kunst und Praxis der lernenden Organisation, Klett-Cotta, 1997.

SM-Coaching. www.sm-coaching.de, Stand 10.01.2004.

Springer, Sally P.; Deutsch, Georg. Linkes – rechtes Gehirn, Spektrum, 1995.
Stein, Georg von. „Coaching als Frischzellenkur in Reorganisationsprojekten", www.projektmagazin.de, Ausgabe 13, 2004.
Steiner, Andreas. „Coaching per Wertmarke". managerSeminare Heft 77/ Juni 2004, S. 62-68.
Stogdill, Ralph M. „Personal factors associated with leadership. A survey of the literature", Journal of Applied Psychology, 25, 1948, S. 35-71.
TCC Berlin.de. www.tcc-berlin.de, Stand 10.01.2004.
Wahren, Heinz-Kurt E. Coaching, RKW-Verlag, 1997.
Walter, Hans-Jürgen. Denkzeichnen, Josef Schmidt, 1997.
Walther, Petra. „Neue Forschungsstelle erstellt Coach-Gutachten", Training aktuell, 4, 03/2004, S. 10.
Walther, Petra. „dvct e.V. legt sein Zertifizierungsmodell vor", Training aktuell, 5, 05/2004, S. 10.
Watson, John B. Behaviorismus, Peoples Institute Publishing, 1925.
wikipedia.org. http://de.wikipedia.org/wiki/42_%28Antwort%29, Stand 17.11.2004.
Die Zeit. Anzeige am 06.11.2003, S. 17.
Zen-Coaching. http://hoppe_c.bei.t-online.de/anfang.html, Stand 10.01.2004.

Stichwortverzeichnis

1. Entwicklungsphase 26
2. Entwicklungsphase 27
3. Entwicklungsphase 27
4. Entwicklungsphase 28
5. Entwicklungsphase 29
6. Entwicklungsphase 30
7. Entwicklungsphase 22

A
Alter 119
Anforderungen an externe Coaches 151
Angebot und Nachfrage 122
Anlässe 47, 79, 101
Antreiber 81
Anwendungshäufigkeit 302
Arbeitsverhältnis der Coaches 128
Astrologie-Coaching 18
Auftraggeber 132
Auftragsklärung 150
Auslösemechanismen 79
Ausschreibung 170
Äußere Faktoren 286
Auswahl externer Partner 308

B
Bedarfsfeststellung 78
Bedeutungswachstum 108
Begabung 220
Begriffsinflation 124
Begriffszuordnung 47
Berufserfahrung 119

Bewusstseinsarten 205, 206
BMW, Praxisbericht 32
Branchenschwerpunkte 132

C
Coaching-Arten 53, 66
Coaching-Ausbildung 163
Coaching-Definitionen 37
Coaching-Entwicklung 22
Coaching-Software 18
Coaching-Verbände 24
Coaching-Wertmarken 141
Coaching-Würfel 53
Coaching-Zertifikate 148

D
DBVC 41, 157
Denker 190
Denkschulen 183
DIN Certco 149
Dualismus 210
dvct 148

E
E.ON Energie, Praxisbeispiel 55
Eigenschaften 285
Einkommen 125
Einzel-Coaching 67
Eltern-Coaching 18
Emotionale Intelligenz 221
Entwicklungsbezogene Anlässe 92

Entwicklungsbezogene Anlässe 297
EQ 220
Erfolg von Coaching 270
Erfolgsfaktoren 285
Erfolgsmessung 267
Ergebnissprecher 214
Executive Coaching 68, 235
Externes Einzel-Coaching 67
Externes Gruppen-Coaching 74

F
F.C-G 149
Fachwissen 158
Feedback geben 50
Feedbackgespäche 277
Feldkompetenz 157
Flugangst-Coaching 18
Ford, Praxisbeispiel 112
Formale Anforderungen 168
Forschung und Produktentwicklung 112
Führungssituationen 245

G
Gehirn 201
Geschlecht 203
Gruppen-Coaching 64, 73

H
Hauptanlässe 87
Hauptthema des Coachings 53
High Potentials 64

I
Imagefaktor 317
Implementierung 161
Initiatoren 81
Internes Einzel-Coaching 69
Internes Marketing 307
Interpersonale Intelligenz 226
Intrapersonale Intelligenz 227

K
Konflikt 52
Kontaktaufnahme 169
Kunden 61
Kundengespräch 173
Kundengruppen 228

L
Länderkulturen 246
Leistungs- und Erfolgskriterien 260
Linking Pin 85

M
Macher 191
Machtunterschiede 247
Mandelkern 207
Marktplätze entstehen 107
Mehrperspektivenansatz 157
Menschenbild 183
Mentales Training 22
Mentoring 71
Messvariablen des Coaching-Erfolgs 275
Missbräuchliche Namensverwendung 25
Mittleres Management 63
Monochroner Zeittyp 216
Multiple Intelligenzen 225
Musik-Coaching 21

N
Nebentätigkeiten von Coaches 123
Nutzen 283, 302
Nutzenarten 299
Nutzung von Coaching 106

O
Operationalisierung 295
Organisationswissen 157

P
Passung 288
Persönliche Kompetenzen 158
Pfleiderer, Praxisbeispiel 141

Polychroner Zeittyp 216
Portfolio 249
Potenzialentwicklung 49
Preiswettbewerb 139
Problemorientierung 88
Problembezogene Anlässe 95, 300
Probleme 51, 80
Problemlösung 48
ProC 148
Produkteigenschaften 147
Projekt-Coaching 75
Prozessor 190
PwC, Praxisbeispiel 161

Q
Qualität 147
Qualitätsstandards 150

R
Rechts- und Links-Denker 213
Remote-Coaching 138
Roadmap 140
ROI 280
Rolle 190
Rollenbeziehung 48

S
SAP, Praxisbericht 195
Selbstbeschränkung 187
Sick, Praxisbeispiel 262
SM-Coaching 17
Sprechdenker 214
Stellenwert von Coaching 103
Stellung von Coaching 110
Stundensätze 129
Subjektive Theorien 290
System-Coaching 73
Systemisches Wirkmodell 291
Systemsicht 193

T
Tätigkeitsfelder 133
The Executive Committee: TEC 45
Themen 89, 97
Topmanagement 62

U
Unternehmer-Coaching 248

V
Verbesserung der Berufsrolle 90
Vergleich mit anderen Tools 109
Vorauswahl 166
Vorgesetzten-Coaching 69

W
Weltbild 49
Werte 179, 262
Werte-Verteilung 252
Werteorientierung 49
Werteproblematik 251
Wertewandel 254
Wettbewerb 136
Wirkfaktoren 289
Wirktheorie 289
Wirtschaftliche Situation 122

Z
Zen-Coaching 19
Zielerreichung 276
Zielformulierung 150
Zielgruppe 61
Zielgruppe des Coachings 53
Zukunft des Coachings 311